JN162624

地域の持続可能性

—下関からの発信—

難波 利光 【編著】

学 文 社

はしがき

下関市は，2005（平成17）年2月13日に1市4町で市町村合併を行い，平成17年10月1日に山口県で唯一の中核市になった。市内には，4つの大学と短期大学があり，学生が地域を支える一員として大きな役割を果たしている。学生は，本分である学問に励むと同時に，下関市内における消費やアルバイトなどで地域経済に貢献している。公立である下関市立大学は，学生とともに地域に関する研究を深めることで，地域貢献を行いつつ，開校60周年を迎えた。

そこで，本学では，当時の学長である吉津直樹学長のもと，平成27年度に下関市立大学創立60周年記念事業実行委員会を立ち上げ，中嶋健学部長，大内俊二副学部長，飯塚靖大学院研究科長，米田昇平図書館長，難波利光地域共創センター長の5名が中心になり記念事業を進めてきた。そのなかで，本学の地域への貢献として書籍刊行の企画・制作を任されたのが地域共創センター長である私である。私は，日頃の地域研究に携わっている経験と実績から，下関に関して注目すべきテーマを抽出し内容を構成した。構成にあたっては，前学部長である木村健二名誉教授にもご尽力を頂いた。

本書は，「地域の持続可能性」と題しているように地域をテーマに構成し，執筆したものである。本書でいう持続可能性とは，地方経済のなかでの持続可能性を指している。人口減少や少子高齢化などの要因により将来縮小していくと思われる地方経済のなかで，前年度と比較して経済状態を数字的に良くすることを求めるのではなく，経済や社会の変化に合わせて，地域が新たな物やサービスを創造し対応する力をつけ，安定した生活を維持できる状態になることを意味する。すなわち，これまで必要とされていたものを行政や企業が継続的に供給することを意味するのではなく，どのようなものが地域の需要に合っていて，行政や企業は何をなすべきかを考えることが必要である。下関市は，多くの社会資源を有効活用することにより，持続可能性のある自治体になり得ると考えられる。この可能性について，各分野における研究者がその知見を一冊に纏め世に発信していくことは，下関の未来にとって必ず有意義なものとなるだろう。

本書では，下関市の諸側面を３つの部で描き出した。第１部「地域経済と地域発展」では，下関の財政および金融のマクロ的な動き，地域での福祉・医療や観光や環境などの地域産業に関して現状分析を行っている。また，歴史的な観点から下関市の伝統的産業である鯨産業についても地域共創センターでのこれまでの研究成果をもとに掲載している。第２部「大学教育と住民参加」では，下関市立大学の運営や本学学生に対する教育的活動や地域住民との関わりについて分析を行っている。この部での成果は，地域共創センターや国際交流センターでの教員と学生との教育地域活動の成果であるといえる。第３部「20世紀初頭における「下関英国領事館報告」を通してみた下関の経済社会文化事情」では，歴史的遺産である下関英国領事館の報告書に加え，下関英国領事館に関する貴重な資料も掲載しながら20世紀初頭の下関市の有様を説明している。

これらの研究成果が，今後の下関の持続可能な地域社会の実現のために役立つことを切に願う次第である。

2017年３月

編著者　難波　利光

目　次

第２部　大学教育と住民参加

第13章　The State of Community-Based English Language Courses for Adults in Shimonoseki

第14章　大学による地域貢献の現状と課題

執　筆　者

＊難波　利光	下関市立大学経済学部経済学科教授（はしがき　第３章）
嶋田　崇治	下関市立大学経済学部経済学科専任講師（第１章）
森　　祐司	下関市立大学経済学部経済学科教授（第２章）
高橋　和幸	下関市立大学経済学部国際商学科教授（第４章）
外枦保大介	下関市立大学経済学部経済学科准教授（第５章）
吉津　直樹	下関市立大学前学長・下関市立大学名誉教授（第６章　あとがき）
佐藤　裕哉	下関市立大学経済学部基礎・教養准教授（第７章）
山川　俊和	下関市立大学経済学部国際商学科准教授（第８章）
岸本　充弘	下関市立大学附属地域共創センター委嘱研究員・下関市役所職員（第９章）
西田　雅弘	下関市立大学経済学部基礎・教養教授（第 10 章）
天野かおり	下関市立大学経済学部基礎・教養准教授（第 11 章）
秋山　　淳	下関市立大学経済学部基礎・教養准教授（第 12 章）
Kristen Sullivan	下関市立大学経済学部基礎・教養准教授（第 13 章）
松本　貴文	下関市立大学経済学部公共マネジメント学科専任講師（第 14 章　第 15 章）
吉武　由彩	下関市立大学経済学部特任教員（地域貢献担当）（第 14 章　第 16 章）
鈴木　陽一	下関市立大学経済学部基礎・教養准教授（第 17 章）
髙月　鈴世	下関市教育委員会（第 18 章）
木村　健二	下関市立大学名誉教授（第 19 章）
高路　善章	下関市立大学経済学部基礎・教養教授（第 20 章１）
西田　光一	下関市立大学経済学部基礎・教養教授（第 20 章２）

（執筆順，＊は編者）

1部

地域経済と地域発展

第*1*章

下関市財政の近年の変遷と特徴

—ニーズ変化への市の対応と困難

嶋田　崇治

■はじめに

近年，日本の地方財政は，相互に関連する３つの大きな変化を経験してきた。

１つ目は，マクロレベルでのニーズの変化である。高齢化・核家族化といった社会問題に加えて，重化学工業から知識集約型産業へと産業構造が変化していくなかで，女性の社会進出が促されている。そのため女性が中心となり供給してきた，養老・介護，育児・保育といった家族内での無償サービスが「あたりまえ」のものではなくなり，以上のような対人社会サービスに対する需要が高まっている（井手 2013）。こうしたニーズ変化への対応として，「建設」というハード面の整備から，「社会保障」を中心としたソフト面の整備へ，という形での地方における重点化措置のシフトが求められてきた。

２つ目の変化は地方分権化である。1980 年代の欧州における地方分権化の動きに合わせるかのように，1990 年代以降，日本も地方分権改革を本格化させた。グローバル化の潮流のなかで，ヒト・モノ・カネが国境を越え，一層自由に移動するようになり，それまでの集権的な再分配のあり方に変革が求められるようになった。こうした流れのなかで，上述したようなニーズ変化あるいは地方独自の多様化するニーズに対応しつつ，国が中心となって実施してきた再分配の機能を代替・補完する役割を担うことが地方に求められてきた（神野・金子編 1998）。

以上のような役割を地方が担うためには，歳出面・歳入面での権限移譲が必要とされた。2000（平成 12）年に施行された地方分権一括法により機関委任事務が撤廃され，「歳出の自治」の回復が部分的に達成される一方，三位一体の改革により国から地方への税源移譲が実施され，「歳入の自治」の回復を試みる動きも同時に観察された。こうした流れのなかで，国と地方の税財源配分は一時的に5：5に近づき，「集権的分散システム（神野 2007：295-297）」とよばれた日本の政府間財政関係の特徴に一時的な変化の兆しがみられた。

最後に，3つ目の変化は市町村合併である。上記の地方分権化の流れのなかで，平成の大合併が同時に進行した。2000年時点で3,230存在した市町村は，市町村合併を経て，1,718（2014（平成26）年4月時点）までその数を減らしてきた。合併した市町村には2006（平成18）年度から2015（平成27）年度までの10年間，合併に伴い必要とされる「統一性確保」のための事業の財源調達手段として合併特例債の発行が認められてきた。これは，ひとつ目の変化と深い関係をもつ。なぜならば，こうした措置が建設事業の「合併バブル（武田 2011：223）」を生じさせることが予想されたからである。以下で詳しく述べるが，下関市も豊浦郡4町（豊浦・豊北・菊川・豊田）との合併の際，借入限度額約450億円までの合併特例債発行を計画していた（下関市・豊浦郡4町合併協議会（平成15年6月）『下関市・豊浦郡4町の将来財政推計』）。

以上のような3つの変化が生じるなかで，下関市財政はどのような変遷を辿ることとなったのであろうか。はたして，下関市ではマクロレベルでのニーズ変化に対応して「建設」から「社会保障」へというシフトが生じているのであろうか。あるいは，ニーズ変化への対応が迫られるなかで，地方分権化が歳入・歳出両面でどのように進められてきたのであろうか。さらに，市町村合併に伴い予想された「合併バブル」が，「建設」から「社会保障」へという動きにどのような影響を与えたのか。また旧4町と下関市の「統一性確保」という合併特例債の目的やニーズに沿った形で事業が進められてきたのであろうか。

以上のようなさまざまな問いに以下のような構成で迫っていきたい。第1節では歳入面，第2節では歳出面について考察する。その際，まず地方全体の動向を確認し，それを比較の基準に据え，必要に応じて中核市の財政状況との比較を通じて，下関市財政の変遷と特徴を明らかにしていく。その上で，最後に，下関市財政の展望について考えていきたい。なお，紙幅の関係上，本章の主な分析対象は普通会計とし，特別会計・公営企業会計に関する記述は限定的なものとした。[1)]

■Ⅰ．歳入構成の変遷と特徴

以下では総務省の『平成 27 年度地方財政白書』を参考にして，日本の地方全体の歳入構成について概観し，それを比較の基準として，決算カードから考察した下関市の歳入面での特徴を明らかにしていく。必要に応じて同じ中核市との比較も行う。

Ⅰ-Ⅰ．地方全体の歳入構成

まず地方全体の歳入面はどのような特徴を示しているのであろうか。地方の 2013（平成 25）年度の歳入純計決算額は 101 兆 998 億円であった。項目を大きく分けると地方税，国庫支出金，地方交付税，地方債があり，同年度の構成比は順に，35.0％，16.3％，17.4％，12.2％であった。このうち，地方税と地方交付税は一般財源とよばれ，使途を特定されていない地方の固有財源と考えられている。一方，国庫支出金は特定補助金とよばれ，使途が特定されている事業に対して，地方と国の利害の大小に応じて，国庫委託金・国庫負担金・国庫補助金という形で国の補助が与えられる仕組みになっている。また地方債も，原則として，地方財政法第５条の但し書きで認められた事業[2)]の財源調達に限り発行が認められている。近年の地方分権化の流れのなかでは，一般財源，とりわけ地方税のような地方の独自財源の充実が地方自治の観点から望まれてきた。

まず地方税は，基本的に歳入全体の３割～４割程度の割合で推移してきたが，2007（平成 19）年度に同比率が 44.2％（2003 年度 34.4％）にまで急激に上昇した。この地方税の割合の急激な拡大は，主に三位一体の改革を通じた国から地方への３兆円の税源移譲によるものであった。また，この三位一体の改革は税源移譲，国庫補助負担金の一般財源化，地方交付税改革をセットで実施したため，同時期に国庫支出金，地方交付税の比率はともに大きく減少した（順に 2003 年度 13.9％，19.0％，2007 年度 11.3％，16.7％）。同改革によって整理された国庫支出金，地方交付税の額は非常に大きく，歳入総額全体が減少していたことには注意しなければならないが，「三割自治」とよばれた地方の脆弱な独自税財源の構造に変化の兆しがみられたことは確かであった。

ところが，リーマンショックに端を発した世界的な金融危機の影響によって，基幹税であった法人二税（法人住民税・法人事業税）を中心に税収が落ち込み，地方税の歳入全体に占める割合は2003年度と同水準にまで再び低下した（2013年度35.0％）。これに東日本大震災の影響が重なり，とりわけ国庫支出金の規模が拡大し（順に平成25年度16.3％），国からの移転財源が大きな割合を占める従来の地方の歳入構成へと逆戻りしている。

また，地方分権化の流れのなかで地方債に関しても大きな制度変更があった。2006年度を境に，地方債制度は許可制から事前協議制へと移行した。許可制においては，総務大臣または都道府県知事からの許可がなければ地方債発行を行うことができなかったが，協議制への移行により，地方による自主的な地方債発行を通じた財源調達の可能性が開かれた。しかし，協議制への移行後も，総務大臣または都道府県知事の同意がない場合，議会への報告が必要であること，さらにその元利償還金が地方財政計画に算入されないため，地方交付税によって措置されないこと，加えて健全化判断比率とよばれる地方の財政状況の健全性を測る一定の基準を超えた団体には許可制が適応されることなど，とりわけ財政力の弱い自治体には依然として自主的な財源調達を阻むさまざまな障害が存在する。

地方債の全体比は，2003年度14.5％であったが，地方税の割合が拡大した2007年度には10.5％へと縮小し，2013年度12.2％へと推移している。ひとつ留意すべき点は，とりわけリーマンショック後，赤字を補填するために発行される臨時財政対策債の割合が2007年度2.6％から2013年度6.0％へと拡大していることである。臨時財政対策債の償還に要する費用は，後に交付税措置されるため，その拡大は地方交付税の規模に大きな影響を与えることになる。

1－2．下関市の歳入構成

次に下関市の歳入面について概観しよう。下関市の2013年度の歳入決算総額は，1,320億円であった。構成比は地方税25.5％，地方交付税22.0％，国庫支出金14.9％，県支出金4.7％，地方債16.6％であった。図１－１は下関市の歳入構成の推移を示しているが，この図からは地方全体の推移との類似性を読み取ることができる。つまり，三位一体の改革，リーマンショックにより地方税と移転財源の比率が地方全体のそれと同じような推移を示した，ということである。

地方全体との比較から相違点をあげるとすれば，それは独自財源の中核にあるべき地方税が一層脆弱であり，移転財源がより大きな割合を占めている，ということである。以下で述べる歳出との関係でいえば，投資的経費が拡大した2013年度には地方債も同様に大きくその割合を増大させている。

さらに中核市との比較によって，以上のような特徴は一層鮮明に浮かび上がる。下関市の歳入に占める地方税の割合25.5％は，中核市42市（2013年４月

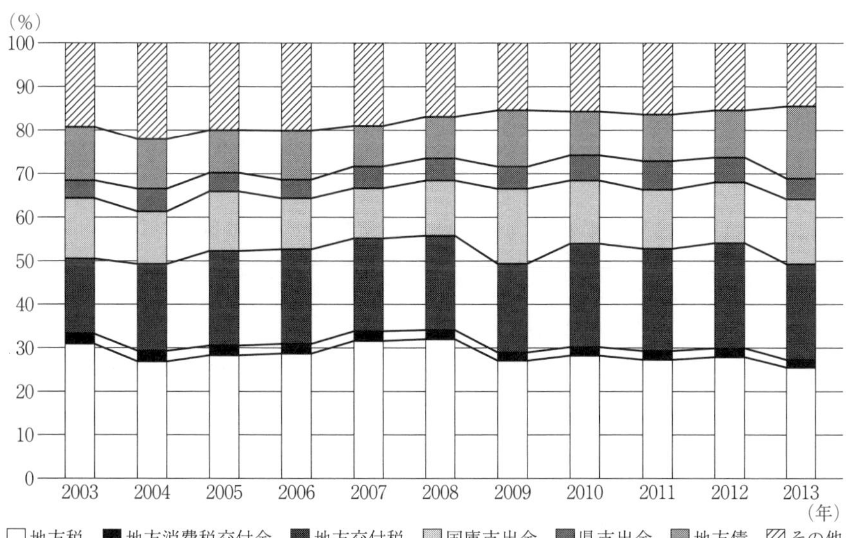

図１－１　下関市の歳入構成の推移

出典）各年度の決算カードより作成

時点）中38位という状況であり，中核市の平均値39.5％を大きく下回っている。他方，下関市の交付税の全体比22.0％は，中核市42市中4位の規模であり，中核市の平均値11.7％の倍近い値を記録している（数値は中核市市長会『都市要覧（平成26年度）』を参照）。迫る地方交付税の合併算定替の段階的減額と終了のことを考えれば，新たな財政支援措置が講じられない限り，近い将来，地方税収の脆弱な下関市が一層厳しい財政運営を強いられることになることは想像に難くない。

■ 2．歳出の変遷と特徴

続いて，歳入面の考察と同様に，日本の地方全体の歳出構成について概観し，それを比較の基準とし，下関市の歳出面での特徴を明らかにしていく。さらに本節では，中核市との比較に加えて，下関市の歳出構成の変遷の背景について市議会議事録などを用いてより詳細な考察を行う。

2−1．地方全体の歳出構成

地方全体の歳出面に関しては大きく分けて4つの特徴がある。第1の特徴は，社会支出の増大にある。地方は都道府県，市町村に分けられ，2013年度歳出純計決算額は97兆4,120億円であり，そのうち都道府県分は50兆532億円，市町村分は54兆8,602億円であった。地方の歳出の分類は目的別，性質別に区分され，社会支出に相当する費用は順に民生費，扶助費とよばれる。前者は，2003年度の目的別歳出全体に占める割合が15.7％（決算ベース，以下同様）であったが，児童福祉費の支出拡大（主に民主党によるこども手当，その後の児童手当）と高齢化による自然増（主に都道府県の高齢者福祉費）を背景として急増し，2013年度には24.1％にまで達している。とくに市町村においてその割合はきわめて大きく，同年度全体の34.3％を占めるまでに至っている。同様に後者の扶助費も性質別歳出純計決算額に占める割合は2003年度7.6％から2013年度12.5％へと増大している。

続いて第2の特徴は，公共事業の削減にある。公共事業に相当する費用は目的別で土木費，性質別で投資的経費とよばれる。土木費，投資的経費ともに減少傾向にあり，2003年度，前者の構成比は17.8%，後者の構成比は20.1%であったが，2013年度になると順に12.4%，15.5%にまで減少している。日本の公共事業は90年代中頃まで他の先進国と比べて突出した水準にあったが，その背景には地方の公共事業への動員があった。その費用の多くが公信用によって賄われたため，地方債の累積額は200兆円を超えた[3)]。

こうした地方の財政状況の悪化とハコモノ批判の高まりのなか，公共事業削減は政治的主要課題のひとつとされた。とりわけ2000年代，小泉政権下において公共事業の削減は実施された。こうした公共事業規模の急速な縮小は，国・地方を通じた財政状況の悪化と，「公共事業神話」の崩壊とによってもたらされた，と評価される（武田 2011：143）。以上のような公信用に依存した公共事業の拡大と縮小は，地方の公債費の変遷と時間差はあるものの強い連関を示している。すなわち，公債費の構成比は1993（平成5）年度8%であったが，2005（平成17）年度15.4%とピークに達し，2013年度13.4%にまで低下している。ただし，平成24年度以降，東日本大震災への対応などに加えてアベノミクスの影響もあり，公共事業が若干拡大していることには留意する必要がある。

次に第3の特徴は，人件費（性質別）の割合の低下にある。公務員給与に関しては，日々のニュースなどにおいて批判的な形で取り上げられることも少なくないが，実際どのような推移を示しているのかについては必ずしも明確に伝えられてはいない。2003年度の人件費は全体の28.0%を占めていたが，2013年度22.8%にまで低下している。人件費のような義務的経費の比率の拡大が財政の硬直化につながると考えるならば，人件費の膨張は望ましいことではない。しかし，地方歳出に占める人件費の割合が，近年，少なくとも低下傾向を示してきたということは，明らかである。

最後に第4の特徴は，他会計への移転の拡大にある。他会計への移転とは，独立採算を基本とする公営企業会計や，特別会計に対して，普通会計から何らかの形で資金移転が行われている，ということを意味する。普通会計の歳出のうち他会計への移転は，繰出金あるいは補助費という形であらわれる。この2つの経費は，性質別分類において，投資的経費・義務的経費以外の「その他の経費」に区分される。その他の経費は2003年度30.1%から2013年度35.8%と拡大してきたが，そのうち繰出金・補助費の構成比は12.4%から15.0%へと増大しており，これらが「その他の経費」全体の拡大に大きく寄与してきたのであった。

2-2．下関市の歳出構成

続いて，下関市の歳出について確認していこう。下関市の2013年度の歳出決算総額1,282億円であった。図1-2は下関市の目的別決算歳出構成，図1-3は下関市の性質別決算歳出構成の推移を示しているが，これらの図からは基本的に地方財政全体と類似する傾向や特徴が観察される。その類似点とは民生費・扶助費の拡大，土木費そして人件費の縮小である。こうした変化からは，下関市も他の市町村と同様，さまざまな批判を背景に公共事業や人件費を削減

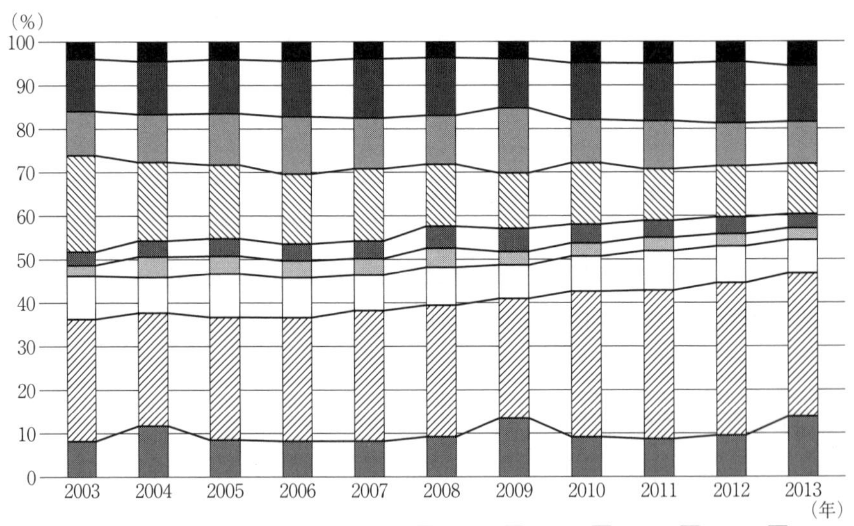

図1-2　下関市の目的別決算歳出構成の推移

出典）各年度の決算カードより作成

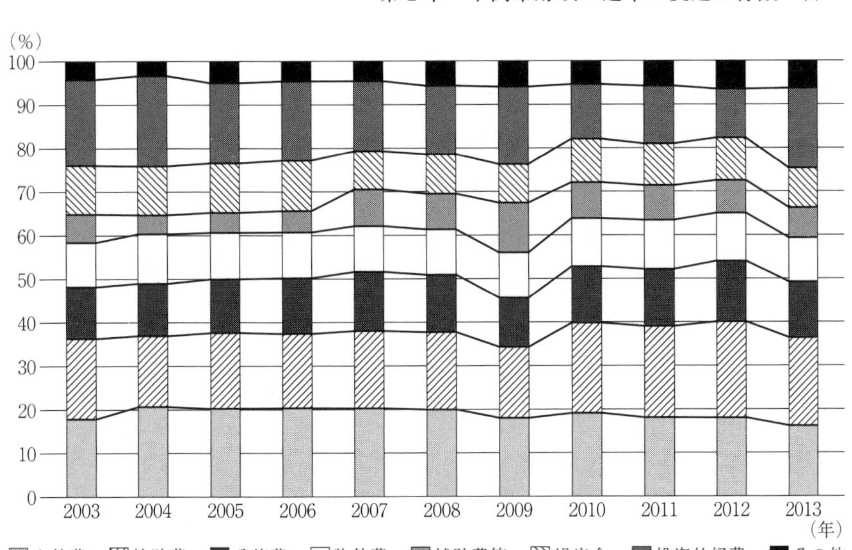

図Ⅰ−3　下関市の性質別決算歳出構成の推移

出典）各年度の決算カードより作成

しながら，建設というハード面の整備から社会保障を中心としたソフト面の整備へと市政の重点をシフトさせてきた，との評価も可能であろう。

しかし，中核市との比較からは異なる評価が導かれる。下関市の民生費・扶助費の構成比が拡大傾向にあることは間違いないが，中核市の構成比と比較するとその比率は必ずしも大きいとはいえない。2013 年度の下関市の民生費・扶助費の構成比は順に 32.9％（中核市 42 市中 36 位），20.2％（35 位）であったのに対して，中核市の平均は 38.4％，25.1％であり，両比率ともに平均を大きく下回っている（数値は中核市市長会『都市要覧（平成 26 年度）』を参照）。

くわえて，土木費の構成比の縮小傾向が明らかである一方，投資的経費が必ずしも縮小していないことには注意しなければならない[4)]。下関市の投資的経費は，2010（平成 22）年度以降，地方財政全体と同様に一時的に全体比が低下していたが，2013 年度にはその規模を 2005 年度の水準（18.4％）にまで戻している[5)]。中核市との比較からも下関市の投資的経費の構成比は相対的に規模が大きかったことが読み取れる。すなわち 2005 年度から２年ごとに記録した中核市の投資的経費の構成比の平均値は順に 17.3%，13.6%，13.4%，11.9%，12.9%であったのに対して，下関市のそれは 18.4%，16.1%，17.8%，13.2%，18.4%と，常に中核市平均を上回っており，とりわけ2013年度は中核市42市中4位の規模であった（数値は各年度各市の決算カードから算出）。

以上のような投資的経費の推移は，下関市の歳出面における主な特徴のひとつであるが，ここにニーズ変化への市の対応と葛藤が見え隠れするのである。

(1) 新庁舎建設計画の凍結

上述したように，高齢化・核家族化・女性の社会進出を背景に高まる高齢者福祉・児童福祉に対する需要の充足がマクロレベルでのニーズの中核となり，実際，下関市も地方全体と同様，民生費・扶助費の拡充を行ってきた。一方，こうしたニーズの変化に対応した公的サービスの展開は徐々に進んできたが，いぜんとして下関市の投資的経費は高い水準を維持している。これはなぜであろうか。また，これは住民の声に応じた結果だったのであろうか。

下関市は，市町村合併以降，基本的に合併後10年間のまちづくりのマスタープランである新市建設計画（下関市・豊浦郡4町合併協議会（平成16年5月）『新市建設計画』）に基づいて行財政運営を行ってきた。同計画において，その主な課題は①自然環境の保全と活用，②都市基盤の整備，③生活環境の整備，④保健・医療と福祉の充実，⑤教育・文化の振興，⑥産業の振興，⑦連携・交流の促進，⑧開かれたまちづくりの推進，⑨行財政運営の効率化，と設定されていた。こうした課題を達成するためにあげられた施策の内容は多様であるが，そのなかには道路・交通整備，公民館・教育施設・保健および医療施設，本庁舎などの建設，総合支所設置といった投資的経費に関連する項目が少なからず含まれていた。こうした計画を市の基本方針としていたため，公共事業が執行されない時期に投資的経費が一時的にその割合を低下させることはあっても，大きな縮小につながることはなかった。

しかし，これまでの過程で，下関市の公共事業に関する基本方針を変更させようとする動きがなかったわけではない。新庁舎建設計画の凍結がその最たる例である。上述した投資的経費の一時的な低下が生じたのは丁度この時期であった。下関市議会会議録（「平成21年　新庁舎建設調査特別委員会・総務委員会連合審査会（第3日　平成21年6月5日開催）」）によると，市は「建替えか新築か」という議論の前提を再考し，「庁舎を建てない」あるいは「建て替えない」という方針を打ち出していた。その背景には，200億円超と試算された新庁舎建設に懸念を示す住民に対する市の配慮があった。その際，庁舎の建設計画を将来的にどのようなものにするかは，当時の庁舎の耐震診断および劣化診断調査に委ねられることとなった。最終的に，2009（平成21）年8月から2010年3月までの間に実施された同調査の結果をうけて，市は2010年3月に事業費143億円に圧縮した庁舎整備計画（本庁舎耐震改修，市民サービスセンター増築，立体駐車場新設，消防庁舎建替）を発表したのであった。

(2) 合併特例債の充当事業―住民ニーズと政治的判断

上述の新庁舎建設などを含めた公共事業は合併時から計画されていたものであるが，いまひとつの問題はその財源にあった。普通建設事業は，補助事業と単独事業に分かれ，前者の財源は国庫補助負担金，地方債，一般財源（主に地方税と地方交付税）を主に組み合わせて捻出され，後者の財源は地方債と一般財源による地方の持出しを通じて調達される。こうした通常の状況と異なるのは，合併した市町村には合併特例債の発行が認められていたことであった。

合併特例債とは，市町村の合併に伴い，とくに必要となる事業に関して，合併年度とその後の10カ年，すなわち2006年度から2015年度に限って，地方財政法第5条但し書きに規定される経費に該当しないものにでも充当することができる地方債のことである。これは，通常，公債発行が将来世代の負担になることから，原則として将来世代に便益がおよぶ公共投資などの事業に限って起債が認められているが，それ以外の事業にも使用することができる点で合併特例債はより柔軟性が高い，ということを意味している。くわえて，対象事業に係る経費全体の95%に充てることができ，さらにはその元利償還金の70%を国が交付税措置する，という地方にとっては非常に魅力的な起債手段であった。

市町村合併は，行財政の強化および効率化というメリットをもたらすと指摘される一方，さまざまなデメリットを生じさせることも懸念されていた。たとえば，投票所の削減の問題がある。下関市では158カ所あった投票所を合併に伴い，121カ所に削減した。問題視されたのは削減された37のうち35カ所が旧4町の地域内に存在した投票所であったことである。旧4町投票区の高齢化率は本庁管内のそれよりも高いため，これらの区域での投票所の削減が更なる投票率の低下を招くなどの悪影響をもたらすのではないかという懸念の声が市議会内でもあがっていた（「下関市議会　会議録　平成23年第3回下関市議会定例会第3日」）。こうした市町村合併の負の影響が生じれば，住民と市の距離は広がり，地方分権化の意義自体が問われかねない。こうした合併の負の側面や住民と市の距離の問題に対して，市はどのような考えを示していたのであろうか。

時期は前後するが，こうした懸念に関して，先の新庁舎建設計画の凍結に関する議論のなかで，市は合併特例債を通じて調達できる財源を新庁舎建設にではなく，タウンミーティングなどを通じて把握される地域住民が強く望む事業に振り向けようとする意志を表明していた。つまり，市町村合併により広がる市域にくまなく行政サービスを提供するという「統一性確保」の導き糸として，市は地域内分権の観点から住民ニーズの把握とそれに基づいた事業の実施の重要性を示唆していたのである。それでは，実際，合併特例債は主にどのような事業に充当されたのであろうか。

表1－1は2014年度までの間に合併特例債を充当した主な事業の一覧である。まず，以下の事業費は2014年度までに計上された額を示しており，同事業に合併特例債を充当した額そのものではない，ということをあらかじめ断っておかなければならない。しかし，少なくとも合併特例債を充当した主な事業15のうち，旧4町で実施されたのは，わずか4項目であり，その事業規模も全体の約10％にすぎない，ということは事実である。さらに，その旧4町で実施された4事業も旧役場付近を整備するという性格のものであった。

確かに，過疎地域とみなされている豊田・豊北総合支所管内で実施される事業には，合併特例債よりも国による財政措置が手厚い過疎対策事業債が充当可能であることから，同所管内の事業に合併特例債を充てる合理性が低いこと，

表1－1　合併特例債を充当した主な事業の一覧[6]（平成26年度まで，百万円）

事　　業	事業年度(平成)	事業費	全体比(%)
動物愛護施設整備事業	17-20	950	2.4
湯町地区まちづくり交付金事業(川棚温泉交流センター)	17-20	600	1.5
有富・延行線道路改良事業	17-22	2,084	5.3
市立大学体育館建設事業	17-18	1,042	2.7
海響館増設整備事業	18-21	2,291	5.8
川中中学校建設事業	18-21	5,210	13.3
彦島公民館建設事業	18-20	1,499	3.8
社会教育複合施設（生涯学習プラザ）整備運営事業	19-21	6,361	16.2
菊川プール施設改築事業	21-23	389	1.0
下関駅整備事業	21-26	4,361	11.1
市立大学新学科設立事業(新校舎・管理研究棟建設)	21-23	1,722	4.4
庁舎整備事業（本庁舎）	23-継続中	7,238	18.5
庁舎整備事業（総合支所庁舎）	23-継続中	2,089	5.3
豊浦地区幼保一体化施設整備事業	23-継続中	868	2.2
消防施設整備事業（消防庁舎建設事業など）	23-25	2,504	6.4
合　　計		39,208	100.0

そして庁舎整備などの大規模事業に合併特例債を活用することは「将来の財政負担」を軽減する，という側面があることも否定できない（庁舎整備計画（案）パブリックコメント回答一覧の番号16参照)。その意味で，市の政治的判断は住民の将来の負担軽減のためであった，とも評価できる。

以上のような市の政治的判断の評価に対しては賛否両論あるだろう。しかし，少なくとも合併特例債が「統一性確保」という当初の目的のために使われたという明確な事実を確認することはできなかった。むしろ，そこには「選択と集中」の論理が顔を覗かせている[7]。

■3．おわりに

このように，地方全体・中核市との歳入面の比較においては，下関市の地方税収の脆弱性，移転財源規模の大きさが明らかにされた。地方分権化の流れのなかで地方税収の割合は一時的に拡大しながらも，現在は「三割自治」以下の状態に逆戻りし，地方独自のニーズに対応できるような「歳入の自治」が確保されているとは考えがたい。下関市の地方税収が脆弱であり，財政力指数が相対的に低いこと（2013年度0.53（中核市平均0.76，42市中39位）），合併に伴う財政支援措置（交付税の算定替，合併特例債）が段階的に終了へと向かうこと，日本において地方が税率を標準税率の上下に変動させることが実態として定着していないこと（持田 2013：155）などを考えると，歳出面でのニーズ変化への柔軟な対応を下支えするための財源が十分な状況にあるとは到底いえない。これは市のみで対応できる問題ではなく，国との関係を含む日本の地方財政全体の問題である。

一方，歳出面では，経常収支比率の相対的な高さ（2013年度94.7%（中核市平均89.9%，42市中4位））から裁量の余地が狭まってきていることには注意が必要ではあるが，マクロレベルでのニーズ変化に対応して下関市もハード面からソフト面へのインフラ整備への歳出面でのシフトを進めているように思われる。しかし，豊浦郡4町との合併の際にすでに策定されていた新市建設計画に基づいて市の行財政運営は基本的に実施されてきたため，投資的経費の規模は一時的に縮小したものの庁舎整備計画の開始を機にふたたび拡大した。こうした動きは，上述したようなニーズ変化に対応した歳出面でのシフトに逆行するものであった。さらに「統一性確保」を目的とした合併特例債は，庁舎整備などといった旧下関市エリアでの公共事業を中心に充当されてきたのであった。

ただし投資的経費の拡大それ自体が問題なのではない。重要なのは，それが住民ニーズに基づいた結果であったかどうかである。分権化定理は，国に比して地方がニーズ把握に優位性をもつことを説き，分権化の重要性を示唆する。この定理に基づき，2000年代に分権化を経験した上で，相対的にニーズ把握に優位性を有すると考えられる下関市自体が選択したのは投資的経費の拡大であった。それを考慮すれば，投資的経費の拡大が下関市住民の望んだ結果を反映したものである，と評価することも可能であろう。しかし，こうした評価を受け入れた場合，「新庁舎建設反対」という形で表出した住民の声がなぜ拡大したのか，あるいは，なぜ市がそうした声に応え，新庁舎建設計画を再検討し，「統一性確保」のためにニーズ把握に裏打ちされた事業に合併特例債を充当しようと考えたのかを，うまく説明することができない。

これまでの民主主義の原型は代議制デモクラシーであり，市民による政治過程への参加は過参加といってマイナスに評価されることもある（篠原 2004：155）。しかし，地域内分権の観点から「参加と協働」を重視する下関市にとって，市民の参加は下関市におけるデモクラシーを機能させるために不可欠な要素であろう。

最大の問題は，住民ニーズが「新庁舎建設反対」という消極的な形でしか表出しなかったことである。現実的に考えて，事前に長い期間をかけ準備され，一部がすでに実行に移されている計画を白紙にし，異なる計画を実行に移すことには，各方面からの反発や莫大な追加的コストの発生といった多くの政治的困難への対応が必要とされる。しかし，それでも住民ニーズがより積極的に具体性をもった形で表出するならば，その困難を少なくとも和らげることができるだろう。

ニーズとは流動的・可塑的なものである（中島 2014）。流動的・可塑的なニーズの把握や地域民主主義の涵養には，行政・住民両者からの不断の努力が必要とされる。パブリックコメント，タウンミーティングなどはすでに実施されているが，参加のゆがみ[8]の問題があり，サイレント・マジョリティの声を拾いきることもできない。こうした声を拾いあげ，流動的・可塑的なニーズの把握を可能とし，「下関市にとって今，一体何が求められているのか」を可視化させる場と地域民主主義を涵養していくことこそ，当初，市が目指した方針であったように思われる。

その導き糸となる可能性をもつのが，市民討議である。イニシアティブやレファレンダムといった直接民主主義的な制度は，その重要性こそ認められるものの，討議倫理が守られなければデモクラシーと相反する結果を生じさせる可能性もあり（篠原 2004：186-187），ただ市政への「反対」という消極的な形でニーズを表明するだけの市民の姿勢を形成しかねない。市民討議は，代議制民主主義と直接民主主義の間に位置し，前者の領域で生じ得る政治と住民の距離を縮め，後者の領域で不可避に生じる政治と住民の対立を和らげる可能性を秘めている。たとえば，ドイツのプラーヌンクスツェレは，無作為抽出・有償制を特徴とした市民討議の一形態であり，システムに対する信頼感や社会関係資本を形成する効果があることが指摘されている（同 2004：176)。社会関係資本（社会資本）は，調整された諸活動を活発にすることによって社会の効率性を改善できる（Putnam 1993＝2001：206-207)。

他方で同制度はコスト面での課題もあり，今後予想される下関市財政の厳しさを考えると，現実的ではないとの指摘もあるだろう。しかし，地方財政にさまざまな変化が求められる状況でのニーズ把握の重要性を考えれば，そのコストを考えても同制度の可能性を追求していくことは決して無駄なことではないだろう[9)]。

注

1）下関市の公営企業会計・特別会計の状況については『財政状況等一覧表（平成 17 年度～ 21 年度)』,『財政状況資料集（平成 22 年度～ 25 年度)』などが参考になる。市財政の全貌を明らかにするためには両会計の分析が不可欠となる。両会計の分析は今度の課題としたい。

2）具体的には，① 公営企業，② 出資金，貸付金，③ 地方債の借換え，④ 災害関係事業，⑤ 公用施設の建設事業および土地取得，などに要する費用がその例である。

3）岩波（2000）は日本の財政危機の主要因として地方の財政状況の悪化をあげていた。より具体的に言い換えれば，中央集権的な地方財政制度のもとで，国庫補助金，地方交付税交付金，そして許可制をとる地方債制度などが連動して系統的に利用され，地方が公信用依存による公共事業の拡大に動員されたことがその主要因である，と指摘される。

4）目的別分類における土木費は，道路・橋梁・公園・河川といった主な建設に関わる経費を意味するが，性質的分類における投資的経費は，目的別分類において教育費や民生費にふりわけられている教育施設あるいは福祉施設などの「土建的」な意味での福祉的経費を含むため，土木費と投資的経費は必ずしも同様の傾向を示さない。

5）2013 年度，地方財政全体の投資的経費の割合も拡大はしているが，その構成比の変化は 13.9%⇒ 15.5%，下関市の 11.2%⇒ 18.4%よりもかなり小さかった。

6）同図表は下関市財政課提供の資料をもとに作成した。なお，継続中と表記された事業については，2014 年度予算における事業費までを計上している。

7）「選択と集中」に関しては増田（2014）を参照せよ。下関市の過去数年間の予算編成方針にも必ずこの概念が用いられている。

８）参加のゆがみに関しては Fishkin（2009＝2011）を参照せよ。

９）2015 年９月に下関市立大学の特定奨励研究Ｂの助成をうけて，渡独し，ドイツにおける市民参加のあり方に関して調査をした。ドイツで開発された，このプラーヌンクスツェレは日本でも実施されており，相模原市南区，小田原市にはすでに調査を行った。その成果については，嶋田・難波（2016）を参照せよ。

引用・参考文献

井手英策『日本財政　転換の指針』岩波書店，2013 年

岩波一寛「地方財政危機と公信用―地方財政の赤字と債務累積の財政メカニズム」中央大学経済研究所編『現代財政危機と公信用』中央大学出版部，2000 年

篠原　一『市民の政治学―討議デモクラシーとは何か』岩波書店，2004 年

嶋田崇治・難波利光「住民参加の可能性と課題―必要を表出させる仕組みについての一考察」『下関市立大学論集』第 60 巻第２号，下関市立大学学会，2016 年

神野直彦『財政学 改訂版』有斐閣，2007 年

神野直彦・金子勝編『地方に税源を』東洋経済新報社，1998 年

神野直彦・小西砂千夫『日本の地方財政』有斐閣，2014 年

武田公子『地域戦略と自治体行財政』世界思想社，2011 年

中島康晴『地域包括ケアの理論と実践―社会資源活用術』日本医療企画，2014 年

増田寛也『地方消滅―東京一極集中が招く人口急減』中央公論新社，2014 年

持田信樹『地方財政論』東京大学出版会，2013 年

Fishkin, James（2009=2011）, *When the People Speak ― Deliberation Democracy and Public Consultation,* Oxford University Press.（曽根泰教監修・岩木貴子訳『人々の声が響き合うとき―熟議空間と民主主義』早川書房）

Putnam, Robert（1993=2001）, *Making Democracy Work,* Princeton University Press.（河田潤一訳『哲学する民主主義―伝統と改革の市民的構造』NTT 出版）

第2章

下関市を中心とする山口県の金融経済

森　祐司

■はじめに

「下関の金融の進展の軌跡をたどることは，下関の経済界，なかんずく商業の発展の足跡をたどることである」。『下関市史』（1983）における金融についての記述の冒頭ではこのような鋭い指摘がされている。確かに，近代の下関の発展は海陸交通の要衝に位置し，国内中継貿易の繁栄を礎に問屋業や海運業が発達し，金融業もその恩恵をうける形で発展してきた。下関市の港湾都市としての発展は近代日本のなかでも先駆けるもので，1872（明治５）年には早々と三井銀行が支店を設立し，後の山口銀行の源流となる百十銀行は1878（明治11）年に，日本銀行は1893（明治26）年に国内第３番目の拠点として西部支店を設立した[1)]。その後，大陸貿易の基地としての発展とともに，県外の有力銀行も進出し，金融業も発達していった。

明治時代初期の下関は近代日本の先駆けとして発展したが，交通手段の発達や開発が全国各地まで行き渡るようになると，その優位的な地位を保てなくなり，進出・設立された多くの金融機関も撤退したり，再編が繰り返されていくようになる。太平洋戦争中においては国の施策として「一県一行制」が実施されたこともあり，いくつかの銀行が合同して現在の山口銀行が誕生している。また戦後においては，無尽を源流とする山口相互銀行がいくつかの金融機関の再編を経て設立され，現在の西京銀行につながっていくことになる。

このように山口県・下関市の金融は地域経済の発展を支えつつ，またその恩恵をうける形で発展してきた。戦後においても，山口・下関経済の成長と停滞が反映したものとなっている[2)]。本章では，下関市を中心に山口県の2000年代以降の金融経済について概観して，地域経済や地域金融機関の動向を中心に分析し，今後の課題と展望について検討する[3)]。

■ 1．山口県・下関市の経済の動向

表2－1は山口県・下関市の基礎的な経済統計指標を整理している。2010（平成22）年の時点で，山口県は13市6町から構成されている。これは，いわゆる平成の大合併後の状況であり，それ以前では14市42町村から構成されていた。現在の山口県では市部の面積は全体の9割以上を占めている。下関市は，面積では山口県全体の11.7％程度であるが，人口は2010年で28万人強と県全体の2割弱を占め，その比率は2000（平成12）年からあまり変化していない。ただし，人口減少は進行し，2000年には30万人強あった人口も2万人程度（約7％程度）減少している。総人口は山口県全体でも5％程度減少し，下関市はそれ以上に人口減少が進んでいる。

高齢者比率については，下関市は28.5％と県全体（27.9％）をやや上回る。町平均は市平均よりも高く，人口減少と合わせて過疎化の進行をうかがわせる。過疎化は平成の大合併以後も進行しているとみられ，下関市内においても市街地中心部（旧下関市）と合併した周辺郡部との高齢化・過疎化の格差の存

表2－1　山口県の統計指標

項目 市町名	市町村数	土地面積		人口				
		実数	全県比	2000	2010	変化	変化	2001
		km^2	%	人	%	人	%	%
下関市		716.15	11.7	301,097	19.7	280,947	19.4	▲7
市　計	13	5,729.52	93.7	1,458,560	95.5	1,389,324	95.7	▲5
町　計	6	384.43	6.3	69,404	4.5	62,014	4.3	▲11
県　計	19	6,113.95	100.0	1,527,964	100	1,451,338	100.0	▲5

項目 市町名	市町村数	高齢者比率			事業所数			市町民所得				
		2000	2010	変化	2001	2012	変化	2001		2010		変化
		%	%	%			%	百万円	%	百万円	%	%
下関市		22.3	28.5	+6.2	14,859	12,205	▲18	788,076	18.3	783,002	18.5	▲1
市　計	13	21.8	27.5	+5.7	74,474	60,782	▲18	4,139,109	96.3	4,099,393	96.9	▲1
町　計	6	32.4	37.2	+4.8	3,625	2,599	▲28	158,305	3.7	129,389	3.1	▲18
県　計	19	22.2	27.9	+5.6	78,099	63,381	▲19	4,297,414	100.0	4,228,782	100.0	▲2

注）人口は「山口県人口移動統計調査結果報告書」（県統計分析課），土地面積は「全国都道府県市区町村別面積調」（国土交通省国土地理院）。高齢者比率は市町村の総人口に占める65歳以上の人口の割合

出所）人口，面積は平成25年度市町民経済計算，総務省統計局「統計でみる都道府県・市区町村のすがた」

在も推察される。事業所の多くは市部に，とくに県全体の2割程度が下関市に集中している。しかし，下関市の事業所数も減少傾向にあり，2001（平成13）年から2012（平成24）年までに18％も減少した。市町民所得も県全体の18％強を下関市が占めるが，平成の大合併があったにもかかわらず2010年までに1％程度減少している。下関市は，郡部や山口県内の下関市以外の地域と比べて人口も多く，高齢者比率は低い一方，事業所が県内において集中し，市町民所得も周辺部に比較して高い。ただし，下関市でも人口減少と高齢化の進行は避けられず，事業所数と市町民所得はここ10年で減少した。このような特徴は，全国的に地方の県とその中心都市にみられる傾向であり，近年のわが国における人口の社会移動に関する特徴が下関市でも色濃く反映されていると理解されよう。ただし，地方においても福岡市や札幌市のように地方の中核大都市になれば，高齢化は回避できないが，人口流入によって人口が増加しているケースもある。下関市は，山口県内の別地域ほど少子・高齢化が進んではいないが，福岡市のように他県から人口が流入し，増加するほどまでの人口の純流入はなかったようにみられる。その結果，事業所数・市町民所得の減少も起きていると推察される。

■2．山口県の預貯金残高の動向

本節では，山口県の預貯金残高の動向について分析する。表2-2は各年度末での山口県における民間金融機関の預貯金残高・シェアの推移を示している[4)]。民間金融機関の預貯金残高は，2014（平成26）年度末時点で8兆3,159億円であり，2001（平成13）年度末時点と比べて1兆8,612億円増加（約29％増加）した。2000年代以降，民間金融機関の預貯金残高は増加傾向にある。他方，郵便貯金は2014年度末時点で2兆1,055億円であり，2001年度末時点と比べて1兆2,093億円も減少（約36％減少）している。つまり，県全体では郵便貯金の残高が減少し，民間機関の預金残高がそれを相殺するように増加し，ネットでは増加したのである。このような郵便貯金から民間金融機関へという現象は山口県だけに限られた現象ではないが，山口県としてとくに注目される

表2－2　山口県の預金残高の推移

〈預金残高〉

	2001	2002	2003	2004	2005	2006	2007	2008	2009	2010	2011	2012	2013	2014
大手銀行など	3,052	2,856	2,898	2,765	3,284	3,315	3,349	3,493	3,498	3,590	7,307	3,553	3,706	3,681
地方銀行	32,800	33,285	33,065	33,456	33,446	34,275	35,366	36,629	39,035	39,650	41,213	41,853	42,197	43,863
山口銀行	30,692	30,776	30,412	30,471	30,706	31,540	32,590	33,887	36,307	36,928	37,752	38,068	39,269	40,840
第二地銀	7,651	7,904	7,858	7,982	8,040	7,898	7,503	7,484	7,699	8,525	9,556	9,688	10,430	10,559
西京銀行	5,154	5,378	5,645	6,068	6,323	6,400	6,397	6,385	6,607	7,441	8,380	8,621	9,444	9,639
信用金庫	7,971	8,043	8,119	8,333	8,384	8,896	8,999	8,961	8,938	9,063	9,186	9,341	9,384	9,415
西中国信用金庫	2,043	2,059	2,077	4,800	4,744	4,724	4,744	4,689	4,944	5,021	5,088	5,164	5,203	5,259
信用組合	331	334	332	342	951	972	974	954	909	926	952	932	904	938
労働金庫	1,627	1,672	1,696	1,786	1,837	1,842	1,882	1,980	2,288	2,336	2,341	2,335	2,334	2,251
農協	11,115	11,243	11,393	11,693	11,792	11,805	12,055	12,002	12,088	12,111	12,123	12,182	12,142	12,452
民間金融機関合計	64,547	65,337	65,361	66,357	67,734	69,003	70,128	71,503	74,455	76,201	82,678	79,884	81,097	83,159
郵便貯金	33,148	31,976	30,999	28,912	26,988	25,059	24,309	22,757	22,366	21,857	21,529	21,380	21,184	21,055
合計	97,695	97,313	96,360	95,269	94,722	94,062	94,437	94,260	96,821	98,058	104,207	101,264	102,281	104,214

〈預金シェア〉

	2001	2002	2003	2004	2005	2006	2007	2008	2009	2010	2011	2012	2013	2014
大手銀行など	3.1	2.9	3.0	2.9	3.5	3.5	3.5	3.7	3.6	3.7	7.0	3.5	3.6	3.5
地方銀行	33.6	34.2	34.3	35.1	35.3	36.4	37.4	38.9	40.3	40.4	39.5	41.3	41.3	42.1
山口銀行	31.4	31.6	31.6	32.0	32.4	33.5	34.5	36.0	37.5	37.7	36.2	37.6	38.4	39.2
第二地銀	7.8	8.1	8.2	8.4	8.5	8.4	7.9	7.9	8.0	8.7	9.2	9.6	10.2	10.1
西京銀行	5.3	5.5	5.9	6.4	6.7	6.8	6.8	6.8	6.8	7.6	8.0	8.5	9.2	9.2
信用金庫	8.2	8.3	8.4	8.7	8.9	9.5	9.5	9.5	9.2	9.2	8.8	9.2	9.2	9.0
西中国信用金庫	2.1	2.1	2.2	5.0	5.0	5.0	5.0	5.0	5.1	5.1	4.9	5.1	5.1	5.0
信用組合	0.3	0.3	0.3	0.4	1.0	1.0	1.0	1.0	0.9	0.9	0.9	0.9	0.9	0.9
労働金庫	1.7	1.7	1.8	1.9	1.9	2.0	2.0	2.1	2.4	2.4	2.2	2.3	2.3	2.2
農協	11.4	11.6	11.8	12.3	12.4	12.6	12.8	12.7	12.5	12.4	11.6	12.0	11.9	11.9
郵便貯金	33.9	32.9	32.2	30.3	28.5	26.6	25.7	24.1	23.1	22.3	20.7	21.1	20.7	20.2
合計	100	100	100	100	100	100	100	100	100	100	100	100	100	100

注）単位は預金残高は億円，預金シェアは％
出所）金融ジャーナル『金融マップ』各号から作成

のは金融機関別のシェアであろう。2014年度末時点で山口県内において最大の預金シェアをもつのは山口銀行であり（39.2％），郵便貯金（20.2％）を上回る。都道府県別の預金シェアの全国平均は地方銀行で22.1％で，山口銀行はそれを大きく上回っている。また全国的にも七十七銀行（宮城），山梨中央銀行（山梨），山陰合同銀行（島根）に次ぐ４位の県内預金シェアであり（金融ジャーナル 2015），全国的にみても県内で圧倒的な地位をもつ地方銀行の代表格であることがわかる。また西京銀行の預金シェアは9.2％であるが，第二地銀の全国平均は5.7％で，全国的にみるとむしろシェアの大きい第二地銀であることがわかる。このように山口県内の地域銀行（地方銀行と第二地銀）の預金シェアが全国的にみて相対的に大きいのは，地銀・第二地銀の数がそれぞれ１行しかないことが最大の要因である。以上，山口県の地域金融の近年の主役は郵便貯金から地域銀行に移ったということが指摘できる。

■ 3．山口県の貸出残高の動向

表2－3は各年度末での山口県における民間金融機関の貸出残高・シェアの推移を示している。2014年度末時点で3兆8,410億円であり，2001年度末時点と比べて4,593億円ほど増加（約14%増加）している。2000年代以降貸出額は増加はしているものの民間金融機関の預貯金残高の増加度合に比べて，緩慢な増加となっている。貸出シェアの推移をみると，2014年度末時点で貸出シェアが山口県内最大なのは山口銀行であり（46.4%），次いで西京銀行が続いている（17.8%）。全国的にみると，山口銀行の県内貸出シェアは常陽銀行（茨城），阿波銀行（徳島）に次ぐ3位となっており（金融ジャーナル 2015），貸出に

表2－3　山口県の貸出残高の推移

〈貸出残高〉

	2001	2002	2003	2004	2005	2006	2007	2008	2009	2010	2011	2012	2013	2014
大手銀行など	1,572	1,416	1,448	940	765	397	486	1,566	1,774	946	830	1,002	1,221	1,199
地方銀行	17,570	17,174	16,976	17,961	18,102	19,610	20,186	20,366	20,729	20,576	20,070	19,858	20,415	21,513
山口銀行	15,450	15,170	14,822	15,451	15,110	16,055	16,627	16,922	18,106	17,615	17,050	16,786	17,294	17,831
第二地銀	5,865	5,774	5,637	5,293	5,139	4,896	4,594	4,502	4,516	5,912	6,054	6,261	6,574	7,386
西京銀行	3,832	3,927	3,965	4,030	3,667	3,626	3,513	3,744	3,830	5,000	4,175	4,386	5,994	6,821
信用金庫	5,151	5,013	4,832	4,710	4,665	4,650	4,574	4,535	4,393	4,383	4,291	4,209	4,128	4,084
西中国信用金庫	1,307	1,297	1,271	2,723	2,741	2,542	2,534	2,494	2,568	2,551	2,463	2,481	2,464	2,456
信用組合	216	215	206	196	493	485	470	451	428	402	395	416	416	418
労働金庫	916	1,020	1,110	1,203	1,285	1,269	1,248	1,269	1,300	1,315	1,331	1,324	1,344	1,324
農協	2,527	2,502	2,622	2,686	2,645	2,756	2,836	2,729	2,681	2,580	2,526	2,505	2,540	2,486
合計	33,817	33,114	32,831	32,989	33,094	34,063	34,394	35,418	35,821	36,114	35,497	35,575	36,638	38,410

〈貸出残高シェア〉

	2001	2002	2003	2004	2005	2006	2007	2008	2009	2010	2011	2012	2013	2014
大手銀行など	4.6	4.3	4.4	2.8	2.3	1.2	1.4	4.4	5.0	2.6	2.3	2.8	3.3	3.1
地方銀行	52.0	51.9	51.7	54.4	54.7	57.6	58.7	57.5	57.9	57.0	56.5	55.8	55.7	56.0
山口銀行	45.7	45.8	45.1	46.8	45.7	47.1	48.3	47.8	50.5	48.8	48.0	47.2	47.2	46.4
第二地銀	17.3	17.4	17.2	16.0	15.5	14.4	13.4	12.7	12.6	16.4	17.1	17.6	17.9	19.2
西京銀行	11.3	11.9	12.1	12.2	11.1	10.6	10.2	10.6	10.7	13.8	11.8	12.3	16.4	17.8
信用金庫	15.2	15.1	14.7	14.3	14.1	13.7	13.3	12.8	12.3	12.1	12.1	11.8	11.3	10.6
西中国信用金庫	3.9	3.9	3.9	8.3	8.3	7.5	7.4	7.0	7.2	7.1	6.9	7.0	6.7	6.4
信用組合	0.6	0.6	0.6	0.6	1.5	1.4	1.4	1.3	1.2	1.1	1.1	1.2	1.1	1.1
労働金庫	2.7	3.1	3.4	3.6	3.9	3.7	3.6	3.6	3.6	3.6	3.7	3.7	3.7	3.4
農協	7.5	7.6	8.0	8.1	8.0	8.1	8.2	7.7	7.5	7.1	7.1	7.0	6.9	6.5
合計	100	100	100	100	100	100	100	100	100	100	100	100	100	100

注）単位は貸出残高は億円，貸出残高シェアは%

出所）金融ジャーナル『金融マップ』各号から作成

おいても県内で重要な地位をもつ地方銀行の代表格となっていることがわかる。他方，西京銀行も第二地銀の貸出シェアは全国第９位であり，貸出においても全国的にみてシェアの大きい第二地銀であることがわかる。なお，西京銀行の貸出シェアは2001年度から6.5％ポイントも増加し，近年着実にシェアを増加させている。地方銀行・第二地銀の貸出シェアは，2014年度末時点で56.0％と19.2％であり，合わせて４分の３以上のシェアを占めている。とくに最近は増加傾向にあり，大手銀行シェアの低下も考えあわせると，山口県における地域金融機関の銀行貸出の重要性が高まっているといえるだろう。地銀や第二地銀の貸出先は山口県内で活動する企業や事業所が多いとみられ，大手銀行の主な貸出先である大手企業よりも中堅・中小企業が多い。このため，山口県内の企業の多くは地元を地盤とする金融機関を選ぶ傾向が強く，その送金や決済なども含めた金融サービス全般でも地元金融機関の重要性が高まっていると考えられよう。

■４．山口県の金融構造

本節では，前節で示したデータをもとに，山口県の金融構造について分析する。表２−４は，全国・中国地方・山口県の預貸率の推移と全国・山口県・下関市の経済成長率を示している。預貸率とは総貸出残高を総預貯金残高で除した指標であり，預貸率が100％を下回った場合はその地域の預貯金がその地域の貸出に回されることなく他地域に流出したり，有価証券などの投資などに回されている可能性を示唆する。預貸率が低いことは資金需要に見合う資金を供給（貸出）していないとみることもできるが，むしろ2000年代以降の低成長経済の移行と地方経済の疲弊により地方での資金需要が小さい（貸出先が少ない）ために，資金供給が超過しているとの解釈が妥当だとみられている。表２−４で示されるように，山口県・中国地方もその例外ではなく，預貸率は低下傾向で推移している。またその水準は山口県の預貸率は全国平均や中国地方よりも低く，2000年代以降は50％台で推移していることがわかる。全国よりも中国地方でさらに山口県での預貸率が低いことから，中国地方のなかでも山口

表２−４　預貸率および経済成長率の推移

〈預貸率〉

年度	全国	中国	山口県
1998	101.3	80.6	64.8
1999	98.2	76.7	63.1
2000	95.9	73.0	59.5
2001	87.0	69.1	57.3
2002	82.0	66.2	55.4
2003	77.8	65.2	55.0
2004	74.5	63.9	55.0
2005	74.6	64.3	53.8
2006	74.5	65.3	55.0
2007	73.6	65.5	54.8
2008	74.8	65.4	55.8
2009	71.8	62.3	54.0
2010	69.3	61.1	53.3
2011	68.4	60.0	50.6
2012	67.7	59.0	50.1
2013	67.2	59.0	50.2
2014	67.1	60.1	51.9
2015	66.2	61.5	53.1
2016	64.5	61.0	52.5

出所）日本銀行ホームページ

〈経済成長率〉

年度	全国	山口県	下関市
1995	1.93	1.45	0.02
1996	3.21	1.72	3.07
1997	−0.91	−0.41	−1.99
1998	0.07	−0.27	0.40
1999	0.43	−1.50	−1.71
2000	2.06	1.94	−0.36
2001	−1.38	−1.34	−2.91
2002	0.70	4.18	1.35
2003	0.92	−0.47	−0.61
2004	2.61	1.11	1.60
2005	1.96	0.54	1.16
2006	2.36	−0.11	−4.49
2007	1.55	0.78	2.61
2008	−3.57	−4.45	−2.89
2009	−2.39	1.69	0.76
2010	4.49	4.04	3.11
2011	1.99	0.00	1.76
2012	−0.30	0.47	0.77
2013	2.37	1.99	1.18
平均	0.95	0.60	0.15
標準偏差	2.00	1.96	2.13
変動係数	2.10	3.29	14.35

注）全国は国内総生産，山口県は県内総生産，下関市は市内総生産の成長率を示す

出所）『山口県統計年鑑』山口県統計分析課，内閣府『国民経済計算』

県での資金需要はより低迷しているものとみられる。

一方，下関市の経済成長率の推移をみると，山口県や全国を上回る年度もあるが全般的には下回る年度が多く，1995（平成７）年度から2013（平成25）年度までに９年は全国・山口県を下回っている。他方，全国・山口県を上回る年も４年あり，全般的には下関市の経済成長率の変動は全国や山口県よりも大きくなっている。このように下関市の経済成長率の変動は激しく，その水準は全国平均や山口県よりも低い。

次に，山口県の金融構造と経済の関係について企業金融の動向から考察する。図２−１は，日本銀行の「企業短期経済観測調査（日銀短観）」の企業調査項目のうち，「企業金融D.I.」の３項目について，山口県と全国の推移を比較したものである。日本銀行の短観は調査対象企業（山口県では県内企業）からの

回答を，「D.I.」（ディフュージョン・インデックス〈Diffusion Index〉）という指標に加工・集計している。「資金繰り判断D.I.」は資金繰り判断を「楽である」と回答した企業の比率から「苦しい」と回答した企業の比率を差し引いて示したものであり，正値で大きくなるほど，企業の資金繰りの状況が緩和された企業が広がっていることが示されていると解釈される。同様に「金融機関の貸出態度判断D.I.」は金融機関の貸出態度について「緩い」－「厳しい」を，「借入金利水準判断D.I.」は金融機関からの借入金利水準の「上昇」－「低下」を，示している。図2－1では山口県と全国対象のほか，両者の差分（山口県－全国）についても示している。まず，「資金繰り判断D.I.」についてみると，2003（平成15）年頃の金融システム不安が収まり，景気回復局面にあった時期においては，全国では資金繰りが楽になったと回答する企業が多かったものの，山口県においては負の水準（すなわち，厳しい）にある企業が多く，全国との格差があったことがわかる。これは，全国調査では大都市所在の企業や大企業が含まれる一方，山口県では地方の中小企業が比較的多く，それが格差の要因だとみられる。その後，2008（平成20）年後期から2009（平成21）年前期の世界金融危機による景気後退期以降は，全国も山口県もともに資金繰りは楽になる方向で推移している。ただし，ほとんどの時期で全国が山口県よりも上回っている。山口県の企業の資金繰り判断は2014年頃から正となり（楽になった企業が多くなる），2000年代以降ではもっとも高い水準になっている。また，近年の2015年後半からは全国との格差も縮小し，金融緩和の効果が山口県においても浸透してきたとみられる。

「金融機関の貸出態度判断D.I.」についてみると，やはり2003年頃から全国でも山口県でも正の水準（すなわち，緩い）にあり，貸出態度が緩和された企業が広がっていることがわかる。ただし，山口県よりも全国のD.I.で「緩い」とする企業が多く，当時は地方よりも都市圏で，あるいは中小企業よりも大企業から金融機関の貸出態度が緩和されていったと推察される。しかし，世界金融危機以降においては，全国よりも山口県のD.I.の方が上回っており，金融機関の貸出態度の緩和は，全国よりも山口県の方で広がっていることがわか

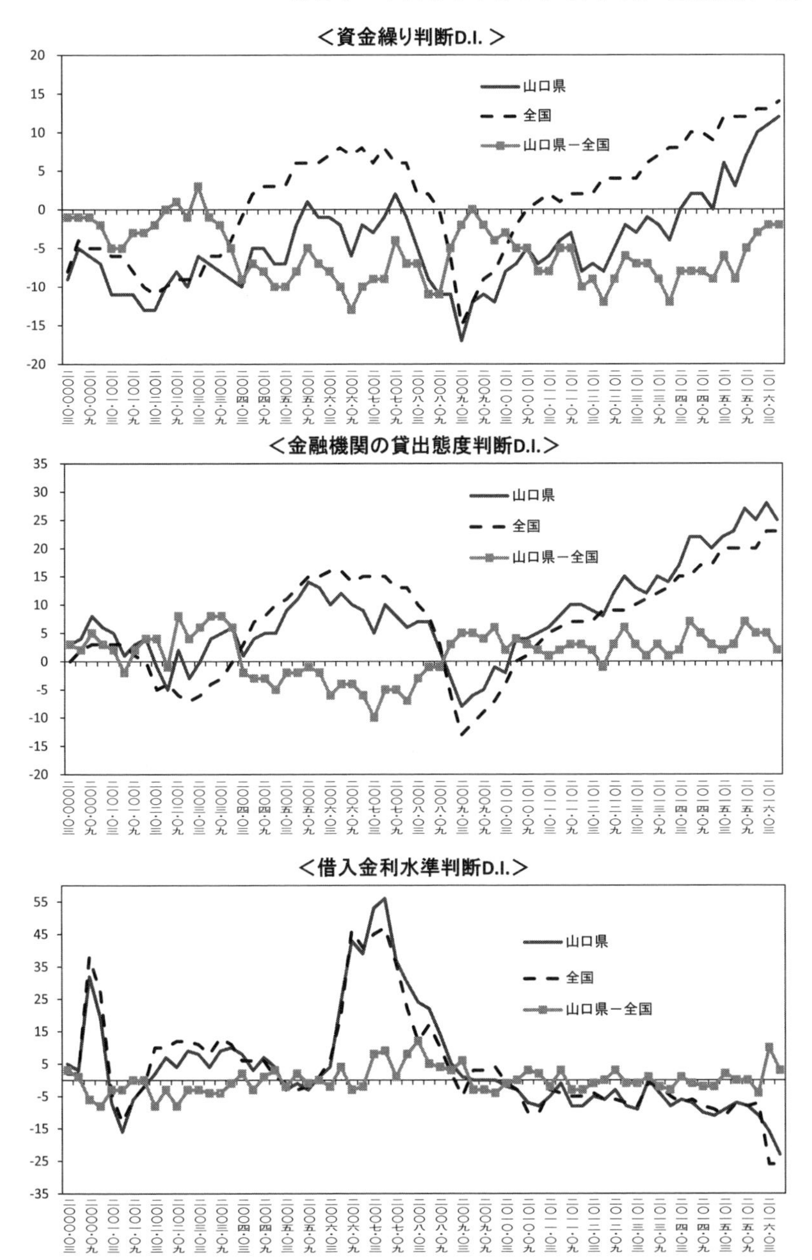

図２－１　日本銀行　企業短期経済観測調査（日銀短観）企業金融D.I.の推移

出所）日本銀行ホームページ

る。これは，金融緩和の長期化による地方への浸透が要因としてあげられるが，さらに，前述のように山口県内で貸出シェアが高い山口銀行と西京銀行の貸出競争も影響しているのではないかとみられる。この時期，前節でみたように両行ともに貸出シェアを伸ばしており，西京銀行の規模拡大がさらに両行の貸出競争に拍車をかけたことで，貸出態度の緩和の広がり度合が全国よりも高くなったのではないかと考えられる。

最後に「借入金利水準判断D.I.」をみると，2005（平成17）年頃から全国・山口県共に上昇したと感じている企業が広がっている。しかし，世界金融危機以降においては，全国・山口県共に負で推移し，借入金利の下落が広がっていったとみられる。全国と山口県で「借入金利水準判断D.I.」にはあまり大きな差異はなく，ほぼゼロをはさんで推移している。借入金利水準は低金利政策によってゼロ％近くまで低下した結果，企業によってあまり差がつかなくなってきたことの表れだと推察される。金融機関競争としては，むしろ上述のように金融機関の貸出態度や貸出額（アベイラビリティ）の重要度が増しているものと推察される。

■ 5．山口県の金融機関の店舗分布

金融機関の店舗は，地域の企業あるいは地域住民のための資金移動・決済サービスの提供ための拠点であり，また地域住民への金融サービス情報や金融商品情報の提供の場でもある。地域の企業との取引に関しては，金融機関の店舗は銀行貸出などのための情報収集拠点でもある。また，金融機関のサービスも，相続や事業承継，M&Aにおけるアドバイスなど近年幅が広がってきており，それら情報の収集・サービス提供の場にもなっている。このため，地域における店舗数はその地域における金融サービスの濃密度を示す尺度としても利用される。

表2-5は，2015年度の金融機関の店舗数を整理したものである。参考として2002（平成14）年度（「平成の大合併」前を示す）の店舗数も示している。最大の業態は郵便局であり，山口県全体で420店舗存在し，民間金融機関の合計店

表2－5　山口県における金融機関店舗数

〈2015年度〉

	市町村数		大手銀行	地方銀行	第二地銀	商農中	信用金庫	信用組合	労働金庫	民間金融機関	(%)	農協	(%)	漁協	(%)	郵便局	(%)
	全数	金融機関が所在する市町村数															
県全体	19	19	7	126	57	2	104	13	9	318	100	160	100	87	100	420	100
平均			0.37	6.63	3.00	0.11	5.47	0.68	0.47	16.74		8.42		4.58		22.11	
市部	13	13	7	117	55	2	100	13	9	303	95.3	142	88.8	74	85.1	381	90.7
平均			0.54	9.00	4.23	0.15	7.69	1.00	0.69	23.31		10.92		5.69		29.31	
下関市	—	—	2	25	10	1	27	2	1	68	21.4	17	10.6	24	27.6	75	17.9
郡部	6	6	0	9	2	0	4	0	0	15	4.7	18	11.3	13	14.9	39	9.3
平均			0.00	1.50	0.33	0.00	0.67	0.00	0.00	2.50		3.00		2.17		6.50	

〈参考：2002年度〉

	市町村数		大手銀行	地方銀行	第二地銀	商農中	信用金庫	信用組合	労働金庫	民間金融機関	(%)
	全数	金融機関が所在する市町村数									
県全体	55	50	7	142	71	3	121	17	14	375	100
平均			0.13	2.58	1.29	0.05	2.20	0.31	0.25	6.82	
市部	14	14	7	101	63	2	100	15	14	302	80.5
平均			0.50	7.21	4.50	0.14	7.14	1.07	1.00	21.57	
下関市	—	—	2	24	12	1	29	4	1	73	19.5
郡部	41	36	0	41	8	1	21	2	0	73	19.5
平均			0.00	1.00	0.20	0.02	0.51	0.05	0.00	1.78	

注）平均は各金融機関数を市町村数全数で除して算出している
出所）金融ジャーナル社『金融マップ』各号より作成

舗数をも上回っている。民間金融機関数の95％以上が市部に配置されているが，郵便局の店舗は90％強と民間金融機関よりも郡部の配置が多くなっている。ただし，平成の大合併以前（2002年度を参照）では民間金融機関の郡部への配置は19.5％となっている。大合併後に存続した店舗は約55％で，郡部の店舗を中心に減少した可能性が高い。郵便局も廃止・統合など店舗が再編された可能性があるが，郵便局は「郵便事業の関係で，各地域に一定数の郵便局を設置することが必要になる」（永田・石塚 2007）ために，前節でみたように預金残高シェアが低下しているものの，郡部においても店舗はある程度維持されている。

農協の店舗数は地方銀行よりも多く，郵便局に次ぐ規模となっている。郡部に配置された店舗の比率は郵便局よりも多く，逆に市部で少なく，下関市内で店舗の比率は民間金融機関，郵便局に比べて少ない。漁協は地方銀行に次ぐ店舗（支所）数があり，郡部で配置された店舗の比率は多い。下関市内の店舗数の比率は郵便局や農協よりも多く，漁協の特徴となっている。下関市は漁業が盛んであったことのほか，大合併後に下関市に編入された郡部の町でも漁港，漁協が多く，そのまま存続しているからだとみられる。全般的に郡部は市部よりも農漁業関係者や関連事業所が多く，農漁協の店舗の多くが郡部に配置され，平均店舗数では市部よりも郡部での店舗配置が多い。

以上，山口県および下関市における金融機関店舗の配置から，金融サービスの提供状況を鑑みると，地方銀行など民間金融機関は市部を中心に展開していること，郵便局・農協・漁協は比較的郡部での店舗比率が高いことがわかった。下関市においては，たとえば地方銀行の店舗の25店舗（2015年度，約20%），第二地銀の店舗の10店舗（2015年度，約18%），が集中し，市部の平均（地方銀行で9.00，第二地銀で4.23）よりも明らかに多い。山口県内でも比較的大きな都市である下関市が地方銀行にとって最大の競争の場になっていることをうかがわせる。

■ 6．山口県における金融リテラシー

これまで，主に金融機関という金融サービスの提供者側から，山口県・下関市の金融経済の状況を概観してきた。本節では金融サービスの需要者に関して，山口県民の金融リテラシー（お金の知識・判断力）についてアンケート調査した金融広報中央委員会『金融リテラシー調査』（2016年）から，山口県民の金融についての見方を他の都道府県と比較したランキング結果を参照し，その特徴を明らかにしたい。

同調査結果では，山口県民の金融知識・判断に関する総合的な特徴として，「金融知識に自信を持っている」人の割合は47都道府県中，３番目に高いという結果が出ている。これは全国のなかでも金融リテラシーが比較的高い県民だということを示す。詳細にみると，家計管理の項目では，「緊急時に備えた資金を確保している」人の割合は61.1%と全国２位であった[5)]。生活設計の項目では，「お金について長期計画を立てる」人の割合は51.1%と全国５位で，「老後の生活費について資金計画をたてている」人の割合は37.9%と全国７位であった。一般的に貯蓄の三大理由として，住宅資金・教育資金・老後資金が

あげられるが，ライフプランを立てて運用している人は必ずしも多くない。しかし，山口県民は資産運用に関し，比較的計画性のある県民だということがいえよう。金融知識については，「資金運用を行う際に他の商品と比較した」人の割合は69.9％と全国2位であり[6]，株式を購入したことがある人の割合は37.5％とこれも全国2位であった[7]。逆に，商品性を理解せずに株式を購入した人の割合は18.1％で全国45位であった。これらのことから，山口県民は他県に比べて金融知識が高く，生活設計など金融についての計画性も高いという特徴をもっていることがわかる。山口県民は一般的に比較的保守的だといわれるが，金融に関しては，計画性をもち，知識を蓄えたうえでなら，投資もしているということがうかがえる。

以上の点から，山口県での金融構造を資金供給サイドから考えよう。山口県民は目先の利益だけを追うような近視眼的な行動をとるのではなく，長期的・計画的で金融知識を身に付けた上で行動すると考えられる。すなわち，山口県民は金融資産運用においては決して安定性だけを重視しているのではなく，知識をつけて合理性のある計画を立てれば，リスクのある株式投資でも実行することに抵抗が大きくないのである。このことは地域における資金還流性などを考えれば重要な意味をもつ。近年，地方創成をスローガンに地元のベンチャー企業などへの投融資が促進されているが，あまりうまくいっていない地域もあるといわれている。そのような投融資にはリスクマネーの供給が欠かせないが，他地域や中央の投資家からの投資には情報の非対称性もあり，あまり進捗していないともいわれている。しかし，山口県においては，金融リテラシー度が高い県民であるため，合理的な計画を立てて，金融経済のタイムリーかつ的確な情報提供を行っていけば，山口県内の地域ベンチャーへの投資を山口県民が引き受ける可能性も少なくはないのである。疲弊する山口県経済にとって新しく創業される企業は非常に重要であり，この点は希望を与えてくれる要素だといえよう。

■まとめ

本章は，下関市を中心とする山口県内の金融経済構造について検討してきた。近年は，少子・高齢化の進行や経済の疲弊が進み，それとともに金融構造も変化してきたことをうかがうことができた。預貸率の低下と特に郡部における金融機関店舗数の減少が進み，郡部では郵便局や農漁協への依存度が高まっていることが確認された。下関市や山口県市部においては金融機関数は減少しているものの，山口銀行や西京銀行など地域銀行の寡占化が進んでいる。しかし，貸出競争は激しいとみられ，企業の資金繰りや金融機関の貸出態度は緩やかとなっている。今後はさらに少子高齢化が進行し，優良な貸出機会の減少などを考えると，金融経済の状況に大きな変化があるとは考えにくい。

他方，近い将来に予想されるFinTechなどの金融技術革新の導入は，山口県民の金融リテラシーが高く，吸収する柔軟性があると考えられる。このため，金融機関の金融サービスの向上競争はさらに激化していくことも予想される。また，地域ベンチャーなど地域経済活性化のために不可欠なリスクマネーの供給については，最終的資金供給者である山口県民の特徴から，丁寧な説明があれば，資金誘導するのは困難ではないことも推察される。今後の山口県・下関市の振興のために必要な起業・事業継承が活発化し，雇用機会の提供の増加のためには，金融業，とくに地元金融機関のサポートが不可欠である。さらなる地方創成のための努力を期待したい。

注

1）九州方面を管轄した。その初代支店長は，後に第20代首相となる高橋是清であった。現在の日本銀行下関支店には高橋の揮毫が残されている。

2）下関市を含む関門地域の金融構造の歴史的分析は安田（1955）などで詳しい。

3）地域の金融構造について分析した先行研究の例として，東海地域を対象とした多和田・家森（2005），札幌市を対象とした播磨谷・平澤（2004），屋久島を対象とした永田（2004）などがある。ただし，地方圏や県，大都市といった地域区分での研究は多いが，市やもっと狭い地域を対象とした研究はデータの制約の関係などもありあまり多くはない。このため，本章では永田（2004）や永田・石塚（2007）を多く参照して分析している。

4）同データおよび次節の貸出金残高は，下関市を対象とするデータを入手できなかったため，山口県全体でのデータでの分析となる。
5） 1位は徳島県で 61.2%であった。
6） 1位は高知県で 70.0%であった。
7） 1位は和歌山県で 37.6%であった。

引用・参考文献

金融広報中央委員会『金融リテラシー調査』金融広報中央委員会，2016 年
『月刊金融ジャーナル増刊号　金融マップ』各号，金融ジャーナル社
下関市市史編修委員会『下関市史』下関市役所，1983 年
多和田眞・家森信善編著『東海地域の産業クラスターと金融構造』中央経済社，2005 年
永田邦和「屋久島の金融構造」鹿児島大学『経済学論集』第 61 巻，2004 年：1-11
永田邦和・石塚孔信「鹿児島県における郵便局と民間金融機関の店舗配置」鹿児島大学『経済学論集』第 68 巻，2007 年：1-20
播磨谷浩三・平澤亨輔「札幌市における金融市場構造の特性の検証」『札幌学院商経論集』第 21 巻第２号，2004 年：1-34
安田充「関門における金融構造の分析（その一）」山口大學經濟学部編『関門經濟の研究』山口大學經濟学部，1955 年：103-151

第3章 下関市の人口動態と連携中枢都市圏による医療・福祉への影響

難波　利光

■はじめに

人口減少と少子高齢化が日本の社会構造を変化させるといわれ始めて20年近くになる。日本経済が全盛であった1980年代から２度の経済危機があり，日本経済全体の成長が疑問視されてきた。なかでも，地方経済の成長は鈍化しており，現状を踏まえると，今の経済水準を保つか経済規模を縮小させ，コンパクトな都市形態のなかで効率性の良い社会をつくり出すことに転換することが望ましいと考える自治体も増えてきている。

また，多くの自治体は，自立して自力で住民サービスができるよう持続可能性をもたせながら提供できるか不安な状態にある。人口減少に伴い消費人口が減少することで消費が減少し，さらに高齢化に伴い高齢者の消費額が少ないことから消費が減少する事態になりつつある。地方経済にとってみれば，消費が伸びないことで地方産業が成長せず，財政的には，所得課税や消費課税の減少を招き財政的に厳しくなることが予測される。

そこで，各自治体は，近隣自治体との連携を組むことで，競争と連携の自治体間の関係をつくろうとしている。競争に関して各自治体は，それぞれ独自の施策をつくり魅力ある自治体であることをシティプロモーションの活用で他地域の住民にアピールをしている。これは，自治体の独自性をより明確にすることで住みやすい町が多く存在することを知ってもらい移住を促し，労働人口を増加させ，また生活を安定化させることで子どもが増えることを目的にしている。自治体の歳出面では，子どもに関する自治体の支出は増加するものの，人口を増やすことで地域を活性化させる要因を増やすことができる。連携に関しては，行政コストを削減することや地域エリアの規模を大きくすることで，連携を組んだ自治体に経済的なメリットを与えることができる。この動向は，国の方策もあって各自治体で多く実施されている。

本章では，下関市における人口および少子高齢化の状況を把握し，連携中枢都市として住みやすさのひとつの指標となる医療・福祉サービスの住民サービスがどのように将来的に影響を及ぼすのかについて言及する。ここでは，下関市の平成27年10月に作成された人口ビジョンのデータを取り扱う。

■ I．下関市の人口推移

下関市の人口ビジョンを基に，下関の人口減少や都市の将来性について検討する。

国勢調査によると，下関市は，1950（昭和25）年の280,949人から増加し，1980（昭和55）年に325,478人になり人口のピークを迎えた。しかし，1985（昭和60）年から人口は減少に転じ，2000（平成12）年に301,097人になり，2010（平成22）年には1950（昭和25）年とほぼ同数の280,947人にまで減少している。

人口がピークになるまでの下関の交通整備の動きとしては，1958年関門国道トンネル開通，1973年関門橋開通，1975年山陽新幹線の博多まで開通がある。造船の町としては，1956年日本の船舶建造量世界一，1966年下関港年間水揚げ量全国一，1977年漁業水域の200海里体制への移行など，漁業により形成された産業によって人口が増加していた。

人口が減少していることと同時に社会形成に影響を及ぼすのが高齢化である。下関市の年齢3区分別（65歳以上人口・生産年齢人口・年少人口）の推移をみると，0～14歳までの年少人口は，1955年にピークになり約10.5万人であったが年々減少し，2010年には約3.4万人まで減少している。15～64歳までの生産年齢人口は，1980年の21.8万人をピークに減少し2010年には約16.5万人まで減少している。反面，65歳以上人口は，1950年の1.4万人から徐々に増加し，2010年には8.0万人まで増加している。したがって，高齢化率は，2010年に28.0%を超え，全国と比べても5.0ポイント程度高い水準になっている。

下関市の将来人口の推移をみると，2010年に280,947人であるが，さらに減少し2040年には20万人を下回り197,302人になり，2060年には15万人を切り144,078人になる。すなわち，2010年から50年をかけ人口は半減することになる。年齢3区分人口の将来推計は，2010年に年少人口3.4万人，生産年齢人口16.5万人，65歳以上人口8.0万人であるが，2040年には，年少人口1.9万人，生産年齢人口10.1万人，65歳以上人口7.7万人であり，2060年には，年少人口1.3万人，生産年齢人口7.2万人，65歳以上人口6.0万人である。すなわち，50年間で，年少人口は約30%，生産年齢人口は約44%，65歳以上人口は75%に減少することになる。高齢化率は，2060年に41.5%になる。高齢化率は，年々上昇するが，65歳以上人口は2020年の9.1万人をピークに減少することになる。

これは，全国的にもいえることであるが，下関市にとっても人口減少は，生活形態や産業構造に影響を及ぼすものであり，これまで続いてきた下関ならではの伝統や文化の維持，歴史的にも深く下関市を支えてきた産業の衰退を引き起こしてしまう要因になると考えられる。また後でも述べるが，医療・福祉のサービス供給にも影響を及ぼすことになる。

■ 2．人口の自然増減と社会増減の要因

人口は，出生と死亡による自然増減と生活の変化による影響や交通網の整備といった経済的な変化に伴う要因にも関連した社会増減により変化する。そこで，自然増減についてみると，1995年を転機に自然減になり始めており，2013年には，1,800人程度の減少がみられる。高齢化率の上昇に伴い，死亡率が高まり人口が減少している。次に，転入・転出による人口移動を示す社会増減についてみると，1968年以降転出が転入を常に上回っている。人口減少の要因を自然増減と社会増減を合わせてみると，1995年以降自然減の減少幅は拡大し，人口増減の減少幅も大きくなっている。

自然増減と社会増減の状況をもう少し詳しくみていく。自然増減に関係する下関市の合計特殊出生率について時系列でみると，1990年の1.47から減少し，

2005年に1.30になっている。しかし，2010年には，1.50に増加している。同年時を全国でみると，1990年に1.54，2005年に1.26，2010年に1.39である。下関市と全国を比較してみると，1990年には全国より低かったものの，2005年と2010年では全国より高くなっているといえる。この点から自然増減の今後を考えると少子化に歯止めがかかるように捉えることができる。しかし，少子化の問題は，理想の子ども数や婚姻件数とも関連してくる。

下関市における1世帯あたりの子どもの数は，1990年の1.83から徐々に減少し2010年には1.74まで減少している。子どもの数は，婚姻件数や未婚率や出生可能年齢の女性の人数により影響をうける。婚姻件数は，1980年に約2,000組を超えていたが，2013年には約1,500組にまで減少している。男性の未婚率をみると，1990年には，20～24歳で90.9%，25～29歳で57.6%，30～34歳で27.9%，35～39歳で15.9%である。それが，2010年に20～24歳で91.2%，25～29歳で65.5%，30～34歳で43.1%，35～39歳で33.6%である。女性の未婚率をみると，1990年には，20～24歳で84.3%，25～29歳で42.2%，30～34歳で14.7%，35～39歳で8.3%である。それが，2010年に20～24歳で86.8%，25～29歳で57.9%，30～34歳で35.3%，35～39歳で24.0%である。

山口県が実施した山口県に居住する20歳以上50歳未満の男女に対する調査[1)]によると，未婚者の結婚に対する考えとして，いずれ結婚するつもりと答えたのは84.9%であった。しかし，独身の理由として，結婚する相手と知り合うきっかけがないが36.8%と一番多く，結婚生活を送るだけの経済力がないが25.3%と次に多い。これは，結婚したいにもかかわらず経済的理由や出会うための自由な時間やお金が少ないためである。

もし結婚したとしても何人の子どもをもてるのかについてみる。下関市の行った就学前児童の保護者に対するアンケートによると，理想の子どもの数は，3人と答えている人が59.7%で一番多く，2人が26.8%，1人が1.6%である。しかし現実は，2人が58.9%，3人が22.7%，1人が14.4%である。その理由として，経済的に厳しいからが80.0%，仕事と子育ての両立がむずかしいからが36.3%，体力と健康面でむずかしいからが34.9%である。このことから，少子化の要因は，経済的な面が大きいといえる。

少子化に関する対策として，出産可能年齢の女性がどのくらい地域に住んでいるのかがテーマになる。下関市において，総人口に対する出産可能年齢の女性の割合は，1980年に約27.0%であったが，徐々に減少し2010年には，19.0%を切っている。これらのことは，下関市にとって将来的に少子化を食い止めることがむずかしくなっていることを意味する。

転入者数と転出者数の差である純移動数を性別・年齢階級別に2005～2010年の期間でみると，全体では男性がマイナス1,470人，女性がマイナス2,106人になっている。15～19歳の人が20～24歳になった時に男性はマイナス1,203人，女性はマイナス908人と一番多く下関から離れている。次に，20～24歳が25～29歳になった時に男性はマイナス1,009人，女性はマイナス489人と2番目に多く下関から離れている。その他の年代では，大きな減少はみられないが，55～59歳が60～64歳になった時にプラス261人，女性127人と一番増加している年代である。すなわち，学生の時期に多く就労，もしくは進学で市外に出ている。女性に注目すると，出産可能年齢の時期に多くの女性が市外に出ていることになる。年代別の傾向は，1985～1990年の時期から続いており人口減少の大きな要因になっている。

下関市における2010～2014年の間の平均で人口移動を市町村別に転入・転出者数の多い自治体をみる。転入者数の多い市区町村は，北九州市577人，山口市436人，福岡市333人，宇部市315人，広島市268人である。転出者数の多い市区町村は，北九州市743人，山口市515人，福岡市483人，宇部市330人，広島市287人である。これらの動きをみると，近隣自治体での動きが多く，関東圏および関西圏の移動は少ないといえる。

同年間の転出超過数の多い都道府県を男女別にみる。男性は，福岡県147人減少，東京都47人減少，山口県36人減少，徳島県48人減少，千葉県32人減少である。女性は，福岡県233人減少，東京都60人減少，山口県30人減少，徳島県3人減少，千葉県19人減少である。男女ともに福岡県への転出は多く，とくに女性は多いといえる。また，同年間の転出超過数の多い市町村を男女別にみる。男性は，北九州市 75 人減少，福岡市 48 人減少，山口市 34 人減少，松茂町 50 人減少，横浜市 11 人減少である。女性は，北九州市 94 人減少，福岡市 102 人減少，山口市 44 人減少，松茂町 6 人減少，横浜市 17 人減少である。これらをみると，女性が福岡県のなかでも北九州市と福岡市といった大都市への転出超過であることがいえる。女性の転出超過数は，福岡市や北九州市への 18 ～ 21 歳が多くなっていることから，下関市から近隣自治体に若年女性が流出していることがわかる。

これらのことから，女性が下関市から離れることにより人口減と社会減に女性が寄与していることがわかる。しかし，女性の転出先は下関市近辺が多く，今後問題となりうる労働力や福祉的な問題は，近隣自治体との連携により解消することが必要である。

■ 3．下関市の産業別人口の変化による高齢者および女性労働力の必要性

これまで人口についてみたが，本節では下関市の産業別構造から就業状況と雇用状況をみる。人口移動の要因は，地域産業と職業と関連性があり，各自治体では，移住定住施策を作成する上で，住んでもらう環境づくりの一環として雇用面に力をいれている。

そこで，2010 年の産業別の就業者数をみると，男性は，製造業，卸・小売業，建設業の順で多く，女性は，医療・福祉，卸・小売業，製造業の順で多い。全国の産業別就業者数構成比を下関市と比較すると，下関市では男女ともに漁業がもっとも高い。次に職業別の人口をみる。男性は，生産工程従事者，販売従事者，事務従事者の順で多く，女性は，事務従事者，サービス職業従事者，専門的・技術的職業従事者の順で多い。下関市は，比較的ブルーカラーに属する職業従事者が多いといえる。

年齢階級別に産業人口をみる。男性の年齢別産業人口の割合は，15 ～ 29 歳で 15.1%，30 ～ 39 歳で 20.3%，40 ～ 49 歳で 18.1%，50 ～ 59 歳で 21.9%，

60～69歳で18.0％，70歳以上で6.6％である。15～29歳で一番多い産業は，宿泊業・飲食サービス業であり31.2％である。70歳以上で一番多い産業は，農業・林業で，47.0％である。女性の年齢別産業人口の割合は，15～29歳で16.1％，30～39歳で18.2％，40～49歳で20.5％，50～59歳で22.5％，60～69歳で18.7％，70歳以上で8.0％である。15～29歳で一番多い産業は，情報通信業であり35.6％である。70歳以上で一番多い産業は，農業・林業で，45.5％である。

以上のことを踏まえると，男女とも農業従事者の高齢化が目立つ。また，若年者の雇用は，男女で異なっている。観光産業や外食チェーン店を含む飲食サービスは，今後も地方経済を支えるひとつの要素である。また，情報通信業は，携帯電話などの通信ネットワークの普及によりIOT[2)]を促進させていくためには，情報通信に関する従事者はますます増えると予測される。年齢別の従事者割合は，男女で違いはみられない。

下関市における従業者数の将来予測は，2010年に125,176人であるが，2040年には41.5％減少し73,286人になる。さらに，2060年には59.0％減少し51,340人になる。年齢別にみると，2010年から2040年の30年にかけて15～19歳で1,837人から927人へ49.5％減少，35～39歳で13,163人から6,211人へ52.8％減少，55～59歳で14,725人から8,270人へ43.8％減少する。逆に，80～84歳で1,112人から1,404人へ26.3％増加，85歳以上で445人から990人へ122.5％増加することになる。すなわち，現在において就業者は，35～39歳と60～64歳の層で支えられているが，2040年においては，その２つの年齢層が大幅に減少することになる。また，わずかではあるが，高齢化に伴い80歳以上の従業者が増加していることから，高齢者雇用の場が増加すると思われるが，人口的には，高齢者数も減少していくため高齢者の労働供給もやがて減少していく傾向にある。高齢者の雇用に関しては，定年延長や生活費確保の面から高齢者の就労を増やす傾向にある。高齢者にとって就労の場は，賃金を稼ぐためだけの場ではなく，いきがいや居場所をつくる場としても役立てられており，社会とのつながりをもてる機会である。今後，医療・福祉的な面からも高齢者の就労を促進していくことが求められる。

次に，産業別労働力の過不足状況を2040年でみると，産業により大きく異なる。労働供給過剰になるのが，生活関連サービス，金融保険・不動産業，卸・小売業である。労働供給不足になるのが，医療・福祉関連がもっとも多く，次いで情報通信業，サービス業，運送業である。これらのことから２つのことが考えられる。女性が従来働いている産業が比較的人手不足になることから，今後女性就労を促進していくことが，安定的労働力供給になり下関産業を支えることになると思われる。

■ 4．下関市連携中枢都市圏ビジョンによる医療・福祉供給への影響

わが国の総人口は減少しており，下関市での現状は上記でみたとおりである。人口減少と同時に少子高齢化が進み，産業構造への影響も大きくなる推計結果が得られている。地域経済を活性化させる環境づくりをこれから行っていかなければ，持続可能性のある社会が形成できず，行政サービスも提供できない状態にまで陥ってしまう。そこで，地域における中心都市が近隣の市町村と連携を行い，コンパクト化とネットワーク化を図り，経済成長のけん引，高次都市機能の集中・強化，生活関連機能サービスの向上を行うことで改善を図ろうとしている。

下関市は，2005（平成17）年２月13日に下関市，菊川町，豊田町，豊浦町，豊北町の１市４町で合併をした。したがって，下関市の近隣自治体は，長門市，美祢市，山陽小野田市と福岡県の北九州市である。下関市は，自然環境にも恵まれ商工業関連産業も多く立地している。また，大学などの教育機関も５大学立地している。そのような下関市で，2016（平成28）年度から2019（平成31）年度までの４年間で連携中枢都市圏ビジョンを作成している。ここではとくに，雇用，医療・福祉，子育てに関する内容に注目する。

第１に，圏域全体の経済成長のけん引は，市内就業者１人あたりの総生産である生産性を向上し2012（平成24）年の724.9万円から774.9万円に上昇させ，就業率を平成22年の52.2%から54.3%に上昇させる。

第2に，高次の都市機能[3)]の集積・強化は，観光客数と宿泊客数といった交流人口の増加，ないし主要商店街の歩行者通行量，地域に応じた都市機能が充実しまちの賑わいや魅力があると感じている市民の割合を増加させることである。

第3に，圏域全体の生活関連機能サービスの向上は，生活機能の強化に係る政策分野，結びつきやネットワークの強化に係る政策分野，圏域マネジメント能力の強化に係る政策分野の3分野である。生活機能の強化に係る政策分野は，健康寿命の延伸と安心して子どもを産むことができ育てやすいまちであること感じている市民の割合を増やすことである。健康寿命の延伸は，平均寿命の増加分を上回る健康寿命の増加を目指している。また，安心して子どもを産むことができ育てやすいまちであること感じている市民の割合は，2013（平成25）年の27.6%から51.0%へ大幅な増加を目指している。

下関市は，全国地方都市において地域資源には恵まれた自治体である。観光資源も多く男性若年層の就労先も宿泊業・飲食業が多い。しかし，比較的ブルーワーカーに属する職業従事者が多く生産性の低い労働条件にある。結婚し豊かな生活を送っていくためには，持続可能性のある地域社会を形成し，子育てしやすい環境をつくることや高齢者の健康を維持管理できる地域が必要になってくる。

そこで，2015（平成27）年の連携中枢都市宣言書による医療・福祉関連施策についてみる。下関市の医療施設は，一般病棟23棟，一般診療所数276所あり，人口千人あたり医療施設数1.06である。この数字は，山口県の0.96と比べると高い。拠点病院は，関門医療センター，下関医療センター，山口県済生会下関総合病院，下関市立市民病院，下関市立豊田中央病院，下関市立豊浦病院がある。

年齢階層別の入院患者数の将来推計では，2010年に5,023人であるが，2025年に5,685人まで増加し，2040年には5,358人に減少する。75歳以上の入院患者数は，2010年の2,802人から2035年の4,080人に増加し，2040年の3,867人に減少する。すなわち，入院患者数は2025年をピークに減少し，75

歳以上の高齢者は，2035年をピークに減少することになる。

年齢階層別の外来患者数の将来推計では，2010年に18,204人であるが徐々に減少し，2040年に14,386人まで減少する。75歳以上の外来患者数は，2010年の5,360人から2025年の6,958人に増加し，2040年には6,112人に減少する。すなわち，外来患者数は2010年から減少し，75歳以上の高齢者は，2025年をピークに減少することになる。

入院患者も外来患者も2025年以降は減少傾向にあり，医療関連機関の受入人数は2025年以降の対応を考えながら施設運営を考える必要性があるといえる。

介護老人福祉施設は，2013年に施設数33，定員2,081人，常勤換算従事者数1,372人で，2009年に施設数26，定員1,876人，常勤換算従事者数1,201人で，施設数やマンパワーは年々充実してきている。

75歳以上人口千人あたりの数を施設ごとに下関市と全国を比較する。下関市では，介護老人福祉施設定員23.6，介護老人保健施設定員17.5，有料老人ホーム定員36.3，サービス付き高齢者住宅登録戸数13.0である。全国では，介護老人福祉施設定員33.2，介護老人保健施設定員22.9，有料老人ホーム定員20.2，サービス付き高齢者住宅登録戸数10.4である。すなわち，75歳以上の人口千人あたりの有料老人ホーム定員数とサービス付き高齢者住宅登録戸数は全国よりも多く，介護老人福祉施設定員と介護老人保健施設定員は少ない。

要介護認知者数の推移をみると，2012年の17,110人から2017年に2万人を超え20,883人になり，2025年には23,950人にまで増える推計である。介護需要は，医療と異なり増加することが見込まれている。

以上の点をまとめると，今後の下関市に医療需要は減少し，介護需要の拡大が見込まれている。今後の下関市の人口動向を踏まえると女性の活躍する場として医療・福祉関連は重要な職場であり，とくに福祉関連の供給を充実させなければならないといえる。また，連携中枢都市圏の機能としては，下関市だけの需要に対応するだけではなく，高度な都市機能を有する必要があり，医療・福祉関連のサービス供給を他地域との関連を強化し充実させていく必要がある。

■おわりに

下関市の立地を踏まえると，本州の最西端に位置し，市の面積も約716km²と広大である。古くから九州の玄関口として交通の要所でもあり，産業資源や観光資源に恵まれている。しかし，下関市は，全国でも課題となっている人口減少および少子高齢化の問題を抱えている。これらの問題を医療・福祉の観点も踏まえながらみると，労働供給に今後課題を残すことになりそうである。下関市の労働価値をあげていくために労働生産性をあげていかなければいけない。全国的に福祉関連の労働対価は低く，有効求人倍率の高い職業である。古くから福祉は女性の職場として根付いているが，今後は，労働賃金の改善を図りつつ，男性従事者にも広く働ける環境づくりが求められる。

また，人口を増加させるために，各自治体は出産可能年齢の女性に定住し子育てしてもらいたいという施策を立てている。下関市は，女性が近隣自治体に転出しているが，女性の就労の場や結婚相手を下関市で見つけることができ，女性に住みよい生活環境や家族で子育てをしやすい環境をつくることが転出を防ぐためには必要である。現在取り組まれている連携中枢都市圏は，下関市に住んでいた近隣に出ている女性に，連携を組んだ自治体と広域的な生活圏のなかで，活躍する場を設けることを可能にすることができる。

近年，縮小している地方経済を支えるためには，ひとつの自治体だけで社会問題に対応するのではなく，広域的な範囲で対応する施策をつくる必要性が出ている。下関市は，今後，高齢者にも若年層にも住みやすい生活環境をつくるべく，医療・福祉を中心に考え，女性の視点に立った施策の充実が求められる。

注

1）山口県「平成25年度子育て支援・少子化対策に関する県民意識調査報告書」による。

2）IOTとは，Internet of Thingsの略である。人口減少し高齢化していく地方社会にとって，IOTの充実は欠かせないものになっていく。

3）高次都市機能とは，住民生活や企業の経済活動に対して，都市自体の高いレベルの機能が圏域を超えて広域に影響をもたらす機能である。

引用・参考文献

太田貞司編集代表『地域ケアシステムとその変革主体』光生館，2010 年
坂本忠次・住居広士編著『介護保険の経済と財政』勁草書房，2006 年
下関市「連携中枢都市宣言書」2015 年 9 月 30 日
――――「下関市人口ビジョン」2015 年 10 月
――――「下関医療圏の現状と将来推計」下関市ホームページ公開 2016 年 1 月 7 日
――――「下関医療圏における地域医療構想」下関市ホームページ公開 2016 年 1 月 7 日
――――『下関市連携中枢都市圏ビジョン』2016 年 6 月 17 日
東京大学高齢社会総合研究機構編『地域包括ケアのすすめ』東京大学出版会，2014 年
労働政策研究・研修機構編『地域雇用創出の新潮流』労働政策研究・研修機構，2007 年
吉田容子『地域労働市場と女性就業』古今書院，2007 年

第4章

下関市の産業構造と地域創生

高橋　和幸

■はじめに

下関市は，天然の良港に恵まれ国内外との貨物輸送や人の移動の拠点として繁栄した港町として，水産業や造船業も盛んであったことから，わが国初の市制施行31市のひとつとして，県内一の人口規模を誇ってきたものの，近年は，人口減少をはじめ停滞がみられる。

ところで，政府は平成28（2016）年6月に，「まち・ひと・しごと創生 基本方針」を閣議決定し，東京一極集中の解消や地域における就業機会の創出などを柱として，各地域や地方が，それぞれの特徴を活かして自律的で持続的な社会をかたちづくるべく施策を打ち出した。

下関市も，「本市を取り巻く社会経済環境は時代とともに大きく変化し，人口減少社会に向けた対応が求められている状況になってきている」（下関市 2010：2）という認識のなかで，平成27（2015）年10月に「下関市まち・ひと・しごと創生総合戦略」を策定し，地方創生を推進すべく，人口減少の歯止めに乗り出したところである。

そこで本章では，人口減少の歯止めという観点から，下関市の産業構造の現状を分析しながら，下関市の今後を検討するものである。

■Ⅰ．下関市の現況

Ⅰ-Ⅰ．下関市の人口の動向

下関市は，平成17（2005）年2月に合併により，市域は東京23区の1.2倍の規模に拡大した。同年10月には中核市へ移行し，人口が269,486人（2016年12月末日現在住民基本台帳）となっている。人口で比較すると，全国の813市区では96位，47の中核市においては44位となっている。[1)]

人口の動態をみると，昭和60（1985）年の約32.5万人がピークで，その後は減少に転じている。減少の内訳は，平成2（1990）年以降は出生数を死亡数が上回る自然減に転じるとともに，昭和45（1970）年以降はほぼ毎年転出超過の社会減となっている（下関市 2015a：2-3）。

下関市の人口の将来推計では，平成47（2035）年には約20万1,500人になると予想され，これは全国の中核市のなかでは函館市に次ぐ，減少の速さとなっている（下関市 2015a：4）。人口減少のなかでもとくに深刻なのが，生産年齢の減少率で，これについても函館市に次いでおり，このことは企業の効率的な経営に悪影響を及ぼすことが考えられ，「事業の採算がとれなければ存続できないサービス施設の撤退が増加し，住民の生活の利便性が損なわれることに繋がります。そして生活利便性の低下が，さらなる人口流出（人口減）を促す負のスパイラルに陥る可能性があります」（下関市 2015c：31-32）としている。

さらに，平成52（2040）年における推計では，労働需要に対して労働供給が追い付かない，人手不足の状態が生じる見込みとなることが推測され，ちなみに，不足がもっとも大きいのは「医療・福祉」，次いで，下関市における基幹産業である「製造業」と「サービス業」部門になるとみられている（下関市 2015c：36）。

日本銀行下関支店は，人口減少の原因を産業の動向との関連から次のように述べている。

「下関市では，港町特有の産業（運輸倉庫，水産，造船等）が盛んであった1960年頃までは全国並みのペースで人口が増加していた。しかし，その後，こうした産業が元気を失い若者の雇用機会が減少する中で，雇用機会により恵まれた，居住環境の良い都市に雇用者が転出し，人口が減少した。これに伴い，大手企業や官庁等の出先機関も撤退し，人口減少が人口減少を呼ぶ形となったものと考えられる」（日本銀行下関支店 2011：5-6）。

Ⅰ-2．下関市の産業の構造

下関市の産業別の構成は，平成24（2012）年２月時点で次頁のグラフのとお

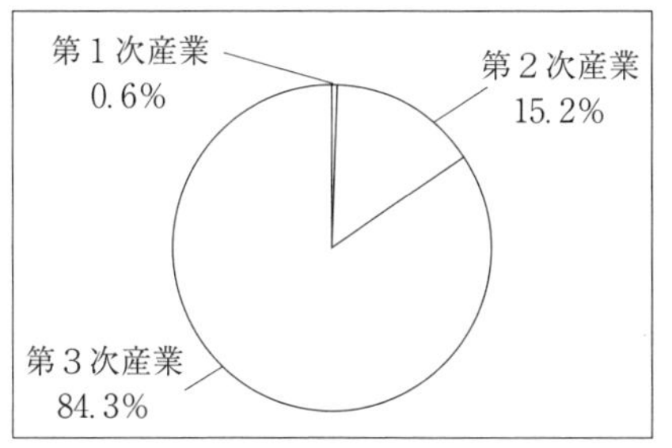

図4－1　産業別事業所数の割合

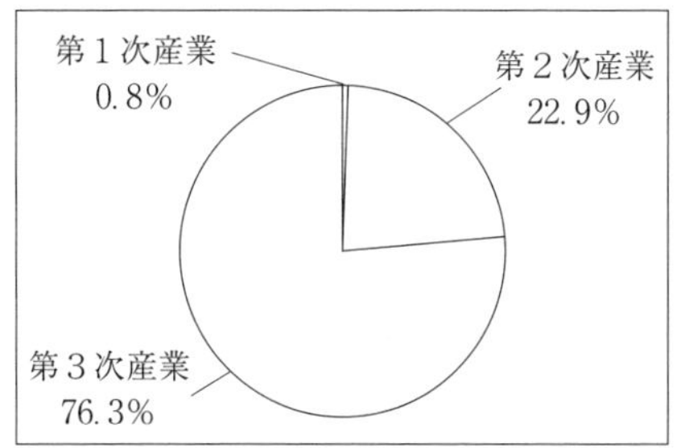

図4－2　産業別従業員数の割合

出所）図4－1，2とも下関市ホームページ「統計でみる下関市の各地区のすがた」より作成

りで，とくに従業員ベースの構成比は全国平均に近いものとなっている。

中国財務局によれば，下関市は中国管区内において，7つの中枢拠点都市（広島市を除く）に位置づけられ，産業構造（従業員数）に注目すると，この7都市は臨海工業地域を抱える「製造業特化型」と「サービス産業型」に大別されるとしているが，下関市は後者に属し，特徴として，「本州最西端に位置する山口県西部経済の中心都市であるが，水揚げ量減少による水産加工業の衰退や主要企業の撤退などから製造業の割合が低い」（中国財務局 2014）としている。

ちなみに，下関市は中核市のなかでは人口規模は小さいが，下関市に本社を置く上場企業は6社あり，この数は中核市では16位にあたり，県庁所在地ではない中核市のなかでは6位となる。

民営事業所数は12,331事業所であり，これらに属する従業員は112,815人である（2014年，総務省「経済センサス—基礎調査」）。また，下関の市内総生産額は約9,175億円で，山口の県内総生産額約5兆7,789億円の約15％を占め，県内の都市で最大である（2013年度山口県，市町民経済計算）。

製造品出荷額などは，約5,497億円であり（2014年，経済産業省「工業統計」），出荷額は，「ゴム」，「非鉄」，「輸送」の順に多く，これらで全体の約53％を占める。

下関市は製造業について，「輸送用機械，食料品，非鉄金属等の大企業と特色ある技術を持った中小企業が立地しており，多彩な産業がバランス良く展開しています。（中略）一方で，他都市との企業誘致競争は厳しい状況が続いています」（下関市 2015b：59）としている。

小売業年間販売額は約 2,603 億円で，卸売業年間販売額は約 2,639 億円であるが販売額は減少傾向にある。（2014 年，経済産業省「商業統計」）。なお，大型店舗数は 58 店あり，これは全国で 63 位となっており（東洋経済新報社 2016：1445），人口規模の割には店舗数は多く，このことからも「サービス産業型」都市といえるだろうが，下関市は商業について，「小売形態や消費者ニーズの多様化など，経営環境の変化にともない，市内の商店街で空き店舗が常態化している」（下関市 2015b：59）と指摘している。

農林水産業に関しては，生産額が年々減少傾向であり，「農林水産業を取り巻く環境は，消費量及び生産量の減少，消費者ニーズの多様化，生産物の価格の低迷，就業者の減少や高齢化など，依然として厳しい状況にあります」（下関市 2015b：52）としている。

図 4－3 により，下関市内の産業の総生産額を主な業種ごとに，平成 16（2004）年度を 100 として，平成 25（2013）年度と比較している。全産業では 10 年間で 1.8％減で，金額にして約 144 億円にのぼる。製造業こそ 8.3％増となっているが，他の業種が軒並み減となり，製造業の増加分を上回ってしまっている。ふぐが全国的ブランドであり，水産都市を掲げているにもかかわらず，水産業の落ち込みはいちじるしい。また，「サービス型都市」といわれな

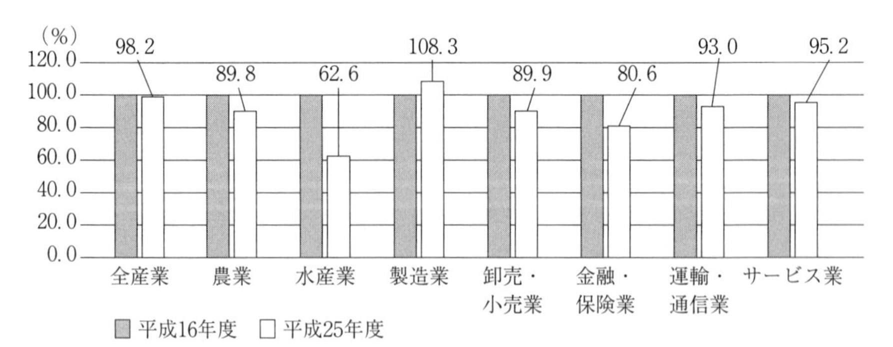

図 4－3　産業別総生産額の比較

出所）下関市ホームページ「統計しものせき」における市町村民経済計算より作成

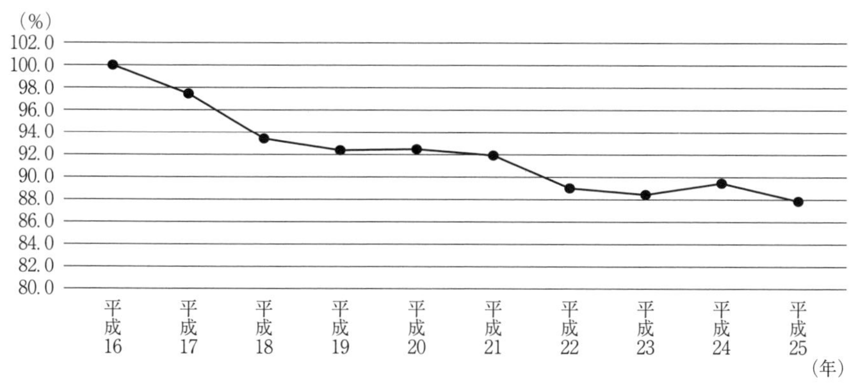

図4－4　納税義務者1人当たりの所得の推移（平成16年を100としている）
出所）内閣府「市区町村別　人口・経済関係データ」より作成

がら，卸売・小売業，運輸・通信業やサービス業も落ち込んでいる。また，預金量や総資産額で全国的に上位にある地銀である山口銀行や，山口県内に51店舗を展開する西中国信用金庫の本店所在地でもあるものの，金融・保険業の落ち込みも大きくなっている。これは，下関市の経済が疲弊していくなかで，企業の資金需要も少なくなり，結果として地元金融機関もそのあおりをうけてしまっていることが考えられよう。

さらには，このように総生産額が低下傾向であるということは，成長力がなく，ひいては市民の所得も減少傾向にある（図4－4参照）。2013年の1人当たり所得は約257万円であり，10年間で約38万円も下落している。これがまた下関市の産業の衰退へつながり，市の活力を削ぐ大きな要因とも考えられよう。

■2．地域経済の屋台骨としての中小企業

2－1．中小企業の可能性

下関市の産業の生産額は減少傾向で，結果として経済が停滞してしまっていることがわかったが，これが人口減の一因とも考えられるところである。そこで，本節では，下関市の産業にどのような可能性があるかについて検討するこ

とを通じて，下関市の活性化の糸口を考えてみたい。しかし，既述のとおり総合的にみて産業や経済に縮小傾向が続いているわけであり，即効性のあるカンフル剤は容易に見いだせないように思われるところである。

このようななか，山口県は，地域経済の活性化のためには，「本県の産業活力の源泉である中小企業が，地域に所在する評価の高い農林水産物や，伝統工芸品等の鉱工業品及びその生産技術，歴史に彩られた文化遺産等の地域産業資源を十二分に活用し，付加価値の高い新商品の生産や新サービスの提供など，新事業展開への取組を強化していくための環境を整えることが重要である」（山口県 2009：1）との認識を示している。

一般的にも，中小企業は「日本の産業の基盤を支えるとともに，生活必需品の供給者や地域コミュニティの中心として，地域の消費や社会を支えている」（河﨑・万代 2012：15）と捉えられており，地域経済に不可欠な存在となっている。そこで，中小企業に焦点を当てた下関市の人口減少の歯止めへの可能性が考えられるところであるので，以下ではこの観点から検討を進めたい[2)]。

2-2．地域における中小企業のプレゼンス

日本政策金融公庫総合研究所は，中小企業について，「圧倒的な雇用吸収力を発揮すると同時に，自らが生み出す付加価値が勤労者所得の源泉となり，それを通して国民経済における消費活動や貯蓄・投資に対しても，きわめて大きな影響を与える存在になっている（中略）中小企業は，都市圏だけでなく地方圏の隅々まで立地しており，地域経済の主要な担い手となっている」（日本政策金融公庫総合研究所 2015：1）としている。

同研究所はこれに続けて，地方圏における中小企業のプレゼンスに関し，次のようにまとめている（日本政策金融公庫総合研究所 2015：1-31）。

全国の民営かつ非第1次産業の従業者のうち中小企業の従業者は全体の約7割を占めているとされ，企業数をみると，大企業では，三大都市圏[3)]に約7,500企業，地方圏には約3,100企業となっているのに対し，中小企業は三大都市圏に177万企業，地方圏には209万企業となっており，地方圏に立地する企業数

のうち中小企業の占める割合は，実に 99.9％という，きわめて高いウエイトにのぼっていることをまず指摘している。そして，全従業者のうち中小企業の従業者は全国ベースで 69.7％であるのに対し，地方圏に限ると 85.2％となる。このような傾向は，県民人口が少ない県においてさらに顕著となることから，地域の雇用は，ほとんど中小企業が支えているといえるとしている。

また，地域に根差し，地元で求人し，拠点を移さない中小企業の重要性に変わりはないとし，中小企業従業者割合の高い地方ほど，その地域の従業員総数の割に新規求人数が多い傾向があり，中小企業がより強く人材を求めており，地域の働き手に雇用機会を多く提供できる用意があることは間違いないとも述べている。

そして，中小企業従業員数割合の高い地方ほど，働き手が長く勤め，雇用が安定的かつ継続的に維持されていることを明らかにしている。これは，厳しい求人環境にさらされて，常々，人材不足に陥りやすい中小企業にとって，大切な戦力である現有人材の雇用を長く維持しようという意図の表れとみることもできるという面も指摘し，地域における中小企業の貢献度の大きさを明らかにしている。

2-3．下関市の中小企業支援と課題

中小企業庁は，2014（平成 26）年において山口県には 40,991 社の民営かつ非一次産業の中小企業があるとしているが，市町村別のデータがないため，山口県の経済センサス（2012 年）によると，下関市には 9,161 社の企業があることがわかっており，これは県内企業 41,040 社の 19.7％を占めることとなる。単純にこの比率を当てはめると，下関市には中小企業が約 8,075 社あり，これは市内全企業の約 88％を占めることとなる。

また従業員数でみると，県内の中小企業従業者数は全体の 83.8％（2014 年中小企業庁調べ）を占めており，この比率をそのまま当てはめると，下関市の 2014 年の民間従業員数の 112,815 人のうち約 94,500 人が中小企業の従業員であることになり，下関市においても中小企業が地域経済や雇用の主要な担い手

となっているといえよう。

『中小企業白書』は,「今ある中小企業・小規模事業者の活力をどう活用していくか,今ある地域資源や地域ブランドをどう活用していくか,地域活性化の『鍵』は外部ではなく,むしろ内部にこそあるのではないかということに,市区町村を中心に気付き始めた」(中小企業庁 2014:93)と述べており,地方自治体の地域活性化に対する,中小企業の活力への期待がうかがわれるところである。

山口県も,2009(平成21)年の「地域産業資源活用促進基本構想」において,中小企業支援の施策として次のようなものをあげている。

① 中小企業の経営資源確保のための総合的な支援

② 中小企業の人材確保・育成支援

③ 中小企業の新事業展開支援

④ 中小商業振興支援

また,下関市も平成27(2015)年2月に中小企業基盤整備機構中国本部と業務提携・協力に関する覚書を交わしている。これは,より厚みのある中小企業支援を通じて,下関地域の経済を活性化させることを目的にしたもので,セミナーの共催,専門家の紹介,企業訪問などでの協力が行われるものである。そして,平成28(2016)年7月には,「地域資源を活用した新商品・新サービスの開発や販路開拓等に取り組む中小企業者を積極的に支援することにより,地域資源の市内外への認知度向上を高めるとともに,異業種・同業種の連携促進を通した付加価値の向上を図り,中小企業者の経営革新と基盤強化を促進し,もって地場産業の振興を図ることを目的とします」として「下関市地域資源活用促進事業」が立ち上げられた。

このように下関市主導の中小企業支援策も次々と打ち出されているところであるが,一方で,中小企業庁の調査では,自治体の取り組みが「よく分からない」と回答した中小企業は3割を超えている。また,「取り組んでいない」と答えた中小企業も約1割おり,自治体の取り組みに対する認知度は必ずしも高くはない。したがって,中小企業,自治体共に有効な取り組みができておらず，今後も地域の中小企業・小規模事業者を取り巻く経営環境はますます厳しくなっていくことが予想されるとしている（中小企業庁 2014：94）。

すなわち，下関市においても産業を回復させる方策のひとつとして，地域経済の屋台骨でもある中小企業への支援策が実効性のあるものとなるための仕組みが必要になってくると考えられるのである。

これに対し，地に足の着いた中小企業支援として，各種のハンズオン支援が盛んになっている。たとえば，前出の中小企業基盤整備機構では，中小企業の成長段階や経営目標に応じて生じる経営課題の克服に向けて，さまざまな支援を行っており，2014 年からはよろず支援拠点が全国に設置され，売上向上，資金繰り改善，労務・雇用問題などの計画策定のみでなく，実行支援も含め，ワンストップの相談サービスが無料で実施されている。また，各地の商工会議所も小規模事業者に対する伴走型の事業計画策定・実行支援の推進を巡回訪問も含め無料で実施している。

県，市から打ち出されるさまざまな中小企業支援策が実のあるものとなるには，このようなハンズオン支援と有効に絡ませながら実施されることも有効であろう。

■むすびにかえて

2013 年の市民実感調査によると，下関市民の７割から８割近い人が，「住みやすい」と回答しており，居住継続については，「住み続ける」と「できれば住み続けたい」と回答している割合は 88.4％に達している。注目されるのは，居住継続を回答した人のなかで 20 歳代，30 歳代および 40 歳代は，働く場所（仕事）があることを理由にあげていることである。これに関し下関市は，市民の内，20 歳代・30 歳代において，街に愛着を感じている人はかなりの割合にのぼり，また年代を問わず，物価の水準，犯罪や災害面での安心安全，自然や食の豊かさなどは比較的評価が高く，本市での暮らしやすさを示しているとしている（下関市 2015a：5-14）。

下関市民の示す，このようなは思い入れは，市の将来への希望を予感させるものである。また，折しも2016年10月には，下関のふぐが，「下関ふく」として地域の特性を生かした農産品のブランドを守る「地理的表示（GI）保護制度」の対象となった。これはふぐが全国的ブランドであり，高級食材であると国がお墨付きを与えたもので，海外展開も視野に入れた，活性化の起爆剤として大いに期待されるところである。

これらの潜在力を有効に活かすべく，あらためて行政のリーダーシップが注目されるところである。

注

1）順位については，（東洋経済新報社 2016）に記載の人口順位をもとに筆者が整理した。
2）本章においては，「中小企業基本法」に基づく定義により中小企業を捉えている。
3）埼玉県，千葉県，東京都，神奈川県，愛知県，三重県，京都府，大阪府，兵庫県を三大都市圏とし，それ以外が地方圏である。

引用・参考文献

河崎照行・万代勝信編『詳解中小会社の会計要領』中央経済社，2012年
下関市「都市計画マスタープラン」2010年
―――「下関版都市ブランド確立への基本的な方向性」2015a年
―――「第２次下関市総合計画」2015b年
―――「人口ビジョン」2015c年
―――「下関市まち・ひと・しごと創生総合戦略」2016年
袖井孝子編『「地方創生」へのまちづくり・ひとづくり』ミネルヴァ書房，2016年
中国財務局「地域金融機関を取り巻く事業環境（各地域の産業構造），企業の抱える経営課題及び地域金融機関の取組について」2014年
中小企業庁『中小企業白書2014』2014年
東洋経済新報社『都市データパック2016年版』東洋経済新報社，2016年
日本銀行下関支店『山口県金融・経済レポート』26，2011年
日本政策金融公庫総合研究所「地域の雇用と産業を支える中小企業の実像―地方圏の雇用創出に大きく貢献する中小企業の研究―」『日本公庫総研レポート』2015-1，2015年
山口県「山口県地域産業資源活用促進基本構想（改訂版）」2009年

第5章 下関における立地企業の地域的展開と産業遺産の活用策

外枦保　大介

■はじめに

下関は，江戸時代には西廻り航路（北前船）の中継基地や九州に至る結節点として栄え，明治時代以降も鉄道路線の延伸や連絡船の就航などに伴い交通の要衝として栄えるとともに，重化学工業の工業地帯としての整備も進み，商工業の繁栄を遂げてきた地域である。

下関市内の立地企業には，事業展開に伴って，全国的な企業へと成長を遂げていった企業も少なくない。そのような企業のなかには，現在でも下関に拠点を置き全国的な事業を行っている企業がある一方で，下関を創業地として位置づけながらも東京や大阪などに進出していった企業もある。

本章では，下関立地企業の地域的展開と産業遺産の活用策について，次の２点から検討する。なお，本章における「下関立地企業」とは，下関に過去に立地した，あるいは，現在でも立地している企業のことである。また，「地域的展開」とは，地域を超えて展開していった過程と，地域のなかで企業が展開していった過程の両面を含意している。

第１に，下関立地企業が，近現代において，各社の事業展開に伴いどのような拠点配置を行ってきたのかを検討するとともに，そのなかで下関地域の拠点が各社でどのように位置づけにあったのか検討する。都市地理学において，日本の製造業大企業の拠点配置と都市システムとの関係を検討した阿部（2010：118）は，「早い時期におけるわが国の製造業の支社配置は主要都市に少なく，生産の現場と密接な関係をもつものが多くあったが，次第に各地域の主要都市にその配置の比重が移っていたことがわかる。そのことは企業支社の性格と役割の変貌を示すと同時に，各地域における主要都市の戦略上の重要性の増大と，そして各企業がそのことを評価しはじめていたことを示していることにもなろう」と指摘しているが，この指摘が下関立地企業においても当てはまるのか考えてみたい。

第2に，下関立地企業が，下関地域で活動したことを示す近代化遺産の保存・活用について，類似した港湾都市を参考に検討する。産業活動に伴って生じた近代化遺産は，地域資源のひとつとして近年注目されている（森嶋 2011，2014）。

ヨーロッパでは，フェルクリンゲン製鉄所やツォルフェアアイン炭鉱業遺産群などの産業遺産が世界文化遺産に登録されており，日本でも，製鉄・製鋼，造船，石炭産業に関連する産業遺産群が，2015（平成27）年に「明治日本の産業革命遺産」として世界文化遺産に登録された。ところで，近代化遺産では，ストーリー性によって構成資産を関連づけて紹介することが多くなっている。たとえば，経済産業省では，産業近代化の過程を物語る数多くの建築物・機械などを，「近代化産業遺産」として認定し，2007（平成19）年度および2008（平成20）年度において，地域史・産業史の観点から，それぞれ33のストーリーとして取りまとめた「近代化産業遺産群33」「近代化産業遺産群 続33」を公表している。本章では，このような近代化遺産をめぐる現況を踏まえて，下関と地域的特徴の類似した港湾都市（北海道函館市・福井県敦賀市）の動向と対比しながら，近代化の足跡を示す下関市内の産業遺産の保存・活用について検討する。

これらを踏まえて，企業の空間的行動の観点から下関地域の位置づけの意味を考えるとともに，企業の足跡を示す産業遺産の活用策のあり方をめぐって示唆を得たい。

■ I．下関立地企業における拠点配置の展開

下関は，交通の要衝として，港湾・鉄道とともに発展してきた都市である。1889（明治22）年に「赤間関市」として市制を施行した下関では，1901（明治34）年に神戸～馬関（下関）間の山陽鉄道が全線開通し，1905（明治38）年に関釜航路が開設された。

港湾・鉄道の整備に伴って，市街地も拡大するとともに，北九州工業地帯の外延部として工業の発展もみられた（吉津 1999）。大正期に，北九州に隣接する彦島は「工業の島」とよばれるほど，造船所や化学工場が立地した。彦島が飽和状態になると，大和・東大和町に，大洋漁業（現・マルハニチロ），三菱重工業，山口県合同缶詰（現・林兼産業）などが立地した。さらに，昭和に入ると，長府にも工業地域が拡大し，1939（昭和 14）年に神戸製鋼所が立地している。第２次世界大戦後も，長府から小月の工業地域は拡大し，長府製作所（1954 年設立）やブリヂストン（下関工場 1970 年設立），シマノ（下関工場 1970 年設立）[1]，日清食品（下関工場 1975 年設立）などが立地していった。

本節では，港湾都市として発展した下関の産業的特徴を示す「マルハ」および「ニチモウ」の２社を具体的に取り上げて，本社以下の会社組織（支店―営業所―出張所）の変化を定性的に検討し，大企業の拠点配置の展開と下関地域の拠点との関係について論じることにした。

1-1．マルハ

マルハ株式会社は，2004（平成 16）年まで存在していた企業[2]である。2007 年に，マルハはニチロと経営統合し，2015 年現在，マルハニチロ株式会社を中核とするマルハニチログループを形成している。本項では，同社における事業展開と拠点位置の関係，さらにそのなかでの下関地域の拠点の関係について論じる（表５-１）。同社に関する以下の記述は，大洋漁業 80 年史編纂委員会（1960），徳山（2001），マルハニチロ提供資料およびマルハニチロへの聞き取り調査に基づき，まとめたものである。なお，同社は日本国内のみならず，海外にも数多くの拠点を立地させているが，本項では，国内の拠点配置のみに言及することにした。

同社の創業当初の動向は以下の通りである。1880（明治 13）年，同社の創業者である中部幾次郎は，兵庫県明石で家業の鮮魚仲買運搬に従事していた。1904（明治 37）年，中部幾次郎は，朝鮮漁場への進出を目的として事業の本拠地を明石から下関に移転し，1913（大正 2）年に下関市竹崎町に木造２階建の

表5-1　マルハにおける会社全体と下関地域の動向

	会社全体の動向	下関地域の動向(中部家の動向も含む)
1880(明治13)年	中部幾次郎，家業の鮮魚仲買運搬に従事	
1904(明治37)年	**事業の本拠地を明石から下関に移す**	
1913(大正2)年		**竹崎町に本店社屋を建設**
1924(大正13)年	個人経営から株式会社組織に変更 ㈱林兼商店を設立	
1929(昭和4)年		長府黒門の西運長屋敷跡に中部幾次郎が生涯居住する
1936(昭和11)年	南氷洋捕鯨に初出漁	**竹崎町に本社ビルを建設**
1943(昭和18)年	西大洋漁業統制㈱と社名変更	
1945(昭和20)年	大洋漁業㈱と社名変更	
1946(昭和21)年	南氷洋捕鯨再開	
1949(昭和24)年	**本社を東京に移転**	**下関支社設置**
1955(昭和30)年	大洋漁業㈱が株式上場	水産講習所(現・水産大学校)に講堂などを寄贈
1956(昭和31)年	日新丸船団は第10次南鯨で捕鯨頭数の世界記録を樹立	
1958(昭和33)年		下関市立水族館の付属設備として「鯨館」を建設し寄贈
1959(昭和34)年		下関支社営業部に米子出張所を設置 下関支社営業部は小倉と米子の2出張所を有す
1960(昭和35)年		下関支社営業部に広島・岡山・松山出張所を設置
1968(昭和43)年	事業本部制の導入	
1971(昭和46)年		下関支社下関冷凍工場商港冷蔵庫が竣工
1972(昭和47)年		福岡支社新設に伴い，下関支社から九州地区販売テリトリーを移管
1977(昭和52)年	200海里漁業水域を宣言する国が相次ぐ	
1978(昭和53)年		広島支社新設に伴い，下関支社から中国地区販売テリトリーを移管 下関支社は総務勤労担当と財務担当で構成される管理支社になる
1982(昭和57)年		総務勤労担当と財務担当を総務課に一本化するとともに下関商港冷凍工場が下関支社傘下に
1985(昭和60)年		東大和町に営業二部下関加工工場を新設
1990(平成2)年	事業本部制から事業部制へ変更	下関支社は総務課のみの組織となる 生産事業本部トロール事業部(下関)を廃止 生産事業本部下関海上人事部を廃止 長府の中部邸(現・長府庭園)が下関市に売却
1992(平成4)年		水産第二部下関鮮魚課を廃止 東大和町にFD工場を新設
1993(平成5)年	マルハ㈱と社名変更	
1996(平成8)年		中国支社下関営業所を廃止
2000(平成12)年		**下関支社を廃止**　本社総務部下関総務課に組織変更
2003(平成15)年		本社総務部下関総務課廃止
2004(平成16)年	㈱マルハグループ本社を設立	
2007(平成19)年	ニチロと経営統合し，㈱マルハニチロホールディングス	
2009(平成21)年		**マルハビル解体**

出所）大洋漁業80年史編纂委員会（1960），徳山（2001），マルハニチロ提供資料により作成

本店社屋を建設した。このころ，事業も買付事業から獲る事業へ転換が図られ，下関を拠点とした底引網漁業，トロール事業が開始された[3)]。1924（大正13）年，個人経営から株式会社組織に変更し，株式会社林兼商店が設立された。同社が南氷洋捕鯨に進出した1936（昭和11）年には，下関市竹崎町に本社ビルが建設され，同社における下関のシンボル的な建物となった。

林兼商店は，大正期以降，明石・下関以外の地域へ進出していった（図5-1）。林兼商店は，1921（大正10）年に長崎事務所を設置し，同事務所は1924（大正13）年に「長崎支店」に格上げされた。1930年代後半には，「青森支店」も設立されたとみられ[4)]，長崎・青森は，同社初期の重要な地方拠点となった。一方で，下関に本社ビルが建設された1936年には，東京支店も設置されており，関東における事業構築も進められていった。第2次世界大戦期に入ると，戦時統制により林兼商店の主力事業は西大洋漁業統制株式会社に継承され，このとき，長崎・青森・東京の支店は各支社に名称を変更している。

戦後，1945（昭和20）年に，この会社は大洋漁業株式会社に名称変更し，再出発することになった。翌年から南氷洋捕鯨も再開した。漁業が「国からの許可事業」という色彩が強くなったことから，官庁との折衝上本社を東京に置いた方が業務の効率化が図れるとの判断により，1949（昭和24）年に同社は本社を東京に移転した。このときから，下関は支社となったが，ほとんどの事業は下関に残ったため，同社の事業の中心は下関にあった[5)]。

同社は，高度経済成長期に，捕鯨を中心とする漁業の他に，食品加工業や流通業に事業を拡大していくことになる。1953（昭和28）年に養殖事業の開始，魚肉ハムソーセージの発売，1960（昭和35）年に飼料畜産事業の進出，1964（昭和39）年に砂糖事業の開始を進めていった。そのため，1960年には，全国販売網の強化を目的として，札幌支社，仙台支社が設置されたほか，新潟，金沢，名古屋，広島，岡山，松山，鹿児島に営業所や出張所が配置されていった[6)]。その後も，大阪支社（1961年），名古屋支社（1965年），四国支社（1967年）が配置されていった。

1968（昭和43）年に，同社は支社独立採算制から事業本部制へ機構改革を実

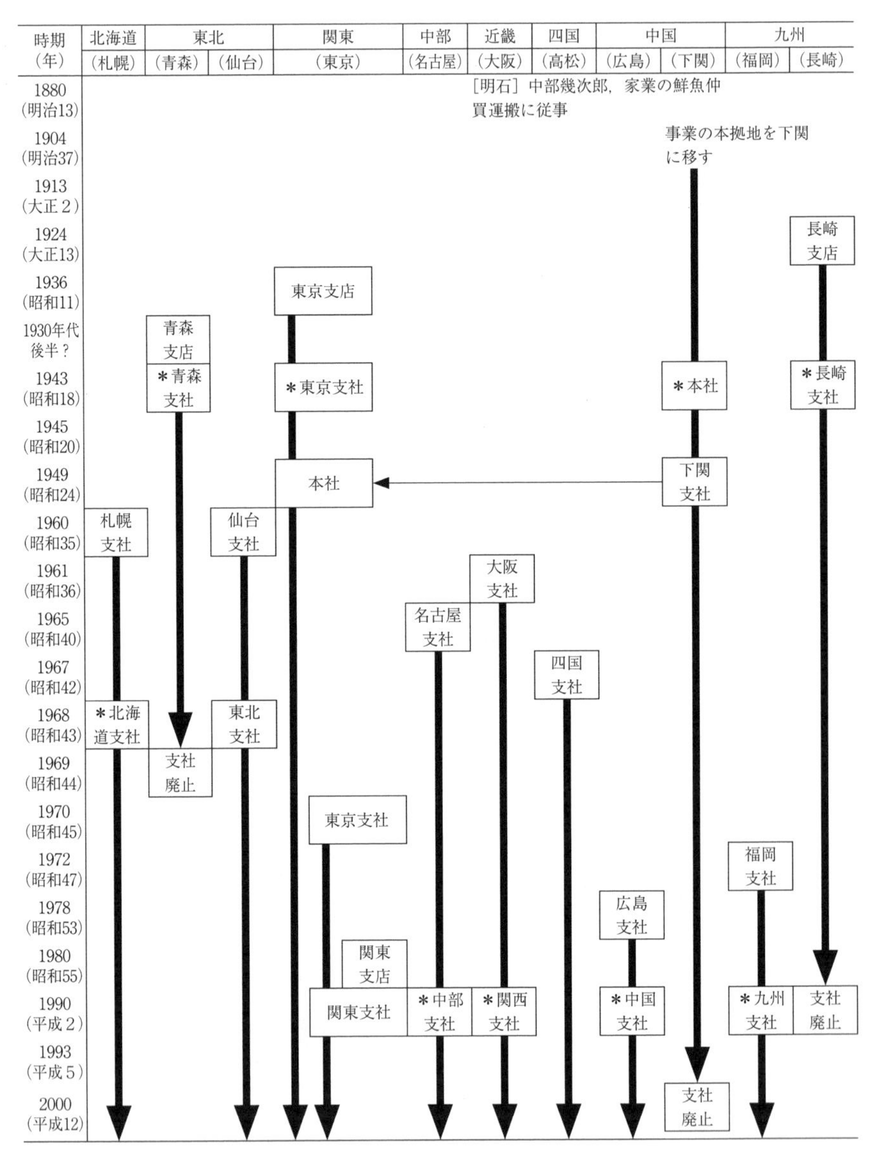

注）*が付いた支社は，名称変更したものを示す

図５−１　マルハにおける本社・支社配置（国内）の変遷

出所）大洋漁業 80 年史編纂委員会（1960），徳山（2001），マルハニチロ提供資料により作成

施した。これにより，管理開発本部，生産事業本部，製品事業本部，海外事業本部，農畜産事業本部がおかれ，さらに，1970（昭和45）年には第2次本部制により，本社組織だけではなく会社の組織が完全に事業部へ組み入れられていくことになった。

このころ，大都市を中心に水産物・加工食品の全国的な販売網が拡張されていく一方で，漁業上の理由で置かれていた古くからの支社組織の見直しも始まることになる。もともと北海道内の同社の拠点は青森支社の管轄下にあったが，それらが札幌支社（1968年から北海道支社に名称変更）に移管されていった。1968年には，仙台支社と青森支社を統合して東北支社がつくられ，その翌年には青森支社が廃止されることになった。

古くからの支社であった長崎支社や下関支社でも，その後，組織の縮小が進んでいった。このころ，資源の減少とあいまって海洋大国による海洋資源の囲い込み，いわゆる200海里時代の到来により，事業の柱であった漁業部門を直撃し，事業の縮小・廃止に追い込まれていった[7)]。1972（昭和47）年に福岡支社が下関支社から分離独立し，長崎支社・下関支社は組織が縮小することになった。1978（昭和53）年には，広島支社が下関支社から分離独立し，中国地区の販売テリトリーが移管された。同年には長崎で行われていた手繰事業部門が分社化され，さらに下関支社・長崎支社の組織縮小に拍車がかかった。その後も，長崎支社は縮小の一途をたどり，1990（平成2）年に支社組織が廃止された。もともと下関支社では，トロール，手繰，定置，冷蔵，食品など多様な事業を抱えていたが，1972年に定置事業部が長崎支社へ移管され，1990年に下関を基地としたトロール事業と手繰事業が廃止されるとともに下関海上人事部も廃止され，下関支社は総務課のみの管理支社となった。

1993（平成5）年に大洋漁業はマルハ株式会社に名称変更し，その後も下関は組織の縮小が続いていく。1996（平成8）年に中国支社下関営業所が廃止，2000（平成12）年に支社組織が廃止され，本社総務部下関総務課に組織変更し，2003（平成15）年には，その本社総務部下関総務課も廃止されてしまった。ニチロと統合した後の2009（平成21）年に，林兼商店・大洋漁業の本社下関支社であった下関マルハビルは解体され，シンボル的建物さえも失うことになった。

2004（平成16）年に，「マルハ株式会社」の株式移転により，「株式会社マルハグループ本社」が設立された。マルハグループ本社は，2007年のニチロとの経営統合に伴い，「株式会社マルハニチロホールディングス」に社名を変更した。さらに，2014（平成26）年に，マルハニチロホールディングスおよびマルハニチログループの計6社が経営統合し，「マルハニチロ株式会社」に商号を変更した。

2007年のマルハとニチロの統合は相互補完的な統合であったといえる。すなわち，マルハが明石・下関から出発して西日本に多くの拠点を有していたのに対して，ニチロは，新潟・函館から出発して事業を拡大してきた企業であり，東日本に多くの拠点を有し，生産拠点の地域が相互補完的であった。また，マルハは商社機能に強みをもち，多くの海外拠点を有していた一方で，ニチロは加工食品事業に強みをもっており，事業間での相互補完性もあった。実際，マルハおよびニチロ統合直前の2006（平成18）年３月期[8]で，マルハ（グループ本社）の連結売上高は7,193億円で，売上構成内訳では水産5,417億円，食品1,504億円，保管物流153億円，その他119億円の企業であり，他方，ニチロの連結売上高は2,541億円で，売上構成内訳では加工食品1,557億円，水産品745億円，その他239億円の企業であった。

2015年現在，マルハニチログループは，下関市内において，① マルハニチロ株式会社下関工場，② 株式会社マルハニチロ物流九州支社下関物流センター，③ 株式会社下関漁業をおいている。① マルハニチロ株式会社下関工場は，「従来からのちくわ，揚げ物，乾燥食品の製造に加えて，2006年にはカップゼリー，レトルトなど多品種生産を可能にした工場を新設。徹底した品質管理と，自動化生産ラインによりローコストオペレーションが実施されています」と紹介されている[9]。② 株式会社マルハニチロ物流九州支社下関物流センターは，主要倉庫設備として収容能力：F級6,447トン，主要荷役設備としてコンテナコンセント：２基があり，「一万トンバースに隣接，低床式の広い荷捌き場をもち大量貨物の迅速な入出庫が可能」が特徴であると紹介されている[10]。

③ 株式会社下関漁業は，「資本金は１億円で，㈱マルハニチロホールディングスの子会社である大洋エーアンドエフ㈱が70％，山口県以東機船底曳網漁業協同組合と下関中央魚市場㈱が各15％出資」している企業で，沖合底曳網漁業の存続と発展を図るために，2008（平成20）年に設立された。マルハニチログループの企業が出資した背景として，「世界的な漁獲規制強化を受け，海外からの水産物調達が難しくなっていることや，海外の水産会社と競合しない水域での沖合事業の拡大を通じ，水産物の安価で安定的な調達を図るなどの狙いがあります。また，大手資本が発祥地に復帰して，自社漁業に再チャレンジするのは，全国初のケースのようです」と紹介されている[11]。このように，現在でも下関市内にマルハニチログループの生産拠点・物流拠点は残されているが，大洋漁業全盛期と比べると，同社に関連する雇用は大幅に減っている。

Ⅰ-2．ニチモウ

本項では，漁網の製造販売[12]を中心に事業を展開してきた，ニチモウ株式会社における事業展開と拠点位置の関係，さらにそのなかでの下関地域の拠点の関係について論じた（表５-２）。同社に関する以下の記述は，ニチモウ株式会社（1990），ニチモウ提供資料およびニチモウへの聞き取り調査に基づき，まとめたものである。

ニチモウの前身となる高津（こうづ）商店漁業部は，1910（明治43）年，下関市西細江町において創業され，４隻のトロール船を保有し操業に入るとともに，保有する漁船に使用する網を仕立てる工場を設けた。その後，漁網部門は高津商店製網部の名のもとに引き続き漁網船具の製造販売を行い，1919（大正８）年に株式会社高津商会を設立し，高津商店漁網部の事業を継承した。本社は下関市岬之町におかれた。同年には，田村汽船漁業部が共同漁業株式会社（現・日本水産）に組織変更しており，高津商会設立は，共同漁業の発足と軌を一にして実現している。このため，日本水産とニチモウとの緊密な取引関係の歴史が築かれていくことになる。さらに，1920年には，高津商会は日本漁網船具株式会

表５−２　ニチモウにおける会社全体と下関地域の動向

	会社全体の動向	下関地域の動向
1910(明治43)年	**高津商店漁業部が下関で創業**	
1919(大正８)年	㈱高津商会を設立	
1920(大正９)年	日本漁網船具㈱に社名を変更	
1921(大正10)年		**下関に新地工場完成**
1929(昭和４)年		戸畑出張所設置
1935(昭和10)年		戸畑営業所に昇格
1940(昭和15)年	**本社を東京に移転**	下関営業所設置
1949(昭和24)年	石油元売業者の指定をうける	
1962(昭和37)年	東証２部に上場	
1967(昭和42)年	東証１部銘柄に指定	
1972(昭和47)年	石油部門を分離し，キグナス石油㈱を設立 ニチモウ㈱に社名を変更	
1975(昭和50)年	全自動乾海苔製造装置「ワンマン」完成	
1977(昭和52)年	㈱はねうお(現・ニチモウフーズ)設立	**下関小月工場完成**
1980(昭和55)年		下関はねうお食品株式会社(現・はねうお食品㈱)設立
1985(昭和60)年		下関はねうお食品の工場を彦島に建設
1994(平成６)年		下関工場を閉鎖し，㈱ニチモウプロダクツに営業譲渡
2002(平成14)年	㈱ニチモウワンマン設立 ㈱ニチモウプロダクツと日本特殊製網㈱が合併し，西日本ニチモウ㈱に商号変更	

出所）ニチモウ株式会社（1990），ニチモウ提供資料により作成

社に社名を変更している。1921（大正10）年には，同社は下関市上新地町に新地工場を建設し，トロール網を主体に，輸入に頼っていた資材の国産化に努め，マニラトワインの自給を確立した。同社では漁網のほか，船の小型発動機の販売も手掛け，前後して石油の取り扱いも開始し，これが後の石油事業となっていく。

大正期の下関は，トロール漁業と機船底引漁業の基地として空前の賑わいをみせ，北の函館と並んで国内水産業の中心となっていた。だが，今後の発展と将来への展望を開くため，東京に拠点を設けることが必要であった（図５−２）。そこで，1922（大正11）年に東京出張所が開設された。設立当初の主要な業務は，「東京製網・横浜製網からの資材の仕入れ買付けと，大敷網の販売拡張で，とくに堤商会の網代網場に代表される静岡県・千葉県への大敷網販売が大きなウエートを占めていた。東京出張所の任務は，これだけではなく，いわば当社にとって処女地にも等しい静岡・関東・北陸・東北地域の需要開拓，さらには

時期（年）	北海道						東北					関東	中部		近畿	四国		中国		九州		
	札幌	小樽	函館	稚内	釧路	根室	八戸	宮古	石巻	塩釜	仙台	東京	名古屋	北陸	大阪	高松	高知	境港	下関	戸畑	福岡	長崎
1919（大正８）																			本社			
1927（昭和２）			設置									設置										
1928（昭和３）															設置							
1935（昭和10）																				設置		
1938（昭和13）																	設置					
1940（昭和15）												本社							設置			
1942（昭和17）																						
1944（昭和19）																						
1945（昭和20）																	廃止					
1947（昭和22）																						
1948（昭和23）																						設置
1961（昭和36）	設置				設置																	
1964（昭和39）																					設置	
1965（昭和40）											設置											
1973（昭和48）										設置												
1978（平成53）																						
1981（平成56）							設置															
1986（平成61）		設置		設置		設置		設置	設置				設置	設置		設置		設置				
1988（平成63）																						
1989（平成元）																						

注）1989 年までの状況を示す

図５−２　ニチモウにおける本社・営業所配置（国内）の変遷

出所）ニチモウ株式会社（1990）による

北海道進出のための連絡拠点としての役割も担った」（ニチモウ株式会社 1990：28）。

同社は，共同漁業をはじめとする鮎川財閥（日産コンツェルン）との関係から，戸畑での業務も拡大していく。1929（昭和４）年の戸畑出張所開設は，共同漁業が本拠を下関から戸畑に移したのに伴う進出であった。同出張所は1935（昭和10）年に営業所に昇格している。

第２次世界大戦期，戦時統制の強化により関係官庁や水産業界との関係から，1940（昭和15）年に本社を東京に移転し，下関には営業所が置かれた（下関市竹崎町)。戦時中は，軍用偽装網の生産に支えられた。

戦後，同社は1949年に石油元売業者の指定をうけ，モータリゼーションの拡大に伴い，海から陸へ事業を拡大し，キグナスマークのガソリンスタンドを展開し始めた。一方，1952（昭和27）年には，北洋漁業が再開され，サケマス・カニ網の生産で多忙をきわめていった。石油部門が陸上で拡大し，漁網・漁具の海外への販売も活発となったため，従業員も1,200名を超える企業へ拡大していった。同社は，1962（昭和37）年に東証２部に上場し，1967（昭和42）年には東証１部銘柄に指定されている。

1960年代後半，石油精製各社が精製能力の増強に力を注ぐ一方で，同社の石油部門への設備投資の過大な負担が経営体質改善の課題となっていた。通産省も石油部門を分離するよう指導を行ったことから，同社は石油部門を分離し，東亜燃料工業との共同出資によるキグナス石油株式会社を1972年に設立した[13]。同年には，社名をニチモウ株式会社に変更し，石油部門分離により会社の規模が縮小した状態から再発展を図っていくことなった。

石油部門の分離や200海里規制による苦境のなかで，下関の生産拠点は，さまざまな展開をみせていった。また，このころ，新地の工場付近は市街化が進み，騒音規制問題を克服する必要があった。このため，1978年以降，新地から郊外の小月へ順次移転され，1988（昭和63）年に全面移転された。多様な事業展開として，第１に，下関で乾海苔製造装置の開発に成功し，1975（昭和50）年に乾海苔連続製造装置「ワンマン」が完成した。第２に，200海里規制により，トロール減船の影響をうけて底引き網需要が減少したものの，まき網・定置網の需要は増加し，漁網需要の変化に対応していった。小月工場内には「まき網実験水槽」を構築し，開発体制の整備が図られた。第３に，養魚用配合飼料の生産に着手し，1987（昭和62）年には小月工場の一角に飼料工場も建設された。第4に，加工食品事業に進出し，1980（昭和55）年，辛子明太子の製造を担当する「下関はねうお食品株式会社」を下関市に設立した。同社は，1985（昭和60）年に彦島の南風泊水産加工団地に工場を建設した（下関市彦島西山町）。

会社創業期から1989（平成元）年までの，ニチモウにおける本社・営業所配置（国内）の変遷を示したものが表5-4である。同社における拠点は，本社—営業所—事務所・事業所で配置され，1980年代には多くの営業所を全国に配置した。その後，生産部門の子会社化が進んだため，営業所も集約されている。

近年では，会社の組織再編が進み，生産部門の子会社化が実施されている。1994（平成6）年には小月工場が株式会社ニチモウプロダクツに営業が譲渡され，2002（平成14）年には株式会社ニチモウワンマンが設立されるとともに，株式会社ニチモウプロダクツと日本特殊製網株式会社が合併し，西日本ニチモウ株式会社に商号を変更した。

2015年現在，下関市内には，ニチモウ株式会社の下関営業所（下関市竹崎町），研究開発室（下関市小月小島），はねうお食品株式会社の本社工場（下関市彦島西山町），西日本ニチモウ株式会社の本社・本社工場（下関市小月小島），清末工場（下関市清末西町），菊川工場（下関市菊川町），株式会社ニチモウワンマンの本社（下関市小月小島），ニチモウバイオティックス株式会社の下関工場（下関市小月小島），ニチモウ物流株式会社（下関市竹崎町），日網興産株式会社下関営業所（下関市竹崎町）が置かれている。北九州市内には，戸畑営業所（北九州市戸畑区銀座）が置かれている。

現在の同社グループの事業は，すり身・カニ・助子・鮮凍魚などの供給を中心とする「食品事業」，漁網・漁具や乾海苔製造装置などを供給する「海洋事業」，食品加工機械を供給する「機械事業」，化成品や環境資材を供給する「資材事業」，高機能性食品素材を供給する「バイオティックス事業」に分類される。2014年3月期の同社有価証券報告書によると，事業別連結売上高では，食品事業が630億円（総売上高に占める割合：61％），海洋事業が179億円（同：17％），機械事業が92億円（同：９％），資材事業が107億円（同：10％），バイオティックス事業が３億円，物流事業が23億円，その他が１億円となっている。

■ 2．港湾都市の盛衰と産業遺産の保存・活用

2－1．北海道函館市

函館は，幕末の開港以来，港湾とともに発展してきた都市である（図5－3）。近代における函館の都市発展の基礎を築いたものとして，次の２点があげられ

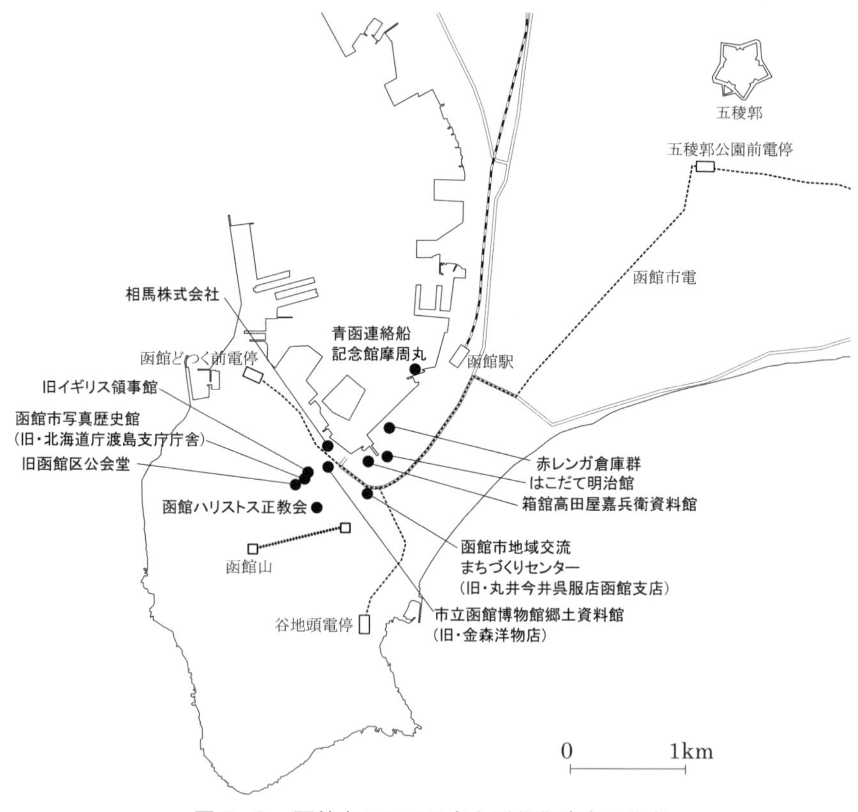

図5－3　函館市における主な近代化遺産の分布

出所）筆者作成

る（函館の歴史的風土を守る会 2008）。

第1に，北海道の玄関口として，交通の要衝であったことである。立地的にも自然の良港を有する函館は，明治初期に港湾が整備された。1908（明治41）年には，青函連絡船が就航し，北海道の玄関口として発展してきた。

第2に，北洋漁業の基地として発展したことである。明治期に入り，日本人による北洋漁業が拡大していたが，日露戦争後の1905年に締結されたポーツマス条約により，日本が南樺太を獲得するとともに，沿海州沿岸の漁業権が承認された。さらに，1907年（明治40）には，日露漁業協約が締結されて，カムチャツカ半島沿岸から沿海州沿岸での北洋漁業が拡大した。このころ，堤清六らにより「堤商会」が開設され，北洋でのサケ漁に乗り出し，缶詰加工業も手掛けていった。1914（大正3）年には，函館で日魯漁業株式会社が設立された。

しかし，その後，これらの都市発展の優位性は失われていくことになった。北海道の玄関口としての発展は，航空機の発展に伴い，その地位を失っていく。本州～北海道間の旅客輸送シェアは，1965（昭和40）年時点で国鉄（青函航路）が83％，航空は16％たらずだったのに対し，1978年には航空が60％，国鉄25％と逆転した（函館市史編さん室 2002）。1980年の国鉄ダイヤ改正では，千歳空港から札幌を中心とした都市間輸送のダイヤに見直されたが，これは本州～北海道間輸送における青函航路の地位低下を物語っていた。1988（昭和63）年には，青函トンネルが供用を開始し，青函連絡船が廃止されている。また，北洋漁業は，戦後に一時回復するものの，海域が狭い範囲に限定され縮小していった。さらに1970年代後半以降の200海里規制の影響をうけ，北洋漁業は幕を閉じることになった。

函館では，函館山の周辺から亀田半島方面に向かって市街地が拡大してきた。函館の市街地は，もともと函館山周辺から函館駅周辺を中心としたが，1970年代後半以降，五稜郭周辺に移動していった。これは，金融保険業の立地のほか，函館ドックの合理化，北洋漁業の縮小，国鉄の人員整理などが影響していたとされる（函館市史編さん室 2002）。1973（昭和48）年の函館・亀田両市合併が拍車をかけ，住宅地も亀田半島方面へ拡大を続けていった。

写真５－１　赤レンガ倉庫

出所）筆者撮影

写真５－２　市立函館博物館郷土資料館（旧・金森洋物店）

出所）筆者撮影

函館は，しばしば大火に見舞われたものの，函館山周辺から函館駅付近の旧市街地地区には，港湾都市として発展してきたことを示す古い建物が残っていた。そのような古い建物が観光資源として脚光を浴び始めるのは，1970年代後半以降のことである（写真５－１，写真５－２，写真５－３）。1978年には，旧北海道庁渡島支庁庁舎の「北海道開拓の村」（札幌市）への移築問題を契機に，市民運動「函館の歴史的風土を守る会」が発足し，学習活動や啓発活動の展開を始めた（函館の歴史的風土を守る会 2008）。1983（昭和58）年には旧函館郵便局が，市民団体「西部アンティークユニオン」により，ユニオンスクエア（現・はこだて明治館）として再生された。このような市民運動に触発され，1988年には，「函館市西部地区歴史的景観条例」が制定された。また，同年の青函トンネル開業にあわせて開催された「青函トンネル開通記念博覧会」では，博覧会会場のほか，函館山の展望台・ロープウェーが刷新されるとともに，古い倉庫（金森赤レンガ倉庫）を活用した「BAY函館」や「函館ヒストリープラザ」などの「明治再生」をコンセプトとしたウォーターフロント開発が行われた（函館市史編さん室 2002）。バブル経済期には，旧市街地地区における高層マンション建設問題が生じたこともある。条例制定の翌年（1989年）には，国により「函館市元町末広町」が重要伝統的建造物群保存地区に選定された。地区内

写真5－3　函館市旧英国領事館

出所）筆者撮影

写真5－4　函館まちあるきマップ

出所）筆者撮影

を中心として残されている伝統的建造物は，和風，洋風，和洋折衷様式と多岐にわたっており，「函館発祥の地」を感じさせるものになっている。

そのような古い建築物は，商業施設や博物館などに利用されているほか，市民活動の支援や市民交流，地域情報の発信の場として活用されるものもある。後者の例として，「函館市地域交流まちづくりセンター」があり，この建物は1923（大正12）年に創建された丸井今井呉服店函館支店跡を再活用したものである。このセンターでは，特定非営利活動法人「NPOサポートはこだて」が指定管理者となり，市民活動・まちづくりの支援や定住促進を図っている。

現在，函館市観光コンベンション部では，市内観光地の回遊性を高めるための取り組みとして，「函館まちあるきマップ」を発行している（写真5－4）。単なる観光地図ではなく，ストーリー性のあるコースを複数用意していることが特徴となっている。観光シーンでは，団体旅行よりも個人旅行が中心となって久しいが，「函館まちあるきマップ」では，個人旅行の多様なニーズに対応することが可能となっている。

2016年（平成28）3月に北海道新幹線（新青森～新函館北斗）が開業し，函館の観光に対する注目は内外で高まっている。一方で，旧市街地地区の人口減少・高齢化は深刻化しており，近代化遺産活用の真価が問われている。

2-2．福井県敦賀市

敦賀は，日本海沿岸の交通の要衝として，港湾・鉄道とともに発展してきた都市である（図5-4）。敦賀の発展史に関する本節の記述は，敦賀市立博物館(2006) をもとにまとめた。

天然の良好に恵まれていた敦賀は，古代より北陸道諸国から畿内への入口に当たり，北陸道総鎮守と称される氣比神宮の鎮座する地域であった。近代には，北前船の寄港地として栄え，その名残は，現在でも昆布の加工地としてみることができる。

近代における敦賀の都市発展には，港湾および鉄道の整備が重要な役割を果たしてきた。

1869（明治2）年に，明治新政府により計画された鉄道敷設事業では，東京～京都間，京都～神戸間と並んで，敦賀～琵琶湖周辺までの敷設が計画されて

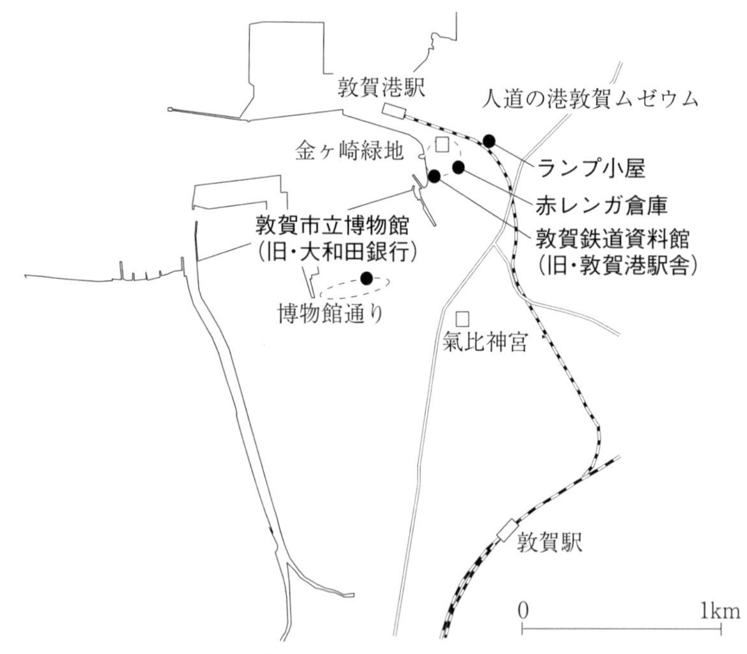

図5-4　敦賀市における主な近代化遺産の分布

出所）筆者作成

おり，これは日本海沿岸の敦賀を介して，政府が大陸側との交易を強く望んでいたことが考えられる。

1884（明治17）年に，滋賀県長浜から敦賀までの線路が開業した。線路敷設に先立ち，敦賀半島の先端に立石岬灯台が設置され，港湾としての整備も進んでいった。1896（明治29）年に国の「開港外貿易港」に指定され，1899（明治32）年に開港場（外国貿易港）の指定をうけた。1907年には，「横浜」「神戸」「下関・門司」とともに国営化され，敦賀港は日本海側唯一の「第1種重要港湾」に指定された。当時の敦賀港は，港湾設備の不備により大型船舶が着岸できなかったため，政府は1908年に敦賀港修築を議決し，翌年から着工した。鉄道開業時の敦賀駅は氣比神宮付近にあったが，北陸本線の延伸に伴いスイッチバックを生じることになったため，1909（明治42）年に現在地に移転している。

1902（明治35）年に，敦賀～ウラジオストク間の定期航路が開かれたことを契機に，敦賀はロシアとの結びつきが強くなり，当時，「敦賀を訪れるロシア人も増え，店頭にロシア人好みの商品が増えたという」（敦賀市立博物館 2006：50）。1910（明治43）年に駐日ロシア領事館が開庁した。1912年（大正元）年に，ウラジオストク航路に接続する欧亜国際連絡列車が新橋～金ヶ崎（その後，敦賀港に改称）で運行され始めた。なお，このころ同様に，下関～釜山航路に接続する新橋～下関の大陸連絡列車が運行されている。大陸への玄関港であった敦賀港は，1920（大正9）年にポーランド孤児，1940（昭和15）年には，杉原千畝の「命のビザ」をもったユダヤ人難民が上陸するなど，「人道の港」とも称されることになった。

港湾の発展に伴って都市も発展していった。1892（明治25）年に大和田荘七によって設立された大和田銀行は，1927（昭和2）年に銀行の新本店（敦賀市相生町）を竣工した。この銀行建築は，敦賀港の繁栄を象徴する建物となっている。

第2次世界大戦後の敦賀の発展は，1962（昭和37）年の原子力発電所の建設決定以降，原子力関連施設の立地に支えられてきた。

写真５−５　敦賀鉄道資料館
（旧・敦賀港駅舎）

出所）筆者撮影

写真５−６　敦賀市立博物館
（旧・大和田銀行）

出所）筆者撮影

敦賀において，港湾や鉄道の歴史に注目が高まってきたのは，1990年代以降である。金ヶ崎緑地を中心にウォーターフロント開発が進んできた。1999（平成11）年に敦賀港開港100周年を記念して「つるが・きらめき　みなと博'21」が開催され，敦賀港駅舎の再現や赤レンガ倉庫（1905年建造）の再活用が行われた。2008（平成20）年に，資料館「人道の港敦賀ムゼウム」が開館し，2009（平成21）年には，敦賀港駅舎に敦賀鉄道資料館が開館している（写真５−５）。同年には敦賀港線（敦賀〜敦賀港）が休止されたが，線路は残されている。現在でも金ヶ崎緑地周辺には，1882（明治15）年頃に建てられたとみられる敦賀港駅ランプ小屋が残っている。

また，敦賀市相生町では，大和田銀行新本店の建物が敦賀市立博物館として活用されるとともに（写真５−６），博物館の周辺一帯を「博物館通り」として整備が進んできた。2012（平成24）年度以降の「博物館通り賑わい創出プロジェクト」により，道路の石畳化や電線の地中化，古い町家の改修などが進展している。

敦賀における港湾・鉄道などの近代化遺産の保存・活用は，中心市街地の活性化や観光客の誘致という目的だけではなく，地域住民に地元の発展の過程に対する認識を高めてもらうという目的も期待されている。敦賀では，欧亜国際連絡列車や杉原千畝の「命のビザ」など，日本海に面した国際港湾としての歴史を軸に，ストーリー性のある近代化遺産の活用がなされているといえる。ただし，敦賀の近代化遺産は，金ヶ崎緑地を中心としつつも，市内いくつかの地区に点在しているため，市内回遊性の向上が課題とされてきた。アニメーションキャラクター（銀河鉄道999，宇宙戦艦ヤマト）を用いたシンボルロードの整備や，周遊バスの設定などを実施してきたが，市内回遊性の向上という課題克服はむずかしいように感じられた。

2-3．下関市

下関市も，函館市や敦賀市と同様に，交通の要衝として，港湾・鉄道とともに発展し，水産業が基幹産業として栄えた都市であるが，それら都市発展を支えたことを現在に示す近代化遺産は市内に点在している。

下関における鉄道・連絡船関係の近代化遺産については，西田・木村（2009）にまとめられているが，函館市や敦賀市の状況と比べると，鉄道関係の近代化遺産は記念碑程度にとどまり，活用されているとは言い難い。

下関市および長門市において捕鯨の歴史を示す史跡を地図にまとめたものとして，下関・長門鯨文化交流事業推進協議会による「下関長門くじらマップ」（2009年３月）がある。これは，下関市・長門市ともに，捕鯨と関わりが深いことから，鯨をキーワードに「まちづくり」の発展を目指して企画されたものである。

このくじらマップで紹介されたものと，一部重複しているものもあるが，本章で取り上げたマルハおよび創業者一族である中部家が下関で活動してきたことを示す産業遺産は，下関市内に現在でもいくつか残されている。第１に，本章でも述べたようにマルハビルは解体されたものの，跡地脇に記念の石碑が建立されている（下関市竹崎町，写真５-７）。第２に，1958（昭和33）年に下関市立水族館の付属設備として，大洋漁業の寄贈により開設された「鯨館」は，クジラの小博物館として使われ，館内には，クジラを原材料にした食品などの各種の製品が展示されていた[14)]。2015年現在，閉館しているが，巨大なクジラ型の建物が現存している（下関市長府外浦町，写真５-８）。第３に，長府毛利藩の

写真５−７　大洋漁業本社跡地の記念碑

出所）筆者撮影

写真５−８　鯨館

出所）筆者撮影

家老格であった西運長屋敷跡に生涯居住した中部幾次郎の邸は，その後，1990年に下関市に売却され，現在は「長府庭園」となっている（下関市長府黒門東町）。第４に，中部家は赤間神宮の戦後の再建にも貢献しており，同神宮の案内板に「大洋漁業副社長中部利三郎」の名前が記されている（下関市阿弥陀時町）。

紙幅の都合上，本章ではマルハ関連の主な産業遺産について言及するに留めた。下関市内には水産業の他にも，近代化遺産が点在しているが，ストーリー性を意識して紹介されることは少ない。函館市や敦賀市の事例を参考にして保存・活用していくべきだろう。

■おわりに

本章では，下関立地企業の地域的展開と産業遺産の活用策について，次の２点から検討してきた。

第１に，近現代における，下関立地企業の事業展開に伴う拠点配置の動向と，そのなかでの下関地域の拠点の位置づけを，具体的にマルハおよびニチモウの事例を通じて検討した。明治・大正期には生産拠点や漁獲上の拠点として重要であった下関市の拠点は，200海里規制など水産業をめぐる業界構造の転換により，事業転換を迫られ，それとともに下関の拠点の位置づけも大きく変動してきたことが示された。阿部（2010）が指摘するように，生産の現場と密接であった下関市から，大企業の営業拠点網の拡大に従って，福岡市や広島市など各地域の主要都市へ拠点が流失していったといえる。

第2に，下関立地企業の産業遺産の保存・活用について，類似した港湾都市を参考に検討した。函館市や敦賀市では，港湾・鉄道とともに発展してきた都市という歴史を示す近代化遺産の活用が行われてきた。それらの保存・活用では，ストーリー性を意識した取り組みがなされてきた。

本章でみてきたように，下関市は，近代日本において重要な役割を果たしてきた地域のひとつである。九州や大陸を結ぶ交通の要衝として発展し，多数の企業にとって揺籃の地でもある。近代化の足跡は市内に随所に残されているが，十分に活用されているとは言い難い。地域の発展を語り継ぎ，それらを有機的に結びつける取り組みが今後求められるだろう。

注

1）シマノ下関工場は，設立当初，「島野山口株式会社」として発足した。2015年現在，同工場はシマノ直営となっている。

2）2000年代に会社組織の再編やニチロとの統合があったが，2015年現在，マルハニチロ株式会社となっている。

3）マルハニチロ提供資料（「下関におけるマルハと下関マルハビルの歴史を振り返って」2010年3月）による。

4）徳山（2001：249）によると，青森支店の設立年が明確ではないという。なお，徳山（2001：159）では，1936（昭和11）年の会社組織図に青森支店が記載されている。

5）前掲3）

6）1960年時点の会社機構図によると，同社の拠点配置は，本社—支社—営業所—出張所—事業所となっている（大洋漁業80年史編纂委員会 1960）。表5-2では，営業所以下の拠点については，割愛した。

7）前掲3）

8）マルハニチロ提供資料（社内報「maruha WAVE!」2007年4・5月号）による。

9）マルハニチロ提供資料（「Corporate Profile」2013年6月）による。

10）「株式会社マルハニチロ物流」ウェブサイトによる。
http://www.logi.maruha-nichiro.co.jp/corporate/kyushu.html（最終閲覧日 2017

年1月30日)

11) 山口経済研究所「やまぐち経済月報」2008年8月号による。
http://www.yama-kei.com/pdf/chiiki0808_shimogyogyou.pdf(最終閲覧日2017年1月30日)

12) 1970年代における漁網業界の状況については，山本(1980)に詳しい。

13) キグナス石油は，その後も長らくニチモウグループであったが，2004年にグループから離れた。

14) 下関・長門鯨文化交流事業推進協議会「下関長門くじらマップ」2009年3月による。

引用・参考文献

阿部和俊『近代日本の都市体系研究—経済的中枢管理機能の地域的展開』古今書院，2010年

神崎義夫「北九州工業地帯の形成」小田富士雄・有川宜博・米津三郎・神崎義夫『北九州の歴史』葦書房，1979年：169-179

大洋漁業80年史編纂委員会『大洋漁業80年史』1960年

敦賀市立博物館『敦賀長浜鉄道物語』2006年

徳山宣也『年表で綴る大洋漁業の歴史(私家版)』2001年

西田雅弘・木村健二「下関の地域資源としての鉄道—鉄道記念碑とイベントを中心に」『地域共創センター年報』1，2009年：15-36

ニチモウ株式会社『70年の歩み』1990年

函館市史編さん室『函館市史 通説編第4巻』2002年

函館の歴史的風土を守る会『函館の歴史と風土』2008年

森嶋俊行「旧鉱工業都市における近代化産業遺産の保存活用過程—大牟田・荒尾地域を事例として」『地理学評論』84，2011年：305-323

———「企業創業地における近代化産業遺産の保存と活用—倉敷地域と日立地域の比較分析から」『経済地理学年報』60，2014年：67-89

山本興治「最近の漁網業界」『下関市立大学論集』24(1)，1980年：165-194

吉津直樹「激動する海峡の街 下関」平岡昭利編『中国・四国 地図で読む百年』古今書院，1999年：67-74

第6章

下関市における都市農村交流活動について

—主としてグリーン・ツーリズムについて

吉津　直樹

■はじめに

都市農村交流活動についてはさまざまな活動があるが，本章では都市農村交流活動のうちもっとも主要な活動であるグリーン・ツーリズムを対象とする。グリーン・ツーリズムとは農林水産省によれば，「都市と農山漁村を行き交う新たなライフスタイルを広め，都市と農山漁村それぞれに住む人々がお互いの地域の魅力を分かち合い，“人，もの，情報”の行き来を活発にする取組」（農林水産省のHP）としている。グリーン・ツーリズムはヨーロッパにおいて19世紀後半に庶民に広まった「農村ツーリズム」が1970年代にドイツ，フランス，イギリス各国を中心に定着したものである。アジアでの展開は遅れ，アジアでのグリーン・ツーリズムの先進地である日本に入ってきたのは20年遅れの1990年代である。

次に，グリーン・ツーリズムが日本で定着化してきた経過と下関におけるグリーン・ツーリズムの展開について記す。

■Ⅰ．全国および山口県におけるグリーン・ツーリズム

戦後の日本の農業，農村の衰退傾向は一向にとどまることがなかったが，最近になって新たな動きがでてきた。それは，消費者の生鮮食料品に対する，安全・安心・新鮮志向が高まってきたことと，都市住民が農村・農業体験に興味を持ちだしてきたことである。このような傾向が高まってくるなかで，大きなインパクトを与えたのが政府の農業政策の変更である。

日本の農業の方向性は1961（昭和36）年制定の「農業基本法」に示されていた経営規模拡大と機械化による農業の生産性の向上と農業所得の上昇であった。しかし，現実には思うに任せず高生産性農業路線は破綻してしまった。そ

こで打ちだされたのが，1999（平成11）年制定の「食料・農業・農村基本法」である。それは農業の多面的価値を評価しようとするものであり，生産性向上一辺倒からの大きな変更であった。これにより，周辺農山村では国土保全，都市農村交流などに対して奨励策や支援措置が出されるようになった。このような流れにのって打ち出されてきたのがグリーン・ツーリズムである。中央でグリーン・ツーリズムが取り上げられたのは1992（平成4）年であるので，1992年度以降2008（平成20）年度までのグリーン・ツーリズムに関する国の主な施策を表6−1に示した。

表6−1より国レベルでグリーン・ツーリズムが初めて言及されたのが1992年度であり，その後，次々とそれに関わる政策が出されてきたことがわかる。山口県政においても，国の政策に呼応して，1992年に『やっぱしえぇね！ミ

表6−1　1992年以降の国のグリーン・ツーリズムに関する政策の展開

1992年	新政策で「地域全体の所得の維持・確保を図る観点から多様な就業機会を創出するための施策として都市にも開かれた美しい農村空間の形成にも資するグリーン・ツーリズムの振興を図ること」と示された。
同年	グリーンツーリズム研究会（構造改善局長の私的諮問機関）が中間報告。
同年	「農山漁村でゆとりある休暇を」推進事業（グリーン・ツーリズムのモデル整備構想の策定，推進手法の研究調査）。
1994年	農山漁村滞在型余暇活動のための基盤整備の促進に関する法律（農山漁村余暇法）の制定。
1995年	㈶農林漁業体験協会による農林漁業体験民宿の登録制度の開始。
1998年	「食料・農業・農村基本法」施行。
同年	農政改革大綱と農政改革プログラムでは，「グリーン・ツーリズムの国民運動としての定着に向けたソフト・ハード両面からの条件整備」を明記。
2000年	食料・農業・農村基本計画で，「農村における滞在型の余暇活動（グリーン・ツーリズム）の推進」を明記。
2001年	農林水産省の事業として「都市農村交流スクール」が開講される。
同年	「経済財政運営と構造改革に関する基本方針2002」閣議決定。このなかで都市と農村の共生・対流を推進すると明記。
同年	都市と農山漁村の共生・対流に関するプロジェクトチーム組織。
2003年	新グリーン・ツーリズム総合推進対策実施要綱の制定。
2005年	農山漁村余暇法改正。
2007年	「グリーン・ツーリズムの展開方向」が示される。
2008年	「子ども農山漁村交流プロジェクト」実施（農林水産，文部科学，総務の3省の連携）。

出所）農林水産省のホームページおよび宮崎猛編著『これからのグリーン・ツーリズム―ヨーロッパ型から東アジア型へ』家の光協会，2002：2-5

ドリの大地と青い海』Vol.１（グリーン・ツーリズムの手引書）が出された。さらに1998（平成10）年２月に県の長期展望に当たる『やまぐち未来デザイン21』が策定されているが，そこには「農山漁村と都市との交流促進による地域活性化を市町村・関係団体と連携しながら推進する」と明記されている。

山口県は，グリーン・ツーリズムの取り組みを進めようとする地域をモデル地域として地域選定し，2004（平成16）年度よりおおむね３年を目途に支援を行うとした。その地域は長門地域，周防大島地域，阿武地域である。これらモデル地域は早くからグリーン・ツーリズムの実績があった。モデル地域への支援は2004年度は県が30万円，市町村が30万円の補助を行うというものであった（吉津直樹 2011：10-12，山口県農林部農村振興課資料）。

またグリーン・ツーリズムに関して全国的に大きなインパクトを与えた事業が2008（平成20）年度から３年間実施された「子ども農山漁村交流プロジェクト～120万人・自然の中での体験活動の推進～」である。この事業は当初５年間実施する予定であったが，政権交代により「仕分け」の対象となり，３年間で終了してしまった。その事業の概要は以下の通りである。

- 2008（平成20）年度から５年間，５年後までに全国の公立小学校約２万3,000校すべてで実施。年間約120万人（１学年の児童数）の参加を目指す。約１週間程度の滞在。
- 初年度の2008（平成20）年度は各都府県で10校ずつ，計470校をめどにモデル校を指定。全国40カ所にモデル地域を設定。５年後には500地域まで拡大する。
- 補助金：先導型は80万円／地区，体制整備型は250万円／地区。

この事業は農林水産業の振興をはかりたい農林水産省，地域活力を創造したい総務省，農山漁村での体験的活動による子どもの教育活動を推進したい文部科学省が連携して行う事業である（総務省，文部科学省，農林水産省のHP）。

推進する３省では，児童の参加費や，児童を受け入れる地方自治体の施設整備にかかわる費用の一部を補助することになっていた。

農山漁村における生活体験（宿泊体験）の受け入れ地域[1]（週刊観光経済新聞，

2007年12月1日付）を都道府県別にみると，多いところは新潟県11地域，福島県10地域，岩手県9地域，北海道，山形県，兵庫県8地域，山口県，大分県7地域，長野県，鹿児島県6地域などであり，東北，北海道をはじめとする東日本で多い。山口県の受け入れ地域数は7地域（長門市青海島地区，同市通地区，同市俵山地区，萩市，阿武町，岩国市錦町，周防大島町）と多い方であるが，「子ども農山漁村交流プロジェクト」の実績はそれほどでもない。同事業の山口県の実績は2008（平成20）年度に2地域3校（長門市俵山地区2校，岩国市錦町1校），2009（平成21）年度は3地域5校（長門市俵山地区2校，阿武町2校，岩国市錦町1校），2010（平成22）年度は2地域2校（長門市俵山地区1校，周防大島町1校）であった。

「子ども農山漁村交流プロジェクト」だけでなく，山口県において各地で都市農村交流活動（グリーン・ツーリズム）が行われているが，県内で積極的に活動が行われているのは，長門市（俵山地区，青海島地区），菊川町（豊東（とよひがし）東部地区），阿武町，岩国市（錦町），周防大島町である。

■2．下関市におけるグリーン・ツーリズムへの取り組み

下関市の総合計画において都市農村交流活動（グリーン・ツーリズム）がどのように扱われているかを総合計画からみてみよう。

第三次下関市総合計画（基本構想の目標年度は2000年度，計画期間は1989年度～1995年度）では，新しい農林業の展開の一項として「観光農林業の振興」があげられているが，自然とふれあいながら余暇利用ができる場として下関市の「園芸センター」や「深坂自然の森」の整備に触れている程度である（下関市総務部企画課 1989：116）。

第四次下関市総合計画（基本構想の目標年度は2010年度，計画期間は2001年度～2005年度）では，快適な農村環境づくりがあげられ，「農林業の公的機能の発揮」と題して，「美しく住みよい農村空間を創設するため」の環境整備と，「農林漁業体験等の市民参加システムづくりを進めて，農村地域の持つ公的機能についての理解を深めるとともに，市民農園や学習体験農園などの多面的な利用

を促進し，農村環境の維持保全に努める」としている（下関市総合政策部企画課 2001：140）。

2007（平成19）年につくられた総合計画（基本構想の目標年度は2014年度，基本計画の計画期間は2007年度～2010年度）では，事業の方向として「魅力ある農山漁村づくりの推進」が掲げられ，「社会における食に対する安全性への希求の高まりやグリーンツーリズムの普及等に応じて，農山村地域の持つ公益的機能を維持し，快適な農山村環境の保全と活性化を図ります」となっている（下関市総合政策部企画課 2007：87）。下関市では国や県に10数年遅れて，都市農村交流活動の高まりとそれに対応する施策があげられているのである。

下関市は，2005（平成17）年2月に豊浦4町（菊川町，豊田町，豊浦町，豊北町）と合併して，新たな下関市となり，広範な農山漁村地域を抱えることになった。しかし，新たな下関市域でグリーン・ツーリズムが継続的に行われている地域は，筆者が知る限りでは菊川町の豊東東部地区（大字轡井，大字道市，大字樅の木の3大字）と豊北町粟野地区である。この両地区は大学生が多数参加しており，大学の教員有志が学生の教育活動の一環として活動に参加している。豊北町粟野地区は，下関市立大学の1教員のゼミ生が主体となって活動している。菊川町の豊東東部地区の場合は一般人の参加人数もかなりあるが，学生の参加については下関市立大学の複数のゼミと山口大学の工学部建築学講座の1ゼミが主体的にかかわっている。豊北町粟野地区については参加していたゼミの教員が定年退職し，現在は参加していない。したがって現在，継続的に活発に行われているのは菊川町豊東東部地区であるが，大字道市と大字樅の木のかかわりは小さく，実質的には大字轡井での活動といってよい。下関市の農山漁村地域は，下関市の市街地から1時間以内，北九州市からでも車で1時間半以内の位置にあるので，都市住民を対象としたグリーン・ツーリズムが盛んであってもよさそうであるが現実にはそうではない。夏の海水浴シーズンには下関の市街地から，また北九州市から多くの海水浴客が山陰側の海に押しかけてきており，グリーン・ツーリズムへの潜在的な需要はあるといえるだろう。下関市と隣接する長門市ではグリーン・ツーリズム活動が活発であり，長門市俵山地区や青海島地区で行われている。下関市は都市部の人口が多く，市政が都市型行政となっているきらいがあり，グリーン・ツーリズム活動への行政的施策や支援はあまりみられない。それに対し，長門市では農山村地域の振興の比重が相対的に大きいだけに，グリーン・ツーリズム活動への行政的施策や支援に大きな比重がかかっている。

■ 3．下関市菊川町豊東東部地区のグリーン・ツーリズム

3－1．菊川町豊東東部地区の概観

まず下関市において唯一といってもよいグリーン・ツーリズムの行われている下関市菊川町豊東東部地区の概観を示そう。

菊川町豊東東部地区は旧菊川町東部に位置し，美祢市西厚保町と下関市吉田に接し，菊川町中心部からは一山超えた山間地帯であるが，下関市の中心部から 27km，また宇部市からも直線で 26km，車で 1 時間弱といった所にある。高速道路の中国自動車道の小月 IC から 6 ～ 7 km，車で 7 ～ 8 分という近い位置にある。つまり，下関や宇部，小野田といった市街地からもそれほど離れたところにあるわけではない都市近郊型農村である。市街地への通勤も可能であるし，日帰りのグリーン・ツーリズム活動の参加者の到達範囲に位置しているといえる。

同地区は山間谷間にあるため平地が少なく，耕作地には恵まれていない。それゆえ過去に酪農が盛んだった時もあった。同地区における酪農は 1949（昭和 24）年に始まり，多い時には 33 戸も酪農家があったそうだが，現在は 2 戸にすぎない。標高は豊東東部地区の轡井集落中央付近で 80m 程度である。以前は筍の産地として大きな経済効果をもたらしており，大正末期には出荷組合ができ，下関市の唐戸市場に青果として出荷するとともに加工用としても大量に出荷していたが，近年は安い中国産の影響で竹林は放置され，その繁茂に住民は困り果てている。農地は一部，基盤整備がされているが，猪や鹿の害が酷く，併せて労働力不足もあって耕作放棄地が目立ってきている。

豊東東部地区の最近 10 年間の人口と高齢化率の推移をみると，2005（平成

17）年（7月31日現在）では人口165人，高齢化率44.9%，2010（平成22）年（9月30日現在）では人口147人，高齢化率44.9%，2015（平成27）年（9月30日現在）では，人口114人，高齢化率55.4%である（下関市総務部庶務統計係資料）。この10年間に30.9%の高い人口減少率をみるとともに，9.5%の高い高齢化率の上昇をみており，先ゆき不安な状況にある。

このように人口減少，高齢化が進み，空き民家や担い手不足による耕作放棄地が目立ってきている。2007（平成19）年3月に地区内唯一の豊東小学校轡井分校が廃校となり，コミュニティの活力低下が大きな課題となった。また，この地区はかつては下関市生活バスが定期運航していたが，2008（平成20）年6月から予約制運航に移行し，運賃も大幅な値上げとなるなど，交通条件も悪化してきつつある。

3-2．菊川町豊東東部地区のグリーン・ツーリズムの活動状況

(1)「貴和の里につどう会」の設立

上記のような逼塞した状況下で，定年退職を機に毎日，地元で生活するようになった数人が，この地域の状態をどうにかしなければと焦りともつかない気持ちを語り合っていた。一方，「豊関むらおこし応援団」のリーダーのM氏，「地域共生中村さん家」のリーダーのO氏，山口県立大学の教員や学生達が廃校になりそうな豊東小学校轡井分校をむらおこしに活用できないかと模索していた。2007（平成19）年5月ごろにこの両者に接点ができ，数回の会合を経て，地域おこし組織の設立の前準備が整った。最初から大がかりな組織にせず，まずは趣旨に賛同する者だけにとどめ，轡井分校に通学した地区（轡井・道市・樅の木）住民有志を主とする20人の会員で2007（平成19）年6月に「貴和の里につどう会」が設立された。

(2)　補助事業とグリーン・ツーリズム活動

「貴和の里につどう会」の活動と県や国の補助事業とは切っても切れない関係にある。補助事業に採択されると当然のことながら多くのメニューをこなさなければならず，事後の報告もきちんとされなければならないからである。初

年度の活動としてとりかかったのが，県の補助事業「高齢者参加型コミュニティ構築支援事業（オパールプロジェクト）」への応募であった。このプロジェクトには26団体の応募があったが，さいわいにして採択5団体のひとつに入った。採択後，廃校を活用した活動を行っている山口県内の周南市の大田原地区，美東町の桂岩地区などへの視察研修，田舎体験としてのサツマイモを植えての芋ほりイベントの実施，地元住民を対象とした生活実態，農業，将来などについてのアンケートの実施，「歌う説法師」南彗昭氏の講演会などを行っている。当初，20人ばかりでスタートした会員も，現在は地元だけでなく地域外からも共鳴を得て90人に膨れ上がっている。内訳は地元会員が38人，地元外会員が52人である。会員の地域範囲は下関市以外の北九州市，山陽小野田市，宇部市，美祢市などにも広がりをみせている。

「貴和の里につどう会」創設の２年目には，山口県庁からの紹介で２つの補助事業に応募している。それは，農林水産省の「農山漁村（ふるさと）地域力発展支援モデル事業」と国土交通省の「“新たな公”によるコミュニティ創生支援事業」の２つである。どちらか採択されればよいぐらいの思いで応募したものであったが，どちらも採択され，大慌てとなったようである。

農林水産省の「農山漁村（ふるさと）地域力発展支援モデル事業」の採択後，島根県奥出雲町のそば栽培やオーナー制度の視察研修，島根県隠岐郡海士町へ６次産業化の視察へ出向いている。

さらに，2011（平成23）年度には「食と地域の交流促進交付金」にも採択されているが，この採択後，大分県宇佐市安心院町と愛媛県内子町にも研修に行っている。また農家民宿や漁家民宿で先進的な阿武町や須佐町にも視察に出かけている。このような数多くの視察，研修が豊東東部地区の活動の参考になったことは間違いないであろう。

これら補助事業に応募する過程で，「貴和の里につどう会」の活動目標が一層具体化してきたのである。この会は，廃校と周辺に点在する空き家および耕作放棄地を活用した田舎体験プロジェクトを実施し，活動拠点（廃校）から集落全体へと交流圏域を拡大することにより，住民参加による活気あふれた田舎空間を創生するとともに，UIターンの受け皿つくりと人口定住を促進することを目的としている[2)]。

具体的な活動内容については，「貴和の里につどう会」が「“新たな公”によるコミュニティ創生支援事業」に応募した書類に示されている。その概要は以下の通りである。

①廃校での地域塾の開講（2008年）

地域住民や協力メンバーが講師となり，夏休みに地域の子どもや帰省する集落出身の親子を対象とした地域塾を開講する。具体的には，植物や昆虫などの自然観察，山登り，昔の炭鉱跡の探検などで，夏休みの自由研究の題材になるものを選ぶ。夏休み地域塾を皮切りに，田植えや稲刈り，芋ほりなど，地域資源を活用した田舎体験メニューを増やし，集落へ足を運ぶ機会を増やすとともに，参加者が集落出身者以外の知人によびかけることにより，都市ファミリー層や定年退職者世帯の参加を促す。

②空き家および耕作放棄地の実態調査と活用の検討

集落の空き家および耕作放棄地の事態調査を行う。具体的には空き家耕作放棄地マップを作成し，所有者への聞き取り調査を行い，貸出・売却の可否を調査する。貸出・売却意向のあった物件について，建物の状態や立地を考慮し，田舎暮らし体験住宅や週末住宅，集落農園や，棚田オーナー制度で貸し付ける農地など，使用用途の検討を行い，地域にある有効資源を循環できる仕組みをつくる。

③地域塾と連動した田舎宿泊体験の実施（2009年）

貸出可能な空き家を活用し，月1回日帰りで実施していた地域塾に田舎宿泊体験を加え，1泊2日で集落の暮らしを体験してもらう。女性メンバーの協力を得て，地元食材を使用した郷土料理をふるまい，2日間を通して集落の体験をしてもらい，棚田オーナー制度への参加や二地域居住への意識を高める。

④耕作放棄地を活用した棚田オーナー制度と空き家を活用した週末住宅の貸付（2009年）

貸し出し可能な耕作放棄地を「貴和の里につどう会」がリストアップし，地域塾に参加する都市居住ファミリー世帯や定年退職世帯に，耕作放棄地を貸し付ける棚田オーナー制度を実施するとともに，地域の農業者の協力を得て農作業の指導を行う。また都市に居住し，集落に通う棚田オーナーに対して，貸し出し可能な空き家を紹介し，週末住宅として活用してもらい，二地域居住による交流の促進を図る。

以上の活動目標は，すでに述べたように，県の「高齢者参加型コミュニティ構築支援事業（オパールプロジェクト）」や国の「“新たな公”によるコミュニティ創生支援モデル事業」，「農山漁村（ふるさと）地域力発展支援モデル事業」，「食と地域の交流促進交付金」に応募する過程で明確化されたといってよいであろう。

「高齢者参加型コミュニティ構築支援事業（オパールプロジェクト）」，「“新たな公”によるコミュニティ創生支援モデル事業」および「食と地域の交流促進交付金」の実施主体は「貴和の里につどう会」であるが，「農山漁村（ふるさと）地域力発展支援モデル事業」の実施主体は「貴和の里につどう会」を中心に，関連諸団体の協力を得てつくられた「貴和の里活性化協議会」という広範な組織である。この「貴和の里活性化協議会」に記載されている組織が「貴和の里につどう会」が交流している団体のすべてといってよいだろう。そこで具体的な団体名とその実態を記しておこう。

① 「貴和の里につどう会」（1876年にこの地にできた貴和小学校の文字をもらい会を立ち上げている。会員数は当時50名，現在は90名である。活動の主役であり，集落住民の80％の世帯が会員となっている）
② 行政関係団体（下関市地域振興課・農林課・広報課，山口県地域振興部下関農林事務所）
③ 社会福祉協議会（下関市社会福祉協議会，山口県社会福祉協議会）
④ 大学関係[3)]（山口大学生活空間デザイン学研究室は地方都市の街中や農村地域における空き家化した伝統民家の再生・活用を目的とした空き家活用システムの構築及び，耐震・断熱回収技術の開発に取り組んでいる）（山口県立大学地域共生センター）

⑤ 菊川観光協会

⑥ 地域密着型福祉施設「地域共生ホーム中村さん家」（赤ちゃんからお年寄りまで利用できる地域未着型の福祉施設。山口県総合・循環型地域福祉サービスモデル事業として，空き民家を利用し，地域住民を巻き込んだ福祉サービスの先駆的取り組みを行っている）

⑦ 地域おこしグループ「豊関・むらおこし応援団」（「健爺耕作隊」を立ち上げて休耕みかん園を再生，「歌野の自然にふれあう会」を立ち上げて，茅葺家屋を再生，農業体験イベントに参加，「貴和の里につどう会」の立ち上げに参加，農業体験イベントに参加）

⑧ 地域ボランティアグループ「きくがわ竹林ボランティア」（2004年11月に下関市内の希望者12人で発足し，菊川町名井と県内繁茂竹林の伐採事業を実施している，2008年から轡井地区に入っている）

⑨ 農業生産組合「道市営農組合」

この事業案は採択され，300万円の補助金を獲得し，同地区の活動に多大な活力を与えることとなった。

⑶ 定例的なイベント

グリーン・ツーリズムが継続的に活発に行われている菊川町豊東東部地区における活動の担い手は「貴和の里につどう会」である。同会は発足以来，定期的にイベントを実施している。イベントの内容については，年によって若干の

表6－2　2008年度の「貴和の里につどう会」が行うイベントスケジュール

4/27（日）	たけのこ掘り＆ビン詰め加工
6/8（日）	田植え＆芋植え
7/23（水）	里山ウオーク＆川あそび
7/30（水）	竹でそうめんのすべり台つくり
8/1（金）	総会＆元分校の先生「分校の思い出」
8/6（水）	山口大学生と手作りランプづくり
8/20（水）	田んぼの観察・牛の世話＆ひみつ基地づくり
8/27（水）	猿王岳山登り＆山の思い出作品作り
9月	空き民家の調査
10月	耕作放棄地の調査

出所）「貴和の里につどう会」資料

表6－3　2016年度の「貴和の里につどう会」が行うイベントスケジュール

4/16（土）	たけのこ掘り
5/29（日）	田植え&芋植え
8/7（日）	そうめん流し
10/2（日）	稲刈り
11/5（土）	いも掘り
12/1（日）	もちつき
1/7（土）	キムチづくり

出所）「貴和の里につどう会」資料

違いはあるがおおむね同様の活動を行っている。参考までに表6－2に2008（平成20）年度のイベントスケジュールを，表6－3に2016（平成28）年度のイベントスケジュールを示した。

また，これらのイベントのほかにも，「滞在型体験メニュー」と「炭焼き体験」がある。前者のスケジュールは8月（そば播種），10月（そば刈り），11月（脱穀），12月（そば打ち）である。後者については随時受け付けとなっている。

2008（平成20）年度と2016（平成28）年度を比べると，2016（平成28）年度はイベントが少なくなっているが，これは国や県の補助事業関係の調査事業や諸活動が終了したことや，イベントと学校行事との重複がみられるため，行事を減らしたためである。

活動の主たる場所は，「貴和の館」と「貴和の宿」および畑や竹林などである。「貴和の館」は，廃校となった豊東小学校轡井分校の校舎であり，下関市から借りているものである。「貴和の宿」は，集落内の大きな古民家を改修したものである。この民家はもちつきなどのイベントの際に使われたり，イベント終了後の昼食の場などに利用されている。この民家の敷地内には風呂（五右衛門風呂）もある。またこの古民家は，低料金（実費程度）で宿泊できるようになっている。

■おわりに

下関市菊川町豊東東部地区のグリーン・ツーリズム活動は，2007（平成19）年の「貴和の里につどう会」の発足とともに始まり，今なお継続的に活動が続いている。全国的にもグリーン・ツーリズムの取り組みが取り上げられるようになったのは1992（平成4）年ごろであり，活発化してきたのは「子ども農山漁村プロジェクト」が実施された2008（平成20）年ごろからである。「子ども農山漁村交流プロジェクト」は農林水産，文部科学，総務の3省の連携による大きなプロジェクトであり，モデル地区に指定された地域にとっては貴重な大きな経験となった。かなりの補助金がつくこのプロジェクトは，5年間にわたるものであったが，残念ながら「仕分け」の対象となり3年間で終了となった。仕分けの対象となったのは実に残念である。山口県で実施された長門市の例などをみると，この事業は実に多くの成果を残している。この補助事業の実施経験を活かして，継続的に活動を充実させている。筆者がみる限り，この事業は受け入れる地域にとっても，また参加する小学生にとっても非常に実りある事業であったといえる。近年，学生の自然体験が少なくなっているだけに，なおさらである。

さてこの豊東東部地区の活動から指摘できる事項をあげておこう。

第1に，廃校の再利用が地域活動の契機となっていることである。豊東東部地区では豊東小学校轡井分校の廃校の再利用が契機となっている。学校はまさに地域社会の結節点であるだけに容易に多くの住民がかかわるのである。ここだけでなく山口県西部をみても，長門市青海島の青海島小学校，俵山地区の県立日置農業高校俵山分校，同市真木・渋木地区の大畑小学校，同市宇津賀地区の文洋小学校など，学校の廃校に伴って地区住民の活動が始まっているのである。

第2に，豊東東部地区の場合，廃校の跡利用だけでなく，同地区にある空き家を一体的に交流の場として活用していることが意義深い。多くの地域において廃校のみ，空き家のみを活用した事例は多いが，両者を組み合わせて活用している例はあまりない。

第3に，豊東東部地区はうまく公的な補助事業を利用していることである。轡井地区は2007（平成19）年に「高齢者参加型コミュニテイ構築支援事業」に，2008（平成20）年に国土交通省の「“新たな公”による創生支援モデル事業」に，2010（平成22）年に農林水産省の「農山漁村地域力発展支援モデル事業」に，2011（平成23）年には農林水産省の「食と地域の交流促進交付金」にも採択されている。聞くところによると，計画策定にあたっては大学関係者の支援をうけたそうであるが，このことは実に大きいと考えられる。次々と交付される補助金を「貴和の里につどう会」は同地区の活動にうまく利用しているのである。

第４に，１人の精力的な活動家M氏の存在が大きいことである。M氏は長らく東京などで水産会社を経営していた実業家で，東京から地元の下関に帰ってきたのであるが，その経験を活かしてさまざまな提案をもちかけて実現に移そうとしたのである。また，いろいろな団体との交流の仲介者となるなど，まさに「仕掛け人」というにふさわしい人であった。豊東東部地区のリーダー達もM氏の存在が大きいと述べている。

第５に，「貴和の里につどう会」の活動に，外部の力が有効に使われていることである。とりわけ研究者や学生などの大学関係者の関与が大きい。これらの関係者は補助事業の獲得にも大きな役割を果たしている。

第６に，同地区内にリーダー的な人材がおり，その人達を中心に「人の輪」ができていることが大きい。どの地域においても活動がうまくいっているところには必ずといってよいほど，「有力な人」がいる。「地域づくりは人づくり」といわれるが，まさに「人」がいるかどうかがきわめて重要である。

最後に今後の課題に触れておこう。

第１に，活動の中心である「貴和の里につどう会」のメンバーの高齢化である。同会は2007（平成19）年に定年退職者を中心に設立されて以来，中心的メンバーは変わっていない。地区全体が高齢化するなかで，いかに後継者を見出すかが問われている。

第２に，地域で未利用となっている資源，空き家や休耕田，地域の野菜や果樹などをもっと有効に活かせないかということである。現在，廃校と空き家の古民家を有効利用しているが，空き家と休耕田は他にも数多くある。これらを地区外の住民を巻き込んで活用する仕組みをつくれないかということである。

また同地区で生産される農産物を，地元の小学校の給食の食材に使ったり，イベントの際にささやかに販売しているが，今後もっと積極的に有効利用してもいいのではないかと思う。

注

1）受け入れ地域は㈶都市農山漁村交流活性化機構のコーディネイト掲載要件を満たした地域である。
2）「平成20年度“新たな公”によるコミュニティ創生支援モデル事業　提案書」を参考にした。
3）後に大学関係として下関市立大学附属地域共創センターが加わっている。

引用・参考文献

下関市総務部企画課編『第三次下関市総合計画―海と緑・歴史と文化　明日にはばたく国際都市・下関』下関市，1989年
下関市総合政策部企画課編『第四次下関市総合計画』下関市，2001年
宮崎猛編著『これからのグリーン・ツーリズム―ヨーロッパ型から東アジア型へ』家の光協会，2002年
下関市総合政策部企画課編『下関市総合計画』下関市，2007年
吉津直樹「都市農村交流と地域活性化（Ⅰ）―長門市俵山地区の事例」『自治研やまぐち』74，2011年：10-12

第7章 下関におけるウォーターフロント開発と市町村合併による観光への影響

佐藤　裕哉

■はじめに

地域は観光の経済的効果と社会的効果に期待し，観光を活用した地域活性化「観光まちづくり」に取り組んでいる（安田 2015）。そこで重要になってくるのが観光資源であるが，下関は古くから歴史の舞台となってきたこともあり，「あり過ぎる」と評されるほど多種多様な観光資源を有している（坂本 2006）。2006（平成 18）年 12 月の観光立国推進基本法成立や 2008（平成 20）年 10 月の観光庁設置など，近年，政府が観光を推進していることは下関にとっても追い風となると推察される。一方で国内観光の需要は低迷し，国内観光地間の競合は激化している（溝尾 2015）。では下関の観光の現状はどうであろうか。

ところで，下関の観光を分析する際に，近年の大きな出来事としては，1996（平成８）年に東港区再開発「あるかぽーと下関」の埋め立て工事が終了し（吉津 1999），ウォーターフロント開発が一通りの完成をみたこと[1]と，2005（平成 17）年２月の市町村合併があげられる。これらの点については坂本（2006）によって，ウォーターフロント開発に伴う観光施設の整備により入込客が増えていることが評価され，市町村合併に伴い農山漁村部を抱えたことにより，体験・学習型，エコツーリズムなど観光による新たな地域振興策が実現できる可能性が指摘されている。また，鬼山（2007）は，佐世保市での実務経験をもとに，合併によって観光資源が増加し多様な観光ルートが設定しやすくなることを指摘している。以上より，本章では下関の観光の現状と変容について概観し，ウォーターフロント開発と市町村合併の影響を捉えることを目的とする。とくに 1995（平成７）～ 2015（平成 27）年の変化に着目する。

以下，１節で下関の観光に関する統計データを確認した上で，２節でウォーターフロント開発後の状況と市町村合併の観光への影響について，下関市役所と旧菊川町，旧豊田町，旧豊浦町，旧豊北町の観光協会[2)]への聞き取り調査結果[3)]をもとにまとめる。

なお，本章でいう下関市とは，2005年2月13日の合併後の市域を指し，合併以前の市域を示す際には旧市という表記を用いる。また，旧市と対等合併した，旧菊川町，旧豊田町，旧豊浦町，旧豊北町をまとめて指す場合は，旧4町とする。

■ I．統計データからみる下関観光の概要

図7－1は下関市の1975（昭和50）年から2012（平成24）年の観光客数の推移を示したものである。1995年までの状況をみると，1975年には430万人だった観光客数は1980（昭和55）年に390万人まで減少，以降，増減を繰り返し

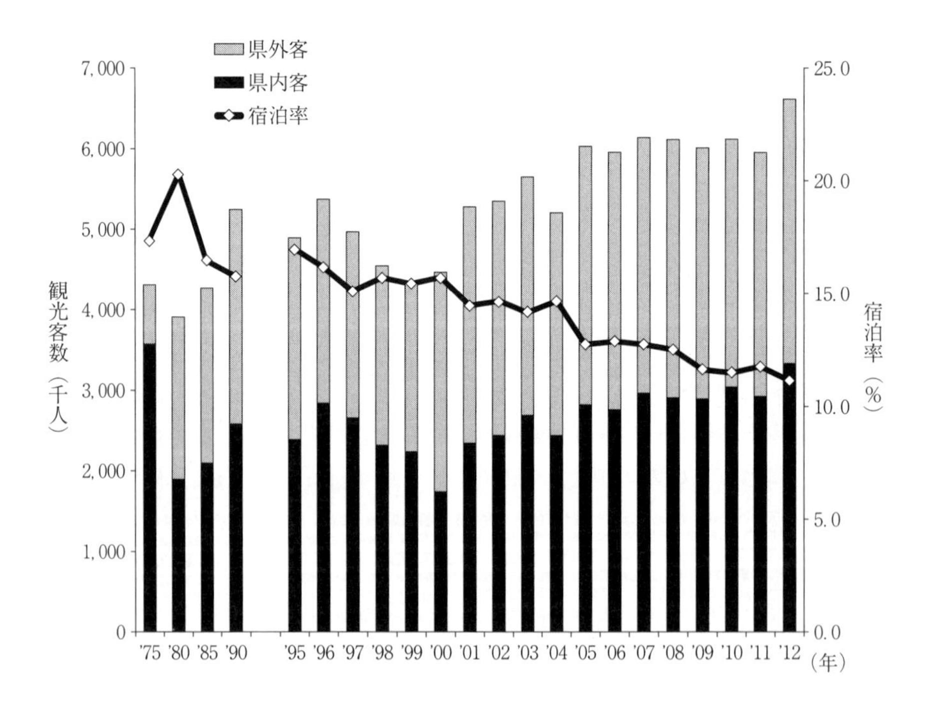

図7－1　下関市の観光客数と宿泊率の推移

出所）統計しものせき，山口県統計年鑑より作成

ている。1995年以降では，1999（平成11）年には432万まで落ち込んだが，その後，回復傾向にあり2012年は662万人となっている。この要因のひとつとして，ウォーターフロント開発が一段落し，新たな観光施設が立地したことが考えられる。それを確認するため，1995年から2015年までの20年間における下関市内の観光施設の新設・移転などをみる（表7－1）。多くが旧市に新設されたものであり，しかも1995年の下関市立考古博物館以外はすべて下関駅から唐戸にかけての立地である。

「平成22年山口県観光客動態調査」を用いて，下関市内の主な施設の観光客数を示したものが図7－2である。もっとも多いのは海響館の885,250人で，以下，道の駅「蛍街道西ノ市」の709,353人，火の山の273,087人と続く。道の駅など，旧4町の施設にも一定数の観光客数が認められる。2005年と2010（平成22）年の観光客数の増減を示したものが図7－3である[4)]。増加数が大きかった施設は，海響館264,775人，火の山96,652人，巌流島43,228人であり，

表7－1　1995年以降の主な観光施設の立地

年月	施設名	新設／移転等	位置（住所）
1995年5月	下関市立考古博物館	新設	旧下関市（綾羅木）
1996年7月	海峡ゆめタワー	新設	旧下関市（豊前田町）
1997年4月	道の駅「きくがわ」	新設	旧菊川町
1998年11月	旧秋田商会ビル	再開館	旧下関市（南部町）
1999年6月	豊田ホタルの里ミュージアム	新設	旧豊田町
2000年3月	市立しものせき水族館　海響館	移転	旧下関市(あるかぽーと)
2000年11月	角島大橋	新設	旧豊北町
2001年4月	唐戸市場	移転	旧下関市（唐戸町）
2002年4月	カモンワーフ	新設	旧下関市（唐戸町）
2002年8月	しおかぜの里　角島	新設	旧豊北町
2004年12月	道の駅「蛍街道西ノ市」	新設	旧豊田町
2008年11月	やまぎん史料館	新設	旧下関市（観音崎町）
2010年1月	川棚温泉交流センター	新設	旧豊浦町
2010年2月	下関市立近代先人顕彰館　田中絹代ぶんか館	新設	旧下関市（田中町）
2012年3月	道の駅「北浦街道ほうほく」	新設	旧豊北町
2013年9月	はい！からっと横丁	新設	旧下関市(あるかぽーと)
2014年10月	旧下関英国領事館	再開館	旧下関市（唐戸町）

出所）海峡ゆめタワーウェブサイト，しおかぜの里　角島ウェブサイト，しものせき観光キャンペーンウェブサイト，下関市観光交流ビジョン2022，下関市ウェブサイト，やまぐち経済月報2008.12より作成

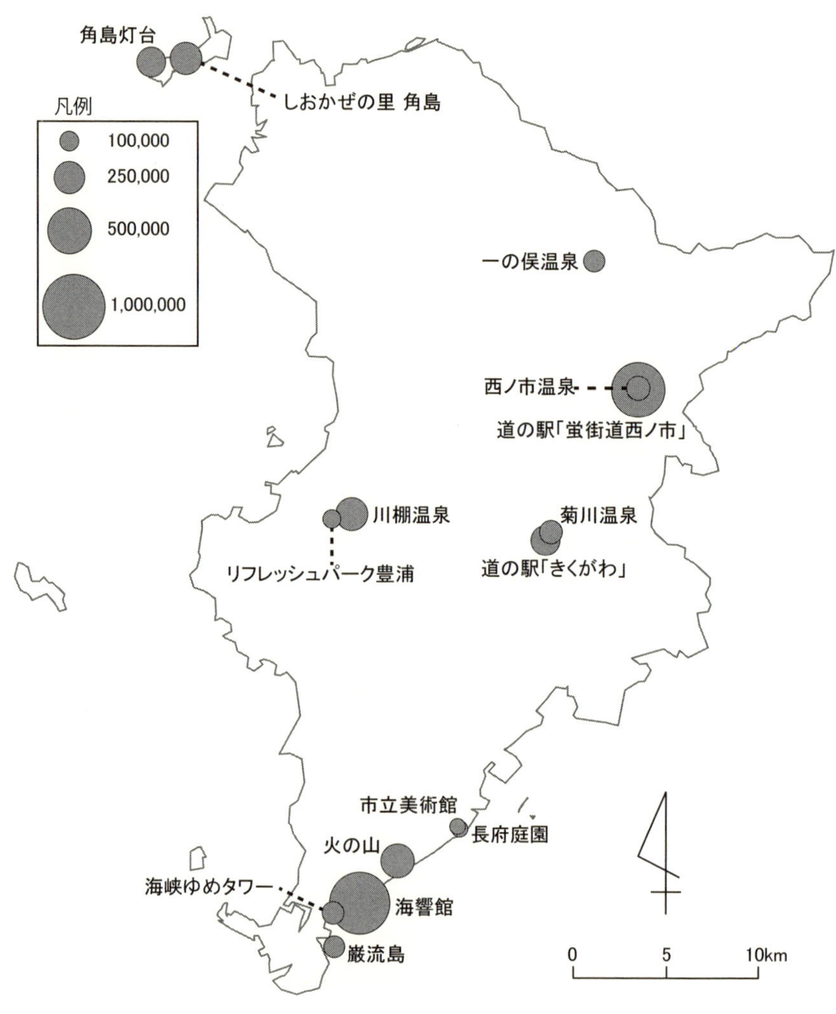

図 7－2　主な観光施設の観光客数（2010 年）

出所）平成 22 年　山口県観光客動態調査より作成

減少数が大きかった施設は，川棚温泉－66,867 人，西ノ市温泉－48,364 人，一の俣温泉－34,728 人である。全体的には，道の駅「蛍街道西ノ市」を除いて旧 4 町の主な観光地で観光客数の減少，旧市の観光施設で観光客数の増加傾向がみられる[5)]。

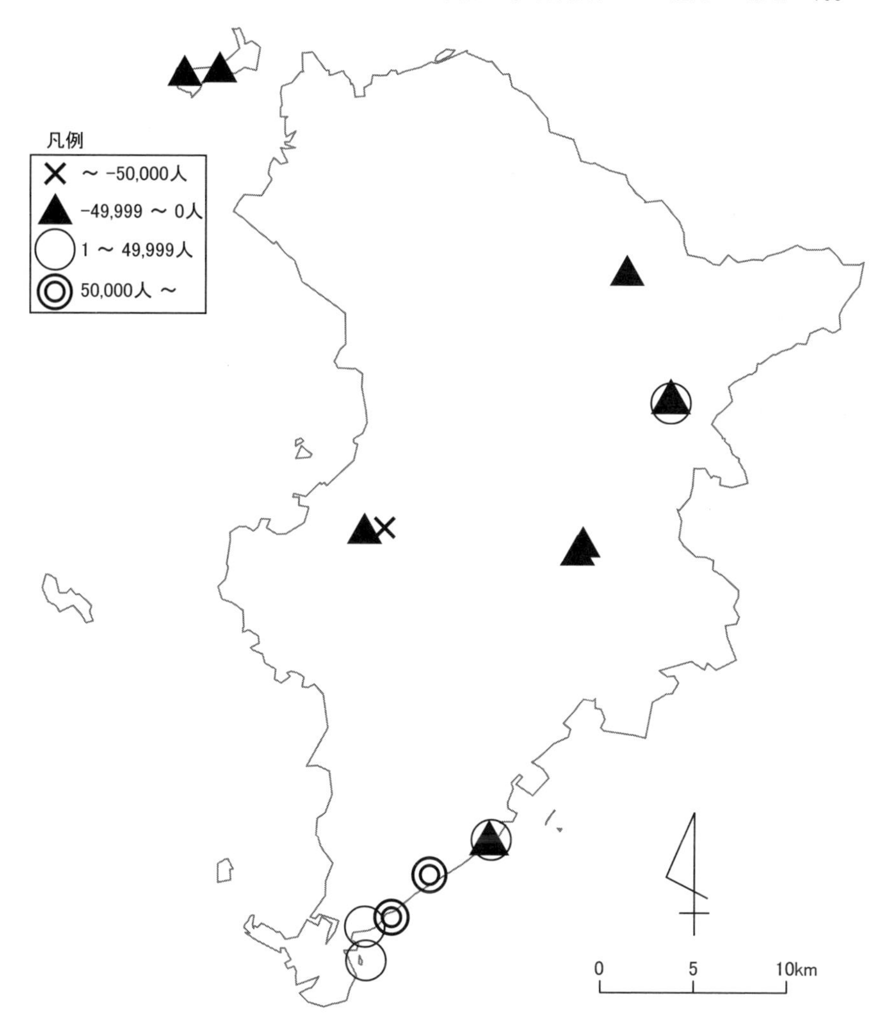

図7－3　主な観光施設の観光客数の増減（2005～2010年）
出所）平成17年　山口県観光客動態調査，平成22年　山口県観光動態調査より作成

宿泊者数は2012年で72万人であり，1990（平成2）年82.6万人，2000（平成12）年66.9万人と増減を繰り返している。しかしながら，宿泊率[6]を計算してみると，1980年の20.3%から1990年15.8%，2000年15.7%，2012年11.2%と減少傾向にある（図7－1）。「下関観光交流ビジョン2022」から下関市内

での旅行消費額[7]をみると，日帰り客は3,820円であるのに対して宿泊客は18,788円となっている。ここに約15,000円の差があり，地域経済との関わりでいえば宿泊率をあげることが課題であろう。

この状況をさらに分析するため観光客の発地についてみると，県外客が334万人，県内客が328万人（2012年）である。このうち県外客の発地をみると（表7－2），2012年には1位が九州地方で1,853,000人（55.5%），2位が中国地方で614,000人（18.4%）となっており，隣接する2地域からが多い。近隣からの観光客が多いことも宿泊率が低い一因と考えられる。一方，関東地方から8.9%，近畿地方から9.2%と低く，今後は東京や大阪といった大市場からの集客も必要である。

1995年，2000年，2005年の月別観光客数を示したものが図7－4である。これをみると，いずれの年でも1月がもっとも多く，次いで8月となってい

表7－2　県外観光客発地別内訳の推移

	中国	四国	九州・沖縄	近畿	中部	関東	その他
1995年	518	116	1,268	191	49	153	49
1996年	566	124	1,358	218	55	159	53
1997年	541	111	1,243	195	48	140	45
1998年	493	103	1,239	180	44	128	42
1999年	266	107	1,045	199	114	306	64
2000年	264	26	1,155	95	30	113	50
2001年	506	40	1,491	117	48	107	36
2002年	440	38	1,607	119	45	114	62
2003年	523	48	1,658	210	48	150	57
2004年	413	57	1,510	179	57	155	54
2005年							
2006年	525	77	1,584	290	70	175	48
2007年							
2008年							
2009年	595	83	1,603	259	76	195	86
2010年	622	84	1,694	245	74	204	111
2011年	580	80	1,685	237	84	204	59
2012年	614	82	1,853	306	118	296	72

単位：千人
2005年，2007年，2008年はデータなし
出所）山口県統計年鑑より

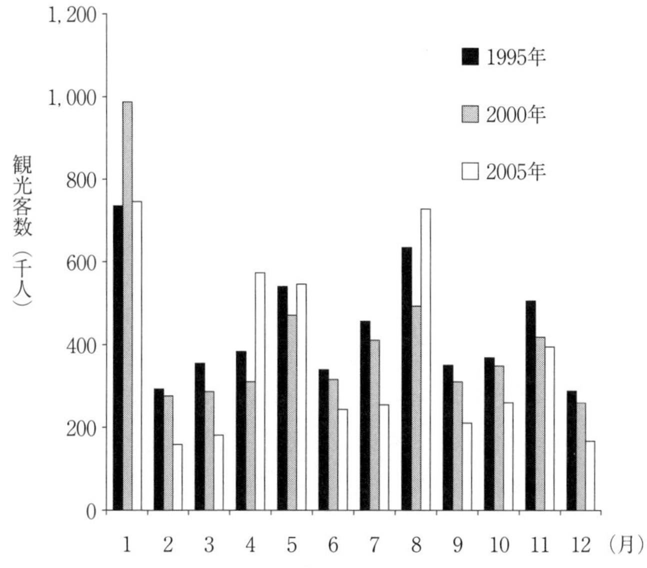

図7－4　月別の観光客数（1995年・2000年・2005年）

出所）山口県統計年鑑より作成

る。1月は，ふぐの旬（冬）が，8月は関門海峡花火大会と帰省が影響している（下関市2012：23）。最大値と最小値の差をみると，1995年（最大：1月，最小：12月）は2.573倍，2000年（最大：1月，最小：12月）は3.778倍，2005年（最大：1月，最小：2月）は4.710倍[8)]と次第に季節変動が大きくなっていることは課題といえよう。

2．旧市町別にみた観光の実態と課題

2-1．旧下関市のウォーターフロント開発と観光

下関市公式観光ウェブサイト「楽しも！」より旧市の地区別の観光客数（延べ人数）をみると，唐戸地区が3,309,047人で全体の約47％を占め，他の地区を圧倒している[9)]。また，1節でみたとおり，近年の新規の観光施設の立地は下関駅から唐戸にかけて集中している。そこで，ここでは唐戸周辺のウォーターフロント開発，あるかぽーと計画に焦点をあてる。

あるかぽーと計画は，岬之町地区と東港地区をあわせ開発対象区域 13.5ha のウォーターフロント開発である[10]。埋め立て面積は岬之町地区が 1.6ha，東港地区が 6.4ha，基盤整備費約 90 億円の計画で，1989（平成元）年に着工し，1996 年に埋め立てが完了した。その背景として，大正から昭和初期に開発された本港地区の老朽化がある。機械化に対応した新しい港湾設備を人工島（長州出島）に整備し，本港地区～東港地区にかけては，従来の港湾（荷役）機能ではなく，埋立地へのコンベンション機能を備えたホテル，クルーズ船などの停泊するバース，文化交流センター，多目的ホール，臨海公園の建設が計画された。なお，水族館の移転については当初は計画されていなかった。唐戸市場の建て替え計画は当初からあり，一度，あるかぽーとへの移転が検討されたが，地元住民から移転候補地の住所が「唐戸」ではないという理由から反対され現在の位置になったという。

図 7－5 と図 7－6 は 1969（昭和 34）年，1980 年，1995 年，2006 年の下関駅から唐戸一帯の海岸線の変化と主な観光施設の立地を示したものである。1969 年から 1980 年にかけて下関駅から岬之町一帯の埋め立てが進み，1980 年から 2006 年は岬之町から唐戸一帯の埋め立てが進んだ。新しい観光関連施設が立地したのは 1995 年以降であり，海峡ゆめタワー（1996 年），海響館（2000 年移転），唐戸市場（2000 年移転），カモンワーフ（2001 年），はい！からっと横丁（2013 年）などが立地した。

しかしながら，この過程においても，芝生公園化を撤回し，シネコンなどの娯楽施設やホテルの建設計画が持ち上がる（『山口新聞』2009 年 4 月 29 日付），開発に公募で応募していた企業との交渉を打ち切り計画を白紙に戻す（日本経済新聞 2010 年 8 月 7 日付），など混迷をきわめた。また，近年においても商工会議所による都市型ホテルの誘致，同ホテルを中心としたコンベンション施設の整備などの要望が出されている（『山口新聞』2015 年 8 月 11 日付）。

さらには，芝生公園の予定地だった「はい！からっと横丁」隣接地の空き地は，2015 年 12 月時点でも臨時駐車場や遊覧飛行用のヘリポートとして利用されている。下関市港湾局への聞き取り調査によると，これらの土地は借地契約

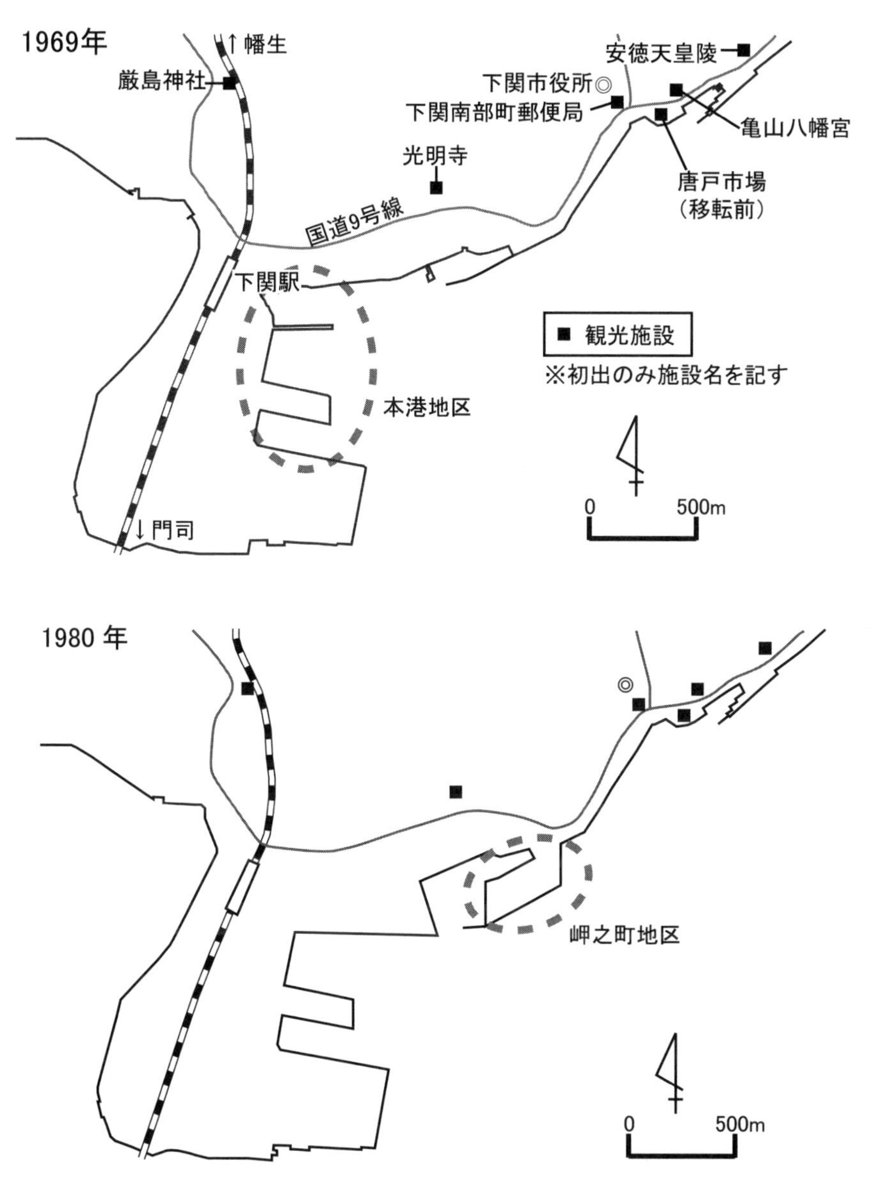

図７−５　海岸線の変化と主な観光施設の立地（1969 〜 1980 年）

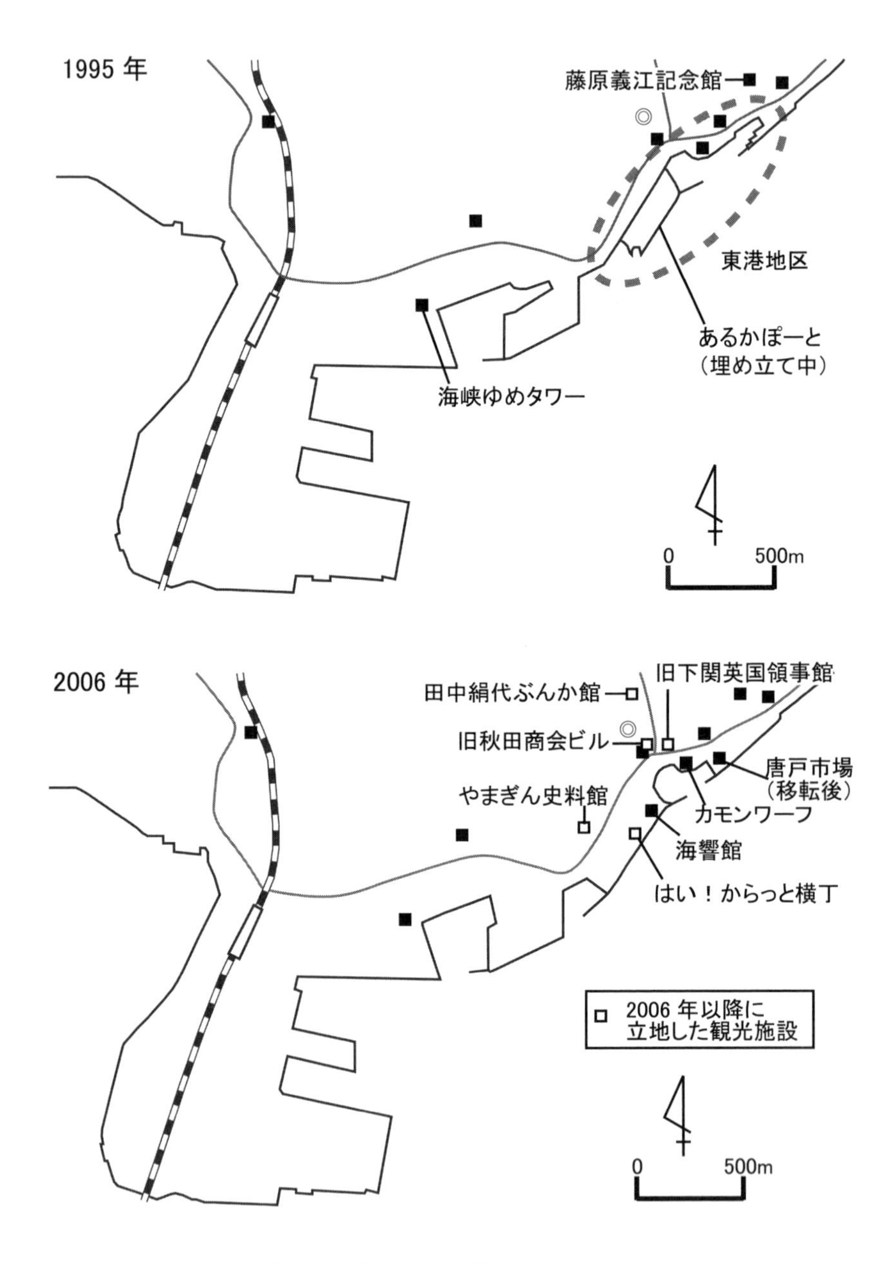

図 7−6　海岸線の変化と主な観光施設（1995 ～ 2006 年）

であり10年間の短期計画として利用している。実際に臨時駐車場をみても舗装されておらず暫定的な土地利用であることがうかがえる。今後，どのように開発を進めていくのかといった長期的な視点や，唐戸商店街など周辺地区との関係をどのように考えるのか，などが課題である[11)]。

2-2．旧４町における市町村合併による観光への影響

２節で主な観光施設別に観光客数の増減をみたところ，合併後の５年間で旧４町の多くの施設において減少していた。ここでは合併による観光への影響を考えてみたい。

まずは，旧４町の観光客数の変化をみる（図７-７）。2011年では旧豊田町が922,453人でもっとも多く，以下，旧豊浦町544,572人，旧豊北町462,465人，旧菊川町403,763人の順となっている。時系列でみると旧豊田町，旧豊浦町が従来から観光客が多く，一の俣温泉や川棚温泉など温泉によるものと推察される。また，観光客数が急激に増加する年がみられる。たとえば，旧豊北町

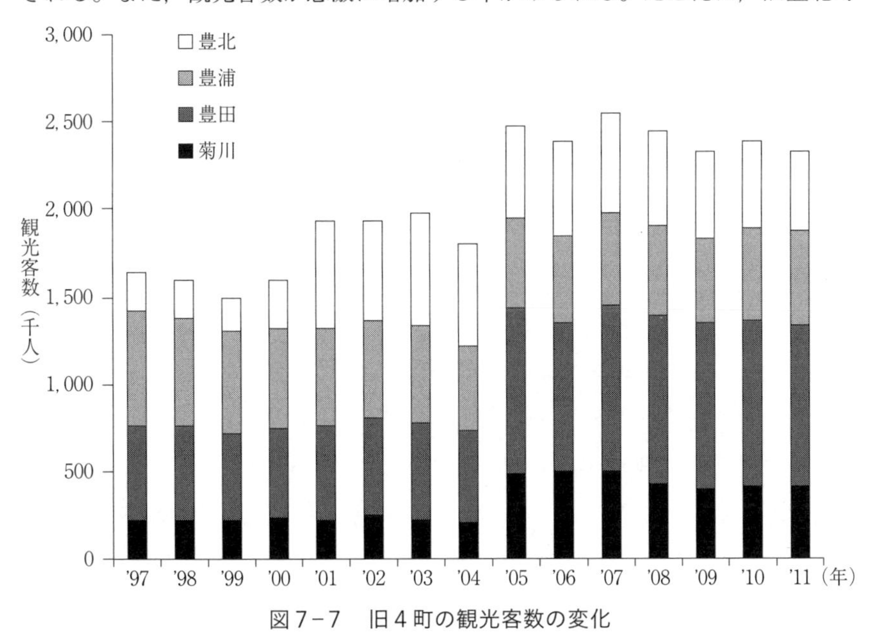

図７-７　旧４町の観光客数の変化

出所）下関市観光交流ビジョン2022より作成

が2001年，旧菊川町と旧豊田町が2005年である。これは，観光施設の新設による影響だと考えられる[12]。旧豊北町の角島大橋の開通は2000年11月，旧豊田町に道の駅「蛍街道西ノ市」が新設されたのは2004年12月である（表7-1）。なお，「平成24年山口県観光客動態調査」をみると，2012年に新設された道の駅「北浦街道ほうほく」に約70万人訪れていることから，旧豊北町の観光客数は前年の46万人から25万人程度増加することが予想され，これも含めて考えると，観光施設の新設は観光客数を伸ばす一定の効果がある。一方，旧4町でもっとも新規施設の立地が少ない旧豊浦町は観光客が微減傾向にある。宿泊率については，全般的には低下傾向にある（図7-8）。また，旧4町で地域差があり，中国自動車道の小月I.C.からもっとも近くアクセスの良い旧菊川町がもっとも低く，アクセスのもっとも悪い旧豊北町[13]がもっとも高い。

ここで，合併に際してどのようなことが議論されていたかを確認しておく。下関市・豊浦郡4町合併協議会「新市建設計画」（平成16年5月）には，「既存観光施設の再整備や観光資源の開発を推進し，観光拠点の形成をこれらのネットワーク化による広域観光ルートの形成をはかる」（p. 34）とあり，具体的には，観光キャンペーン，観光協会などと連携した宣伝活動の強化，滞在型観光ルートの形成，グリーン・ブルーツーリズムの推進などがあげられている。以下，これらを踏まえてそれぞれの地域別にみることにする。

旧菊川町では，合併のメリットとして，旧町よりも予算規模は大きくなり施設の建て替えが出来るようになったことがあげられた。たとえば，菊川温泉プールの建て替えは旧町の予算では出来なかった可能性があるという。一方，デメリットとしては補助金が見直されイベントなどが維持できるか，決裁の速度が遅くなった，全市のなかで優先順位がつけられるため旧菊川町の都合のみが優先されない，などがあげられた。

旧豊田町では，合併のメリットとして，共通のパンフレットなど市町村規模が大きくなることによって流通範囲が広がったことや，他市との共同事業が行いやすくなったことがあげられた。一方で，デメリットとして，補助金が市全体の予算の削減と連動して減少傾向にあることや，予算も通りにくくなってい

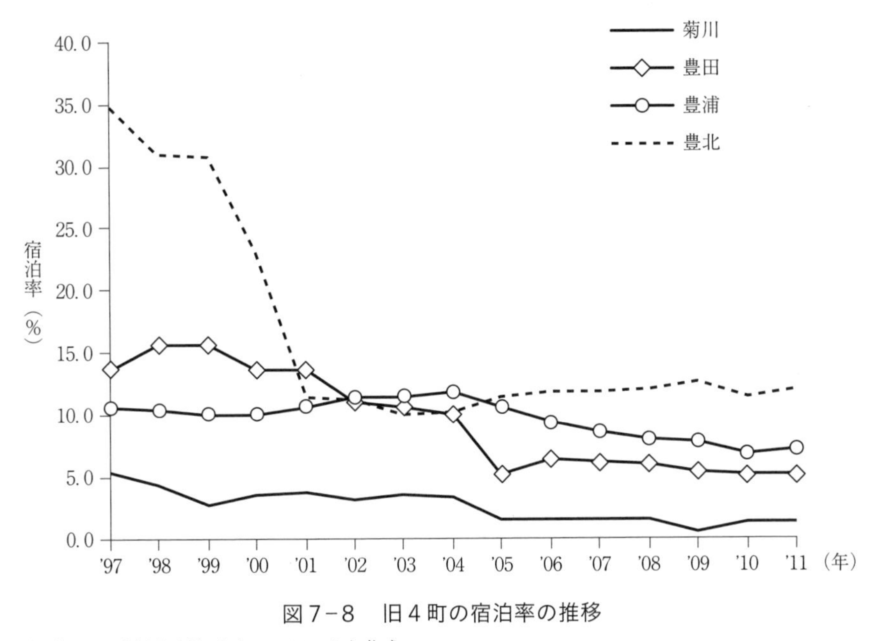

図7－8　旧4町の宿泊率の推移

出所）下関市観光交流ビジョン 2022 より作成

ることがあげられた。また，決裁が遅くなったことや，祭りなどのイベントの際に旧市や他の3町からの人的な支援がないことも指摘された。

旧豊浦町では，合併後に他町のイベントに商工会の青年部を派遣するようになったことがあげられた。ただし，旧市や他の3町と共同で祭りやイベントは行っていない。デメリットとしては，決裁の面で小回りが効かなくなったことがあげられた。また，補助金の見直しが決定され，2016（平成28）年度に観光協会の運営を商工会から川棚温泉まちづくり株式会社へ移管予定である[14)]。

旧豊北町では，合併のメリットとして情報共有を行い広域的な誘客に繋がっていることや，旧下関市から角島という観光客の流れができていること，下関フィルム・コミッションから旧豊北町の観光地の照会があり広報に繋がっていること，があげられた。デメリットはとくに指摘されなかったが，予算に関してはとくに増減はなく，今後は，経年劣化する観光施設の修繕をどうするか，道の駅の観光客数の維持，が課題であるという。

グリーンツーリズムやブルーツーリズムの実態についてみると，ほとんど成果がない。グリーンツーリズムは，旧菊川町で１事例が指摘された。ただし，これは観光というよりも地域振興の枠組み[15]で行われている。なお旧豊田町には，「下関市豊田農業公園　みのりの丘」という受け入れ施設はあるが，農家の高齢化や兼業化が進んでおり十分に対応できないのが現状であるという。ブルーツーリズムについても，旧豊浦町で漁協が中心となり漁船によるクルージングを行っていたが，安全面などの問題もあり２年ほどで休止したという。なお，旧豊北町では，グリーンツーリズム，ブルーツーリズムともに実績がない。

これら旧４町の状況に関連して，下関市観光交流部への聞き取り調査によると，市の政策として交流人口の増大が掲げられていたことも影響し，観光関連の予算自体は必ずしも減ってはいない。むしろ，合併後は旧４町より予算規模が大きくなり大規模な修繕が可能になっている。ただし，ハード面の整備については財政上，年々厳しくなっており，施設の修繕は優先順位が低くなる。また，決裁に小回りが効かない（時間がかかる）という点は，旧４町から要望が市にあげられ優先順位をつけて実施するという仕組みになっているからである。旧市と旧４町の交流という面では，パンフレットなど広報面においては情報共有しながら行っているが，人的な交流はない。補助金の支出や人材の派遣を行うと下関市による管理という側面がでてくるため，それよりも地元の人を中心に独自性を保つ形の方がよいのではないかという判断もある。

以上をまとめると，情報共有などは進んでおり，広報活動や大型の修繕などにおいて合併によるスケールメリットが生じている。一方，合併で自治体の規模が大きくなったことにより決裁に時間がかかるというデメリットも生じている。また，旧市・旧４町の人的な交流という面では不十分であることや，合併協議会で期待されていたグリーンツーリズムやブルーツーリズムなど都市農村交流が促進されていないことも課題といえよう。地域の独自性を活かすことも重要だが，連携して新しい観光ルートの提案やイベントの共同開催などに取り組むことも必要ではないだろうか。

■おわりに

本章では，ウォーターフロント開発と市町村合併による観光への影響についてみてきた。ウォーターフロント開発の効果により下関市の観光客数は伸びている。しかしながら，ウォーターフロント開発により造成された，あるかぽーと地区には未利用地の問題など課題も多く残されている。また，宿泊率が低下傾向にあるなかで，2015年5月末にマリンホテルが閉鎖した。朝市や花火，ホタルの鑑賞などを観光に組み込み宿泊せざるをえない状況をつくり出し，宿泊させることにより下関でより消費してもらう仕組みづくりが求められる。アトキンソン（2015）が主張するように，「多くの客をさばく観光」から「お金を落としてもらう観光」へ転換する必要があろう。そのなかでウォーターフロント開発をどうするか。地域の要望のなかにはホテル誘致の話もあるが，慎重に需要を見きわめ，集客の仕組みを整える必要がある。

市町村合併による影響については，広報や財政面でスケールメリットが生じている。一方で，市域が大きくなったがゆえに，個別観光地に対する迅速な手当ができなくなっている。また，合併後もイベントの際の旧市・旧4町の人的交流は少ない。合併協議会の際に期待されたグリーンツーリズム，ブルーツーリズムについても目立った動きはない。市町村合併によって観光資源が増えたことを活かす取り組みが課題であろう。人的交流を増やし地域の資源を確認し合い，旧市と旧4町を結ぶ観光ルートを構築することはそのひとつの手段と考えられる。その際には，高齢化や産業立地，高速道路からのアクセスなど地域の実態を踏まえた観光政策，まちづくりが必要となる。鬼山（2007）の指摘のように，地元の人たちとの対話を丹念に重ね，その土地が生み出す観光地としての「価値」を見出していくことが求められる。

本章では取りあげることができなかったが，フィルム・コミッションと観光との関わり，宿泊という観点から増加する訪日外国人客（インバウンド[16)]）への対応（牧野 2015），といった視点も必要で，これらについての分析は今後の課題としたい。

注

1）長州出島は2015年12月現在で事業が進行中であるが，国際貨物ターミナルとして整備されており観光とは関連性が乏しいので「一通り完成」とした。
2）旧４町の観光協会は，旧菊川町と旧豊北町は総合支所地域政策課，旧豊田町は道の駅「蛍街道西ノ市」，旧豊浦町は商工会のなかにある。
3）旧豊北町からは電子メールによって回答をえた。
4）2005年と2010年のデータを利用している理由は，集計の仕方や取りあげている施設が同一で比較ができるからである。
5）客数は年次変動が大きいが，2012年のデータでみても大まかな傾向は変わらない。また，2005～2010年で増減幅が大きかった施設について2005年と2012年のデータで比較すると，海響館＋45,074人，火の山＋49,276人，川棚温泉－44,628人，西ノ市温泉－34,901人，一の俣温泉－38,435人となっている。なお，巌流島は2012年に集計から外れている。
6）観光客全体に占める下関市内で宿泊した人の割合を指す。
7）下関市内での飲食などに使用した金額であり交通費などは含まない。
8）他の２時点と合わせるため１月と２月の差を計算すると4.485倍である。
9）２番目に多い「火の山地区」は535,431人であり全体の７％を占めるにすぎない。
10）計画の概要については，主に下関市港湾局への聞き取り調査と提供資料に基づく。
11）下関市へのパブリックコメントにも市民から，あるかぽーとから唐戸への観光客・買い物客の流れをスムーズにする施策を要望する声があがっている（下関市ウェブサイト，2008年４月25日公開「あるかぽーととその周辺整備について」https://www.city.shimonoseki.lg.jp/sodan/s_disp_qa.jsp?QaId=667，最終閲覧日2015年12月11日）
12）旧菊川町については要因がわからなかった。合併後に観光客数のカウントの方法が変更になったことが影響している可能性もある。
13）2001年に旧豊北町の宿泊率が急減するが，これは，角島大橋の開通で観光客数が急増したためと推察される。
14）補助金の削減のみが要因ではなく，商工会は本来業務（商工業の振興）に専念すべきという流れも影響しているという。
15）ただし，農作物を道の駅「きくがわ」で販売するようになり観光の要素もあるという。
16）旧菊川町が，中国人観光客に町内の農業（合鴨農法）や福祉施設などの見学ツアーを実施し，好評をえたというインバウンド促進の実績もある（旧菊川町観光協会への聞き取り調査より）。

引用・参考文献

D. アトキンソン『新・観光立国論　イギリス人アナリストが提言する 21 世紀の「所得倍増計画」』東洋経済新報社，2015 年
鬼山美穂子「佐世保市の観光振興と市町村合併」『地域開発』510，2007 年：51-56
坂本紘二「関門地域における観光交流推進への地域資源の掘り起こし」『産業文化研究所所報』15，2006 年：1-24
下関市『下関市観光交流ビジョン 2022』2012 年
牧野知弘『インバウンドの衝撃―外国人観光客が支える日本経済』祥伝社新書，2015 年
溝尾良隆『改訂新版　観光学　基本と実践』古今書院，2015 年
安田亘宏『観光サービス業　観光を初めて学ぶ人の 14 章』古今書院，2015 年
吉津直樹「激動する海峡の街」平岡昭利編『中国・四国　地図で読む百年』古今書院，1999 年：67-74

第8章

再生可能エネルギーと地域発展

―下関市の現状を中心に

山川　俊和

■はじめに

地域のサステイナブルな発展のためには，地域に賦存する資源（地域資源）の有効活用が必要不可欠である。そうした観点から，現在，地域資源としての再生可能エネルギー（以下，再エネ）に注目が集まっている[1)]。世界そして日本の各地において，地域資源としての再エネの活用によって，新しい地域産業や地域経済を構想しようとする動きがみられる。本章では，再エネ導入に伴う地域課題について，下関市の現状を念頭に置きながら検討していく。第1節では，日本における再エネ普及の現状と，再エネ導入と地域経済・地域社会との関係性について論じる。第2節では，下関市における再エネ導入の現状と課題を検討する。

■Ⅰ．再生可能エネルギーと地域経済・地域社会

Ⅰ-Ⅰ．再生可能エネルギー普及の現状

2011（平成23）年8月に「電気事業者による再生可能エネルギー電気の調達に関する特別措置法」が成立した（施行は2012年7月から）。同法では，国が認定した再生可能エネルギー由来の電力を国が定めた価格および期間で，電力会社が買い取ることを義務づけている。いわゆる，固定価格買取（Feed-in Tariff, FIT）制度である。FIT制度によって，エネルギー事業者の投資リスクが軽減され，再エネが導入される制度環境が整えられた。

表8-1は，FIT制度における再エネ発電設備を用いた発電量の買取実績である。いわゆるメガソーラーを中心に，導入量は飛躍的に拡大している。FIT制度が導入された2012（平成24）年から2014（平成26）年までの年平均の再エネの設備容量の伸び率は約33%であり，量的な拡大を「ある程度」達成した

表8－1　固定価格買取制度における再生可能エネルギー発電設備を用いた発電電力量の買取実績について（買取電力量）（万 kWh）

発電形態	平成24年度	平成25年度	平成26年度	平成27年度	FIT制度開始当初からの累積（H28年度８月分までを含む）
太陽光発電（10kW 未満）	232, 068. 3	485, 686. 0	578, 017. 8	648, 628. 4	2, 300, 092. 8
太陽光発電（10kW 以上）	18, 952. 9	425, 466. 9	1, 317, 731. 0	2, 459, 108. 0	5, 886, 525. 2
風力発電設備	274, 171. 2	489, 638. 3	492, 082. 3	523, 259. 9	1, 963, 558. 2
水力発電設備	12, 007. 4	93, 552. 6	107, 277. 2	147, 632. 9	449, 321. 8
地熱発電設備	123. 5	570. 9	608. 1	5, 881. 1	10, 425. 2
バイオマス発電	21, 698. 5	316, 940. 0	364, 438. 0	539, 014. 4	1, 524, 098. 8
合　計	559, 021. 8	1, 811, 854. 7	2, 860, 154. 4	4, 323, 524. 7	12, 134, 022. 0

出所）固定価格買取制度情報公開用ウェブサイト（http://www.fit.go.jp/statistics/public_sp.html）より筆者作成

と評価できる。とはいえ，日本における再エネの年間発電量の割合は 12.6％（2014 年度，大規模水力発電を含む）であり，日本全国での普及がどう展開するかは，電力システム改革も含めて今後の政策のあり方次第だといえる。

1－2．再生可能エネルギーと「社会的受容性」

再エネ設備の設置は，地域社会という具体的な地理的・社会経済的空間において物理的に行われる。それゆえ，再エネ設備の設置をめぐる地域の「社会的受容性」は，重要な検討課題である。

再エネ事業の計画が，立地地域のなかで情報共有されず，地域のなかの合意形成プロセスの場が設定されない（あるいは不十分な）場合，再エネの社会的受容性の程度は低くなるだろう。それは，法的に瑕疵があるかないかとは別次元での，合意形成プロセスの「手続き的正義」にかかわる論点である。再エネ事業は原則営利事業であるので，その利益は当然ながら事業者および関連の契約した主体が得る。しかし，再エネ事業から得られる利益が地域に還元されず，生み出された電力が全量売電される場合は，立地地域において経済面・エネルギー面で便益を得ることが期待できない。その場合も，社会的受容性の程度は低くなる。これは，再エネ事業からもたらされる利益の「分配的正義」にかかわる論点である。こうした「正義」を再エネ導入にあたってどのように配慮するかが，今日鋭く問われている[2)]。

地域の社会的受容性という観点からは，再エネ設備が設置される自治体の役割（情報把握，事業者と地域社会の調整，認定の権限など）を高めることが重要である。こうした制度的課題に関連して，2016（平成28）年FIT法が改正され，「電気事業者による再生可能エネルギー電気の調達に関する特別措置法等の一部を改正する法律」（平成28年5月25日成立・6月3日交付・平成29年4月1日施行）が登場した[3)]。

まず，主な変更点としては，事業開始前の審査に加え，事業実施中の点検・保守や，事業終了後の設備撤去などの遵守を求め，違反時の改善命令・認定取消を可能とした。そして，景観や安全上のトラブルが発生している状況を考慮して，事業者の認定情報を公表する仕組みを設けることも決まった。FIT法改正前は，「事業化検討→事業認定→系統接続」という流れだったが，今回の制度見直しで，「事業化検討→系統接続→事業認定」という流れに変わった。新たな認定基準も追加されている。経済産業省は，新認定基準を踏まえて構造物，電気設備，点検保守などに関する事業計画策定を行うにあたってのガイドラインを整備する。

一連の改正は，事業者と地域社会のトラブルを一定程度抑制する効果をもつだろう。ただし，情報公開の水準は高くないこと，再エネ設備設置自治体が再エネ開発を制御するための権限を得たわけではないことは注記しておきたい。たとえば，通告なしの設備設置を事前に回避するために，「認定要件に立地自治体の同意を得ることを追加する」といった水準の規制は導入されなかった。また，情報公開を進めるとしても，個人情報にはかなり厳格な縛りが残っている。事業者と地域社会の間のトラブルへの対応を意識した制度的改善は確認できるものの，地域の社会的受容性を高めるのに十分な水準には至っていない（山川 2016）[4)]。

I－3．再生可能エネルギーの導入を通じた「地域再生」

再生可能エネルギーの導入を通じて，地域を再生しようとする動きが，日本各地で登場しつつある。こうした「再エネ導入を通じた地域再生」をめぐり，諸富徹は，岡山県西粟倉村のような日本の山村での木質バイオマス発電を念頭に，「エネルギー自治」という概念を提起している（諸富編 2015：18-9）。諸富によれば，エネルギー自治には以下の要素が含まれる。

(1) 自分たちが消費するエネルギーを，地域資源（例：森林）を用いて自ら創り出す。

(2) 上記目的のために，域外の大企業に頼るのではなく，自治体，もしくは地元企業が中心となって地域でエネルギー事業体を創出する。

(3) 域外から購入していた化石燃料を，より安価な地域資源（例：木質バイオマス）に置き換えることで，燃料費を削減，地域の実質所得を上昇させる。

(4) それまでは，「化石燃料支出」として域外に流出していた所得部分を，地域資源である木質バイオマスへの支出に置き換えることで，所得が地域にとどまるようになる。つまり山村所有者や，エネルギーの生産，流通，消費に関わる地元事業者の利潤，雇用者報酬，自治体への税収の形で，地域の実質所得を上昇させる。

(5) 地域資源の活用による燃料生産（薪，チップ，ペレットなど）から，エネルギー（電気・熱）の生産，流通，消費，そして廃棄物（灰）処理のプロセスで，関連産業が地域に発生し，地域に所得と雇用が生み出される。

諸富も指摘するように，これらすべての実現は容易なことではない。地域でエネルギーを生産し事業として成立させるためには，住民や地元企業がリスクを取って事業体を創出しなければならないこと，事業を軌道に乗せるには，技術や経営の両面に精通した人材が必要であること，資金調達面の困難さなどが実現の障壁としてあげられる。日本の金融機関において，再エネを通じた地域再生のような社会的課題への対応は途上である。

しかしながら，「エネルギー自治」の取り組みが，日本でも登場し始めていることは，やはり注目に値する。上述の(1)～(5)と重なるところもあるが，続けて，再エネが地域の再生に寄与すると期待されている効果について整理する（諸富編 2015：26-28）。

(1)　移入代替効果：再エネを導入することによって電力や熱を自給できるようになると，これまで地域外から購入していた燃料費や電気代を節約でき，その分，地域に残る資金が増える効果。

(2)　波及効果：再エネを生産するための原材料や労働や資本を地域内で調達することができれば，産業連関を通じて雇用が増え，所得が地域内に循環する効果。

(3)　移出産業効果：地域内では余剰となる再エネを地域外に販売することによって，域外マネーを獲得することができる効果。

(4)　主体形成効果：地域の住民や事業者や自治体が，地域の資源を適切に評価し，学習と協働によって事業ノウハウを構築していくことで，地域資源の総合的管理能力が高まることが期待される効果。

たとえば，岡山県真庭市でのバイオマス利活用による移入代替効果（石油代替効果）と CO_2 の削減の試算を見てみる。そこでは，バイオマス利用量が約43,000t／年，平均12,000円／tと想定し，５億円の地産地消としている。また，原油代替量が約16,000kL／年，灯油を90円／Lと想定し，約14億円に相当するとしている。さらに，CO_2 削減量約40,000t／年を達成している。バイオマスの利活用によって，域外に流出していたマネーを19億円／年相当，地域内経済循環へ戻すことになり，経済効果は約19億円（５億円の地産と14億円の代替）とされている[5)]。こうした自給率の向上が地域経済に与える正の経済効果は大きい。真庭市における再エネ導入の効果は，経済効果にとどまらず，まちづくりや，主体形成にも及んでいる点が注目される。再エネは，まさに地域社会における「ソーシャル・イノベーション」のきっかけと材料を提供しているのである[6)]。

以上を踏まえ，地域社会での「エネルギー自治」あるいは「再エネ導入を通じた地域再生」を評価するポイントは，①再エネ導入によってもたらされる地域社会の「経済効果」，「環境・エネルギー効果」，「社会関係資本蓄積効果」の大きさ，② これら効果を引き出すための政策の適切性・妥当性，と整理しておく。「経済効果」の中身は上述の通りだが，「環境・エネルギー効果」は，再エネの導入を通じた地域の低炭素化など環境面の効果を，「社会関係資本蓄積効果」は導入を通じたコミュニティの維持・再生などネットワーク面の効果を，それぞれイメージしている。加えて，個別の導入事例をみていくにあたっては，① 再エネ導入の便益が地域社会にどう分配されているか，② 導入をめぐる手続きに地域社会はどう参画できているか，これらが参照すべき基準となろう。

■ 2．下関市における再生可能エネルギー

本節では，再エネと地域経済・地域社会に関するこれまでの議論を踏まえながら，下関市における再エネ導入の現状を把握する。それとともに，下関市安岡沖での洋上風力発電をめぐるトラブルにも言及する。

2-1．下関市における再生可能エネルギー導入の実態

『永続地帯 2015 年度報告書』（http://www.isep.or.jp/library/9330）によると，山口県（人口約 143 万人，面積 6,125km^2）は，総供給量が 8,175TJ（2013 年は 5,394TJ）で全国 30 位（2013 年は 26 位）である。全国的なトレンド同様，山口県においても再エネの導入量は拡大しており，とりわけ風力発電，バイオマス発電のランクはそれぞれ高いスコアを示している（表8-2）。

続けて，下関市における再エネ導入状況である。表8-3は，資源エネルギー庁の FIT 制度に関する統計資料をもとに，エネルギー源別に下関の再生可能エネルギーの導入件数と導入容量をまとめたものである[7)]。

また，表8-4は，主として下関市有の施設における再生可能エネルギーの導入状況の一覧である。山口県内では，大規模な木質バイオマス発電施設を有する岩国市に次ぐ，導入の程度である。エネルギー源別や人口規模，産業構造などの観点から他の自治体と比較・検討し，この統計にいかなる意味づけがで

表８－２　山口県の再生可能エネルギー供給状況（2014年）

エネルギー種	年間供給量（TJ）	供給量ランク	再エネ自給率ランク
1　太陽光発電	4,181	29	19
2　風力発電	1,673	10	8
3　地熱発電	0	12	12
4　小水力発電	972	35	29
5　バイオマス発電	559	12	8
6　太陽光発電	670	20	7
7　地熱利用	30	40	35
8　バイオマス熱利用	73	33	30
合計（供給量）	8,175	30	※自給率は9.06％

出所）『永続地帯 2015 年度報告書』，山口県のページより筆者作成

表８－３　下関市の再生可能エネルギー導入状況

	太陽光発電設備						
	10kW未満	10kW以上					
			うち50kW未満	うち50kW以上500kW未満	うち500kW以上1,000kW未満	うち1,000kW以上2,000kW未満	うち2,000kW以上
導入件数(新規認定設備)(件)	1,630	862	802	25	17	17	1
導入件数(移行認定件数)(件)	2,913	20	20	0	0	0	0
導入容量(新規認定設備)(kW)	7,223	65,200	19,541	6,099	12,375	22,485	4,700
導入容量(移行認定設備)(kW)	11,502	380	380	0	0	0	0

	風力発電設備			水力発電設備						地熱発電設備	
	20kW未満	20kW以上	うち洋上風力	200kW未満	うち特定水力	200kW以上1,000kW未満	うち特定水力	1,000kW以上30,000kW未満	うち特定水力	15,000kW未満	15,000kW以上
導入件数(新規認定設備)(件)	0	0	0	0	0	0	0	0	0	0	0
導入件数(移行認定件数)(件)	0	3	0	0	0	0	0	0	0	0	0
導入容量(新規認定設備)(kW)	0	0	0	0	0	0	0	0	0	0	0
導入容量(移行認定設備)(kW)	0	95,000	0	0	0	0	0	0	0	0	0

	バイオマス発電設備						合計
	メタン発酵ガス	未利用木質		一般木質・農作物残さ	建設廃材	一般廃棄物・木質以外	
		2,000kW未満	2,000kW以上				
導入件数(新規認定設備)(件)	1	0	0	0	0	0	2,493
導入件数(移行認定件数)(件)	0	0	0	0	0	1	2,937
導入容量(新規認定設備)(kW)	25	0	0	0	0	0	72,448
導入容量(移行認定設備)(kW)	0	0	0	0	0	1,590	108,472

注）バイオマス発電設備については，バイオマス比率を考慮したものを合計
出所）固定価格買取制度情報公開用ウェブサイト（http://www.fit.go.jp/statistics/public_sp.html）より筆者作成

きるかを考察することは重要だが，本章の課題とはしない。

表8-4　下関市における再生可能エネルギーの導入状況（市有施設）

○太陽光発電設備

設置年度	設置施設名（市有施設）	発電出力（kW）	設置年度	設置施設名（市有施設）	発電出力（kW）
H11	宇賀小学校	20.0	H22	下関市リサイクルプラザ（管理棟）	10.0
H11	土井ヶ浜海水浴場公衆便所Ａ棟（北棟）【故障中】	4.0	H25	ふくふくこども館	15.0
H11	土井ヶ浜海水浴場公衆便所Ｂ棟（南棟）	4.0	H25	豊北総合支所	5.0
H11	牧崎公衆トイレ【故障中】	4.4	H25	消防局・中央消防署合同庁舎	10.0
H12	小月公民館	16.0	H26	本庁舎新館	10.0
H14	巌流島地区緑地便所	3.5	H26	勝山公民館	11.3
H14	角島博物館展示施設【故障中】	10.0	H27	下関市立川棚こども園	29.8
H15	下関市リサイクルプラザ（処理棟）	10.0	H27	下関市菊川ふれあい会館	10.1
H16	赤田海水浴場トイレ	2.0	H27	本庁舎新館（４階レストスペース庇）	4.7
H17	豊北中学校	20.0	H27	豊田総合支所	5.0
H22	豊田ホタルの里ミュージアム	15.0	合　計		219.8

○小型風力発電設備

設置年度	設置施設名（市有施設）	発電出力（kW）
H27	下関市菊川ふれあい会館	0.2

○廃棄物発電設備

設置年度	設置施設名（市有施設）	発電出力（kW）
H25	下関市奥山工場発電所	3,180.0
H27	下関市奥山工場発電所（第３号タービン）	3,600.0

○廃棄物熱利用設備

設置年度	設置施設名（市有施設）	備考
H5	下関市ふれあい健康ランド	高温水管破損のため温浴施設閉鎖中

○地中熱空調設備

設置年度	設置施設名（市有施設）	備考
H17	豊北中学校	冷却能力 154kW-2 台，加熱能力 135kW-2 台

○風力発電（※風力発電のみ，非市有施設）

設置者	稼働年月	定格出力（kW）	基数	総出力（kW）	メーカー	用途
CEF 豊北ウィンドファーム㈱	2007年１月	2,500	7	17,500	GE Wind Energy	売電事業
		1,500	5	7,500		
豊浦風力発電㈱	2007年２月	2,000	10	20,000	Enercon	売電事業
CEF 白滝山ウィンドファーム㈱	2008年３月	2,500	8	20,000	GE Wind Energy	売電事業
	2011年３月	2,500	12	30,000	GE Wind Energy	売電事業
合　計			42	95,000	—	

（参考資料：日本における風力発電設備・導入実績 2015 年３月末現在（NEDO））

出所）再生可能エネルギーの導入状況などの調査（平成 28 年４月 山口県環境生活部環境政策課実施）の下関市回答から抜粋

2-2．下関市安岡沖洋上風力発電をめぐって

下関市で再エネといえば，下関市安岡沖風力発電をめぐる事業者と地域住民のトラブルが有名になってしまった。2009（平成21）年，あるゼネコン（本社東京）は下関市安岡の沖合に，国内最大規模の洋上風力発電20基（6万キロワット）の建設に着手しようとした。外部資本による再エネ導入の典型事例だが，地元住民からの反対運動が継続しており，いまだ発電に至っていない。その経緯は，表8-5にまとめてある。

2016（平成28）年度第5回下関市環境審議会（11月30日）における資料によると，事業者設置場所，水質に与える影響，低周波音，騒音，景観，電波障害などについて，市役所側と事業者側の意見が対比・検討されている。その詳細に踏み込むことはしないが，ここでは，住民側から事業者への不満は解消されていないこと，次期市長選の政治的争点にまでなっている点を確認しておく。表8-5にあるように，事業者と住民の溝は深く，ついには，風力発電反対運動署名は12月1日段階で10万筆を超えている。事業の実施過程での手続き的・分配的正義への配慮が十分でなかったため（制度的にも欠落していたため），地域の社会的受容性は低いまま推移し，地域住民と事業者の関係がこじれてしまっている[8)]。

こうした状況は，下関という地域社会，ひいては日本全体にとって望ましいものではない。経済効果，環境・エネルギー効果，社会関係資本蓄積効果のいずれも期待できず，訴訟費用などさまざまな取引費用がかさむとともに，再エネ自体への理解も低下していくだろう。もっとも，反対運動を通じて地域の社会関係資本は蓄積されていったかもしれないが，それは，再エネ導入の効果として想定されたものとは異なる。サステイナブルな社会に向けた新しいエネルギーインフラの整備こそ重要であり，その整備が進むには，導入にあたっての地域の社会的受容性が高まることが必要不可欠である。

安岡沖の事例が，全国の風力発電，再エネ導入の反面教師となり，地域の社会的受容性を高めることを意識した制度設計についての議論が盛り上がる必要がある。

表8－5　下関市安岡沖風力発電反対運動の経緯

年　月	事業者の動き	地域住民の動き
2009年	基本調査開始	
2011～2012年	風況調査，海底地質調査	
2013年	環境影響評価方法書の手続開始	山口県漁協下関ひびき支店で「風車建設に同意」決議
2013年９月	環境影響調査方法書の審査終了（経済産業省より勧告通知）	
2013年10月		「安岡沖洋上風力発電建設に反対する会」立ち上げ
2013年９～12月	環境影響評価方法書の調査方法見直し	
2013年12月～	環境影響調査開始	
2014年３月		下関市議会経済委員会が洋上風力に反対する地元住民らの請願を全会一致で採択
2014年６月	風車と民家の距離を800mから1.5kmへ，風車の数を20～15基から15基へ，環境影響評価方法書の計画案を変更	安岡沖洋上風力発電建設に反対する会の呼びかけで500人規模のデモ行進
2014年７月		安岡自治会連合会が風力発電建設に反対する決議書を事業者に提出
2015年４月	住民の調査妨害により測定機器が破損したなどとして反対する住民４名を器物損壊で告訴	
2015年５～７月	環境影響調査実施（潜水調査・ボーリング調査を含む）	
2016年１月		山口県漁協下関ひびき支店の運営委員４人が山口地裁下関支部に潜水調査とボーリング調査の差し止めを求めた申し立てが却下
2016年10月		1200人規模のデモ行進
2016年12月		12月１日現在，反対署名数が10万筆を突破（10,0191筆）

出所）山口新聞，下関市安岡沖風力プロジェクトホームページ，山口県下関市安岡沖洋上風力発電建設に反対する会ホームページ・Facebook ページを参考に入江太基氏（下関市立大学山川俊和ゼミ所属）作成

■おわりに

最後にいくつかの課題を指摘しておきたい。第１に，下関市における再エネ導入の実態把握はまだ途上であり，導入ポテンシャルとの兼ね合いも含め，下関市内の再エネの現状と今後の発展可能性を把握する努力が必要であること。第２に，下関市の再エネに関する政策的，戦略的ヴィジョンの検討が必要であ

ること。とりわけ，再エネ導入を通じたまちづくり，地域再生のための計画を戦略的に策定していくことが必要であろう。

統計から確認できる下関市の再エネの姿には，まだこれといった特徴がないようにみえる。また，他の市町村で活発化している，再エネ導入を通じて地域経済・社会を盛り上げようとする取り組みも活性化していないように思われる。地域のサステイナブルな発展のためには，地域資源の有効活用が必要不可欠であることを改めて確認しておきたい。そして，文化資源のストックに優れた下関市が環境・エネルギー分野でも日本の地域発展をリードするような政策転換を期待したい。

注

1）再生可能エネルギーとは，非枯渇性のエネルギーであり，主に太陽光，太陽熱，（中・小）水力，風力，地熱，潮力，バイオマスなどを指す。一定期間に供給されるエネルギーは限定されるが，半永久的に利用できる特徴がある。もう一点，「設備容量」と「発電量」について言及しておく。設備容量とは，発電機が1時間に発電できる電気の量を意味し，kW（キロ・ワット）の単位で測られる。ただし，太陽光発電については，太陽光の強さや気温などによって発電できる電気の量が変わる。このため，標準的な条件を定めて設備容量を測り，kWp（キロ・ワット・ピーク）の単位で示す。もうひとつの「発電量」という指標について述べる。発電量とは，発電機が一定時間の間に実際に発電する電気の量を意味し，kWh（キロ・ワット時）の単位で測られる。通常は，1年間に発電する電気の量が基準となる。たとえば，1kW の設備容量をもつ発電機が1年間フル稼働（設備利用率100％）すると，1kW×100％×24時間×365日で8,760kWh の発電量となる（寺西ほか編 2013：18-9）。

2）社会的受容性については，丸山（2014），山川（2016）を参照。

3）「再生可能エネルギーの導入促進に係る制度改革について」（平成28年6月，資源エネルギー庁）。以下の記述における制度面の内容は，この資料および山川（2016）に基づいている。

4）この改正は太陽光発電の駆け込み申請を促しており，地域社会におけるトラブルがおきやすい状況になっていないかを注視する必要がある。

5）真庭市における木質バイオマスエネルギー自給率は，およそ11.6％（2012年度調査）である。ここでの「エネルギー自給率」とは，①工場等の産業で使用するエネルギー（産業部門），②市民が生活で使用するエネルギー（民生部門），③自動車等生活，産業で使用の車両の燃料（運輸部門）に区分して算定し，真庭地域のエネルギー消費量を，真庭地域で生成した木質バイオマスからのエネルギーで賄っている割合を意味している。

6）こうした再エネの導入の効果については，山川（2014）を参照。地域における「イノベーション」という視点から再エネ導入を議論したものとして，諸富編（2015）の佐無田光による第1章を参照。

7）「新規認定」とは，FIT 制度開始後に新たに認定をうけた設備を指す。「移行認定」とは，再エネ特措法施行規則第2条に規定されている，法の施行の日においてすでに発電を開始していた設備，もしくは，法附則第6条第1項に定める特例太陽光発電設備（太陽光発電の余剰電力買取制度の下で買取対象となっていた設備）が，FIT 制度開始後に移行した設備を指す。

8）風力発電をめぐる「手続き的正義」については，2011 年の環境影響評価法の改正が重要である。この改正により，風力発電所は法対象事業とされ，風力発電の建設に際して適用される環境アセスメント手続きを通じて，環境配慮が組み込まれる仕組みが実施されている。以前の環境影響評価法からの主な変更点として，① 対象事業への最初の手続きとして「配慮書」が課されるようになったこと，② 公式に建設前段階に住民参加の場が設けられたことが挙げられる（田中 2016）。

引用・参考文献

田中充「再生可能エネルギーへの環境アセスメントの適用―風力発電所建設を例として」『社会志林』62(4)，2016 年：95-116

寺西俊一・石田信隆・山下英俊編『ドイツに学ぶ地域からのエネルギー転換―再生可能エネルギーと地域の自立』家の光協会，2013 年

丸山康司『再生可能エネルギーの社会化―社会的受容性から問い直す』有斐閣，2014 年

諸冨徹編『再生可能エネルギーと地域再生』日本評論社，2015 年

山川俊和「日本における『地域からのエネルギー転換』の現状と課題―地域内経済循環の論点を中心に」『関門地域研究』23，2014 年：1-14

―――「再生可能エネルギーの導入をめぐる事業者と地域社会―『エネルギー自治』を支える制度面の課題の検討を中心に」『都市とガバナンス』26，2016 年：72-80

第9章

関門鯨産業文化史と鯨のまちの課題・展望

岸本　充弘

■はじめに

近年，日本における捕鯨を取り巻く状況は厳しさを増している。2014（平成26）年3月31日に出されたわが国の南極海鯨類捕獲調査に対する国際司法裁判所（ICJ）の判決[1)]からすでに3年が経過したが，商業捕鯨再開へ向けての関係者の苦悩は続いている。この判決を受けて，水産庁から新たに「新南極海鯨類科学調査計画[2)]（NEWREP-A）が発表され，新計画での鯨類科学調査が平成27年度から実施されており，現在第2次調査が行われている。また，2015（平成27）年5月には，和歌山県太地町[3)]で行われているイルカの追い込み漁が動物虐待であるとして，日本動物園水族館協会（JAZA）に対し，国際動物園水族館協会（WAZA）が会員資格を停止するという事態[4)]が発生した。その決定に至る不明瞭な経過などには首をかしげたくなるばかりだが，鯨や捕鯨を取り巻く正しい情報を発信する必要性を感じているのは私だけではないと思う。

四方を海に囲まれ，古来より海の恵みとしての鯨を利用し，わが国の伝統・文化として受け継いできた捕鯨そのものが厳しい状況におかれている今，今後も水産資源として鯨を持続的に利用していこうとする日本政府の動向を，捕鯨関係者だけではなく固唾を飲んで見守っている多くの自治体がある。それは，現在も調査捕鯨基地のひとつであり「日本一のくじらのまち」を目指す下関市はもちろん，古式捕鯨の網捕り式捕鯨発祥地である和歌山県太地町や，太地町が事務局を務める「捕鯨を守る全国自治体連絡協議会[5)]」加盟の，鯨に縁のある全国の市町村である。とくに，古代から鯨と深く関わり，近代捕鯨発祥地として，また戦前，戦後を通じて南氷洋捕鯨基地や鯨肉の加工・流通基地として発展してきた下関市が，日本一のブランドを誇る「ふく」とともに重要な水産物ブランドのひとつである鯨は今後どうなるのだろうか。

懐かしい過去のものとしてではなく，現在進行形である鯨を語るにはここで鯨を取り巻く歴史を紐解く必要がある。とくに，関門海峡を挟んだ下関，北九州，いわゆる関門地域は，近代捕鯨以降「鯨のまち」として発展してきた経緯がある。それは，古式捕鯨から現在に至るまで「鯨のまち」として発展してきた和歌山県太地町や山口県長門市，長崎県生月町など，他の伝統的鯨地域とは少し異なる「近代捕鯨産業のまち」なのである。本章では，その経緯を対岸の福岡県北九州市や福岡市・博多の北部九州まで広げながら辿ることとする。さらに，鯨の街としての課題と展望について触れながら，鯨が将来に続くための方策を検証したいと考えている。

■ 1．関門鯨産業文化史を辿る

1－1．下関と鯨の関わり

下関と鯨の関わりは，縄文・弥生時代まで遡る。今から約２千年前の遺跡と推定されている，弥生時代中期の吉母浜遺跡より出土した，鯨骨製のアワビオコシにみられるように，寄り鯨や流れ鯨など海岸に漂着した鯨の肉や油，骨などを当時から利用していたと推測される。また，平家物語の巻十一，壇ノ浦の合戦にもイルカが登場することから，中世の下関でも鯨との関わりがあったことがうかがえる。16世紀に入り下関地域では，豊浦郡豊北町（現・下関市豊北町）の角島（写真9－1）周辺で，肥前国からの一部入漁方式による古式捕鯨が行われた形跡[6)]があるが，長州捕鯨の本拠地であった長門の通，油谷の川尻と比較すれば小規模なものであったと推察される。

下関の鯨のまちとしての拠点性は長州捕鯨を背景とし，北前船の中継地として江戸期に形成され発展された中継業を中心としたものに代表され，その流通基地機能が明治期に受け継がれていく。西の浪速とよばれていた下関には400軒を超える問屋があり，そのなかには肥前生月島の鯨組・益富組[7)]の，現在でいう営業所も置かれていた。また，長州から薩摩に肥料として鯨骨が送られていた記録もあり，このことは長州捕鯨の鯨肉・鯨油だけではなく，西海捕鯨の鯨肉・鯨油も下関で取り扱われており，北前船を経由し関西，北陸，九州など広域的な鯨製品の取引を行っていたことの裏付けとなっている。

1899（明治32）年，わが国初めての近代式（ノルウェー式）捕鯨会社である日本遠洋漁業株式会社が山口県長門市に設立[8]された。本社を長門，下関には営業拠点と倉庫を兼ねた出張所が置かれ，そのことを根拠に長門と下関，いわゆる山口県がわが国における近代式（ノルウェー式）捕鯨発祥地であると対外的に発信している。1880年代にはロシアの太平洋漁業株式会社が日本海でノルウェー式捕鯨を行っており，1896（明治29）年には長崎に鯨肉が陸揚げされ，同時に長崎では遠洋捕鯨株式会社[9]が興されている。この会社は，日本遠洋漁業株式会社に先行し日本海で試験操業を実施しており，時期的な発祥という意味では長崎が先行していたこととなるが，遠洋捕鯨株式会社の漁が不調に終わり，会社自体が解散に追い込まれていく。この時期福岡などでもノルウェー式捕鯨会社が相次いで興され，その後，後発の日本遠洋漁業株式会社が捕鯨を事業として軌道に乗せることができたが，この背景には明治新政府の要職を占めていた長州閥による資金援助など[10]があったともいわれている。

日本遠洋漁業株式会社の下関出張所はその後，東洋漁業株式会社本社，1909（明治42）年には東洋捕鯨下関支店（写真9-2）となり，さらに日本捕鯨株式会社，後の日本水産株式会社へと引き継がれる。当時下関が鯨の営業拠点となりえたのは，江戸期に下関の問屋を中心とした中継業の存在があり，鯨という特

写真9-1　角島・鯨墓

出所）下関市提供

写真9-2　東洋捕鯨下関支店

出所）下関市提供

殊な商品を取り扱っていた問屋のノウハウと流通ルートがあったことがその背景にあったと考えられる。

近代捕鯨発祥地としてその営業拠点機能を担っていた下関であるが，東洋捕鯨から日本捕鯨に移行後，当時下関にあった日本水産株式会社の前身である共同漁業株式会社が1929（昭和4）年に対岸の戸畑市（現・北九州市戸畑区）に移転する[11)]。この移転は，トロール基地でもあった下関の漁港改築に絡み，現在のマルハニチロ株式会社の前身である林兼商店と共同漁業の改修に関する考え方の相違に加え，改修に関して林兼商店側の意見が採用されたためであるといわれているが，背後地の狭い下関に見切りをつけて新しい移転場所を探していた当時の共同漁業と，当時埋立地への積極的な誘致を繰り広げていた戸畑市との思惑が一致したものとの見方もある。

一方，兵庫県の明石から下関に本拠地を移し，朝鮮通漁により財を成し林兼商店（写真9-3）の創業者である中部幾次郎[12)]は，1922（大正11）年に土佐捕鯨を買収し近海捕鯨に乗り出す。その後，1936（昭和11）年に大洋捕鯨を設立し南氷洋捕鯨に進出するが，林兼商店（後の大洋漁業）は1949（昭和24）年まで下関に本社を置き，日本の3大捕鯨会社の筆頭として，また日本で最大の水産会社として事業の拡大を図っていく。

南氷洋捕鯨の基地でもあった下関[13)]では戦後，大洋漁業の関連会社10社以上が本社および工場を設置し，とくに大洋漁業の造船部門を担っていた林兼造船（写真9-4）では40隻を超える捕鯨船や仲積船の建造から修繕などを行っていた。また，傍系会社であり㊩ブランドの製品を製造していた林兼産業（写真9-5）では，大阪以西の西日本をエリアとして鯨肉を使ったハム・ソーセージや缶詰などを下関工場で製造するなど，流通・加工や関連産業などに至るまで大洋漁業の企業城下町として下関は発展する。昭和30年代の後半には南氷洋捕鯨で生産された冷凍鯨肉の20%，量にして約2万トンが下関に陸揚げされ，下関における食料品出荷額の約3割，約50億円を鯨製品が占めるという名実ともに下関は鯨のまちであった。その象徴でもある大洋漁業の旧本社ビルは，JR下関駅西口前に現存していたが，マルハ下関総務課やテナント撤退後，老

写真９－３
林兼商店社屋
出所）下関市提供

写真９－４　林兼造船
出所）下関市提供

写真９－５　林兼産業と鯨のネオンサイン
出所）下関市提供

朽化に伴い2010（平成22）年に解体撤去された。この本社ビルはマルハの象徴のみならず，下関の水産都市として，また，くじらのまちとしての象徴でもあっただけに，関係者に惜しまれながの解体となってしまった。

Ⅰ－２．北九州と鯨の関わり

一方，下関の対岸にある北九州と鯨の関わりは実に３千万年前に遡る。現在の福岡県北九州市若松区，八幡西区から下関市に至る地層の芦屋層群[14]では「ヤマトクジラ」の化石が見つかっている。また北九州市内の遺跡より鯨の骨が多数見つかっていることから，下関と同様に北九州でも寄り鯨や流れ鯨を利用していたと推測される。しかし，北九州では単調な海岸線が多かったため，鯨を追い込む入り江が少なく，旧筑前・豊前で古式捕鯨が行われていたのは筑前大島（現・宗像市大島）と小呂島（現・福岡市小呂島）だけであった。それではなぜ北九州が江戸期からの鯨のまちであったのか。その背景のひとつには芦屋[15]の存在がある。現在北九州市に隣接している芦屋町では，江戸期に遠賀川の河口に桟橋を掛けた港が設置され，福岡における水軍の基地のひとつでもあった。また，当時から博多，小倉と並ぶ３大市場があり，西海捕鯨や長州捕鯨の鯨肉が芦屋の市場に運ばれて売り捌かれ，今の芦屋からは想像ができないほどのまちのにぎわいを呈していた。現在それらの街並みは，遠賀川の河川改修により川底に消え，繁栄の面影は遠賀川の両岸にわずかに残る問屋の建物だけになってしまっている。一方，当時の福岡藩はこの遠賀川の水運を利用して筑豊地域に害虫駆除用の鯨油を流通させていた。これに関連して芦屋町の隣，遠賀川沿いの水巻町は，鯨油による害虫駆除のわが国発祥の地であり，1670（寛文10）年蔵富吉右衛門により注油駆除法が発見されたとしてその功績が顕彰[16]されている。

また，近代以降明治期に入り，小倉町（現・北九州市小倉北区）で銃式の捕鯨用具製作を行った記録[17]があるが，北九州が名実ともに鯨のまちとして発展するのは，共同漁業が1929年に下関市から戸畑市（現・北九州市戸畑区）に移転したことが契機となった。私は以前，1935（昭和10）年当時の戸畑工場長の令嬢に聞き取り調査を行ったことがある。当時小学生であった令嬢は，父親が鯨肉加工品（塩干品）を毎晩遅くまで試作していたことを鮮明に覚えておられた。この当時，鯨の加工品を生産していたことは戸畑市史にわずかな記述で出てくるものの，日本水産の社史にも出ていない。

戸畑は戦前，戦後を通じて日本水産（写真9-6）のトロール基地としてまた，加工品のハム・ソーセージ工場や関連企業とともに日本水産の国内主要拠点地となる。とくに戸畑といえばトロール基地のイメージがあるが，戦後戸畑に配船されたトロール船は，南氷洋や北洋捕鯨に探鯨船や鯨肉の運搬船としても使われており[18]，戸畑に多くの鯨肉が陸揚げされていた。昭和30年代には鯨肉を原料としたハム・ソーセージなども生産されており，日水戸畑工場は，国内の鯨肉流通・加工拠点地のひとつとして関連産業とともに北九州の水産・加工業を支えていた。

それではなぜ北九州が戦前・戦後を通じて鯨産業の拠点地[19]であったのか。その背景には，近代産業を支えた北九州地域の多くの労働者の存在がある。1901（明治34）年に北九州・八幡に開設された官営八幡製鐵所は筑豊炭田を背景に，国内の鋼材生産量の約3割を占めるわが国近代産業の拠点であった。また，門司港，若松など石炭の積み出し港を擁していた北九州地域には，筑豊の炭鉱労働者，製鐵所構内作業員，港湾労働者など多くの労働者が存在していた。これらの労働者は，環境がお世辞にも良いとはいえない危険な場所で重労働を行うが故に，多くの蛋白源と塩分を必要としていた。これを同時に満たす食材が塩

写真9-6　旧日本水産
戸畑支社

写真9-7　旦過市場の鯨肉専門店

鯨であった。当時は戸畑に揚がる鯨肉だけではまかないきれず，博多や下関から鯨肉を輸送し調達していたという。現在でも北九州では塩鯨が製造され，小倉の旦過市場では鯨肉専門店も健在（写真9-7）で，筑豊地域の魚屋では，細々とではあるが塩鯨が販売されている。また，福岡県の田川地域では塩鯨を炊き込んだ「鯨めし」なるものもあった。北九州・筑豊地域でも遠賀川の川筋にあたる市町村では神事などに鯨の尾羽毛が使われていたところもあり，川渡り御神幸祭の折などは北九州から大量の尾羽毛をトラックに積んで運んでいたという。北九州地域の方々にとって鯨は，戦後の食糧難の蛋白源としてだけではなく，労働者の貴重な蛋白源であり，生活・文化に鯨が深く関わっていたのである。

I-3．下関，博多と鯨の関わり[20]

古来より海に開けた国際都市であり商都であった福岡・博多では，歴史的にも文化的にも鯨との関わりが深く，中世より小型のイルカ漁が行われた形跡もある。江戸期には西海捕鯨と長州捕鯨の中間点であった商都としての特性を生かし，鯨肉，鯨油の集積基地の役割を果たしていた。これには，当時の黒田藩が鯨への高い商品価値認識と，収益性の高い事業であると認識し，捕鯨を藩として後押ししていたことがうかがえる。また，福岡・博多は，昭和初期から戦前にかけて鯨における流通・加工の拠点地のひとつであり，南氷洋捕鯨基地で，大洋漁業の企業城下町でもあった下関，日本水産の拠点であった北九州の，いわゆる関門地域とともにその一端として鯨産業を担っていた都市である。福岡・博多の代表的な料理である筑前煮や博多山笠にもかつては鯨が使われ，今では福岡・博多の名産品である辛子明太子の業者も，かつては多くが鯨屋であったという。現在でも柳橋連合市場のなかに鯨専門店（写真9−8）が営業しており，福岡・博多は鯨の中継地，流通基地だけではなく，消費地でもあったわけであるが，その背景には，福岡藩の庇護のもと，現在の福岡，佐賀，長崎沖を主要漁場とした西海捕鯨の存在と，当時の福岡・博多の商都としての機能が，くじらのまち福岡・博多の基盤を確固たるものにしていた。これを当時の長州捕鯨の流通基地であった下関からみた場合，長州捕鯨で捕獲された鯨肉が，下関だけではなく福岡・博多に運ばれており，博多が下関以上に鯨肉需要の多い場所でもあったことが背景にある。加えて，福岡・博多への鯨肉供給基地のひとつが下関であったことになり，福岡・博多と下関が，鯨の中継基地であり消費地である以外に，両地域が鯨肉の供給を相互に補完しあう形態の鯨産業都市であったといえる。一方，下関には江戸期に日本最大の鯨組であった益富組の，現在でいう営業所が置かれており，西海捕鯨の中心的な役割を果た

写真9−8　柳橋連合市場の鯨専門店

した鯨組が，長州捕鯨の流通基地に営業所を置くほどの重要拠点を下関が果たしていたことになる。また江戸時代後期には，封建制の象徴であった各諸藩の既存エリアを越えて鯨肉などの流通が活発に行われており，そのこと自体が，すでに封建制度自体の終焉の兆しにあったことになる。

明治期に入り，当時わが国最大の規模を誇った東洋捕鯨の支店が下関に，出張所が福岡・博多に置かれたことも，近代以降両都市が鯨の中継基地として発展していたことを裏付けるものであると考えられる。戦後，下関は南氷洋捕鯨基地としてまた，以西底びきの国内有数の基地として発展し，1966（昭和41）年には下関漁港が日本一の水揚げを誇ったが，背後地の狭さ，関門海峡の潮流などによる港を取り巻く環境の悪さに加え，水産資源の減少，魚価の低迷，鯨や魚を取り巻く国際状況の悪化などが追い討ちをかけ，水産都市としての衰退に歯止めがかからない状況となっていった。一方，早くから都市開発に着手していた福岡・博多は，港湾機能などを中心とした国際物流都市，また九州随一の商業都市として発展を続け，九州一の都市集積力を誇る大都市に発展した。下関にあった流通基地機能も次第に老朽化し，その更新をする際，大都市であった福岡・博多に多くの機能が移転することとなる。これらの歴史的な背景としてみえてきたのは，西海捕鯨と長州捕鯨を通じて形成されていた，現在の山口県から福岡県に至る鯨の広域的な流通ルートの存在であった。福岡・博多と下関という流通拠点の補完性が，近代以降も一定の機能を果たしていたことは注目できる点である。

Ⅰ-４．関門は国内有数の鯨産業エリア

これら歴史的経緯をみていくと，江戸期における古式捕鯨の鯨肉・鯨油などの中継地であった下関を発祥地とする，かつての３大捕鯨会社である大洋漁業と日本水産は，関門地域を拠点として大きくなった会社といえる。1929年に戸畑に日本水産が移転後は，下関は大洋漁業の，北九州は日本水産の企業城下町として発展していったといっても過言ではない。近代以降，関門海峡を挟んだ両岸の都市に，鯨の大手水産会社が各々本拠地を置き，水産の主要事業であ

写真９−９　みなと祭りの鯨の山車

出所）下関市提供

写真９−10　鯨館

出所）下関市提供

った鯨関連産業などとともにまちが発展したという，「鯨産業都市」ともいえる事例は国内では見当たらない。しかも鯨肉需要の背景として，北九州地域の港湾労働者，八幡製鐵所の構内作業員，筑豊炭鉱の炭鉱労働者の存在があり，下関も北九州地域の主要な鯨肉供給基地としての役割も担っていた。戦後の食糧難の時代を除けば，日本国内での鯨肉需要の旺盛な地域は，元々古式捕鯨が行われていた地域が中心であった。とくに近代以降引き続き小型の近海・沿岸捕鯨などが行われている和歌山県の太地町や宮城県の鮎川町（現・石巻市），長崎県の生月町や五島など，ある程度限られた地域内での鯨の消費と根付いている鯨食文化が中心である。それに対して，北九州のような都市部の労働者を中心とした鯨肉の大量消費地は国内ではほとんど無い。これから推察すると，北九州地域の鯨文化は，労働者を中心とした都市文化でもあるといえるのではないだろうか。関門地域にとって鯨は，産業でもあり都市文化で（写真９−９，写真９−10）あると考えられるのである。

■２．くじらの街の課題と展望

２−１．取り組みと現状

捕鯨を取り巻く状況が現在ほど深刻化する以前，2002（平成14）年以降，伝統的な捕鯨文化を受け継いでいる和歌山県太地町，北海道網走市，宮城県鮎川町（現・石巻市）以外で，まちおこしの起爆剤にと，鯨に関する施策に積極的に取り組む釧路市，函館市，横浜市，長崎市などの事例がみられるようになっ

写真9-11　下関港を出港する「日新丸」

た。そのひとつのきっかけとなったのが，日本国内各地域の捕鯨文化を掘り起こし，再検証しようという趣旨で2002年から日本鯨類研究所と地方自治体の共催で開催された，「日本伝統捕鯨地域サミット」であった。このサミットは，第1回が山口県長門市で開催され，その後，長崎県生月町，高知県室戸市，山口県下関市，和歌山県太地町と持ち回りで開催され，その後，捕鯨を守る全国自治体連絡協議会と開催市町村共催の「全国鯨フォーラム」に引き継がれた。その背景のひとつには，近年の東京一極集中と地方自治体の人口減少，過疎化，さらに各地の水産業の低迷があった。そこで目をつけられたのが，各地の伝統的な小型沿岸捕鯨や，南極海，北西太平洋での調査捕鯨で捕獲されていた鯨であった。このなかで，各地に残る鯨の食を含む伝統文化の掘り起こしとともに，近年の冷凍技術の進歩で，かつての硬い，臭いのイメージがあった鯨肉はおいしい食材へと変わった。また海の汚染のほとんど無い南極海で捕獲されるクリーンな鯨肉は，食物アレルギーをおこさない医療用食材として認知され，狂牛病や鳥インフルエンザで畜肉に対する信頼が揺らいでいる矢先，それらに替わる可能性も秘めていた。

当時鯨は，自治体にとっても地域の伝統文化を見直すとともに，地域再生につながる魅力的な資源のひとつであり，下関市もかつての賑いを鯨で取り戻し，地域再生のひとつの起爆剤として，すでに1995（平成7）年より，「ふく，うに，くじら」の水産物のブランド化事業への取り組みが始まった。また1998（平成10）年には，わが国唯一の調査捕鯨船団の下関での一般公開誘致に向け，地元のくじらに関する民間団体として，下関くじら食文化を守る会が設立され，同年4月には調査捕鯨船団の一般公開が，同年11月には，南極海鯨類捕獲調査船団合同出港式（写真9-11）が初めて下関で開催された。さらに2002年に，地方都市としては初めて下関での開催となった国際捕鯨委員会（IWC）下関会合を開催し，大型国際会議開催に対する大きな自信となった。下関のような地方都市でのIWC会合成功の後は，国内の他の地方都市でも同会合の誘致に名乗りをあげる自治体が出始めた。その後，下関市は2004（平成16）年度から2014年度までの市の総合計画・後期基本計画のなかに，調査捕鯨船団の基地化を目指すことを盛り込み，その実現を目的としたさまざまなくじら文化発信事業に取り組んでいる。具体的には，1998年度から2007（平成19）年度まで10年連続して開催してきた南極海鯨類捕獲調査船団合同出港式が，捕鯨反対派による妨害活動により中止されたことをうけ，北西太平洋鯨類捕獲調査船団の出港式を下関くじらフェスティバルの一環として行い，同フェスティバルとして「全国鯨フォーラム下関」や「くじらグルメフェア」などの大型イベントの開催，下関・長門鯨文化交流事業推進協議会の捕鯨史探訪ツアーや鯨鍋事業，小学生対象のくじらサマースクールの開催や鯨肉給食の提供，さらには韓国蔚山鯨祭りへの出展やIWC会合への出席など，下関くじら食文化を守る会や捕鯨を守る全国自治体連絡協議会，近隣の長門市，そして韓国蔚山広域市南区などとの連携を図りながら，くじら文化発信事業が急速に拡充され，「くじら日本一のまちづくり」を旗印に，その後鯨事業の強化が図られていくこととなる。

2-2．課題と展望

それでは，「日本一のくじらのまち」を目指す下関にとっての今後の課題と展望はどのようなものなのであろうか。現在下関市が進めている「日本一のくじらのまち」の最終目標は，日本で唯一の調査捕鯨船団の基地化を目指すこととしている。調査捕鯨母船「日新丸」と目視調査船3隻からなる船団のうち，もともと日本水産のトロール船「筑前丸」として，旧日立造船因島工場で

写真9-12　目視採集船

1987（昭和62）年に建造された「日新丸」は，船齢が30年を迎え，老朽化に対応するため大規模改修を行ったものの，代替船建造の必要性が議論されている。目視採集船（写真9-12）3隻は比較的船齢が若いこともあり，このうち2隻は下関で建造されているものではないが，修繕ドックとして下関を母港としている。今後の南極海での調査捕鯨の動向により，新たな母船建造が具体化すれば，必然的に建造された場所が母港となる可能性が高く，建造費100億円ともいわれる母船建造の誘致合戦が行われることも推察される。そのことにより発生する母船の修繕費用も年間数億円といわれており，母港化による経済効果が期待されるのも当然といえる。また母港化することにより調査副産物の全量陸揚げが行われれば，荷役，保管，流通，加工など幅広い業種に大きな経済効果が見込まれる。経済効果の試算には，産業連関分析が必須であるが，試算の前提となる新南極海鯨類科学調査における捕獲サンプル予定数333頭が，今後どの程度継続的に捕獲できるのか否か，調査自体が継続的に実施できるのか否かにより大きく変わるうえ，捕鯨関連産業が取り扱うものの多くは特殊なものも多く，数字の把握がむずかしい現状にある。国際司法裁判所の判決以前，南極海でのミンククジラ850頭が捕獲され，3,000トンの調査副産物が全量下関に陸揚げされた場合の経済効果が20億円とする数字が公表されたことがあるが，ここまでの調査副産物の生産，陸揚げが今後はむずかしいとしても，南極海調査捕鯨により生産された副産物による経済効果が，関連産業と共に期待されていることはいうまでもない。

それでは，「日本一のくじらのまち」を目指す下関市に課せられた課題にはどのようなものがあるのであろうか。当然ながらその前提として，今後も調査捕鯨，とくに南極海での調査捕鯨が継続実施されることが重要となる。そのために，目視採集船の基地でもある下関市が，調査捕鯨の継続実施を方針として打ち出している日本政府の応援団として，捕鯨を守る全国自治体連絡協議会加盟自治体と連携し，調査捕鯨そのものの継続支援をすることが必要になる。また，下関市が調査捕鯨を応援するためには，市民に対して捕鯨や鯨を取り巻く正しい情報を常に発信し続け，調査捕鯨の必要性，商業捕鯨再開への理解を求めると同時に，下関市が誇るくじら食文化の灯を絶やさないことが必要である。とくに，次世代を担う子供たちに対しては，鯨肉給食を今後も継続しながら，下関と捕鯨の歴史，鯨を取り巻く状況を正しく理解してもらうことが重要となる。

一方，2008（平成20）年に共同船舶が行った調査副産物都道府県別流通量調査の結果[21]，国内での年間１人あたりの鯨肉消費量は44.7グラムであった。山口県では１人あたりの消費量が133.7グラムで県別消費量では長崎県，佐賀県，宮城県に次いで第３位であったが，それでも昭和40年代の消費量の10分の１以下である。食の嗜好，多様化が進むとともに割高感が否めない鯨肉価格の現状として，調査捕鯨の事業費を，副産物の販売益で賄うシステムにより副産物の販売額が高く設定されているものを見直し，だれでも安価に口にできるものにする必要がある。これは，既存の調査捕鯨の仕組み自体を見直すことも必要となり，一朝一夕にできるものではないが，水産庁，日本鯨類研究所，共同船舶など関係官庁，機関，団体による取り組みを期待したい。あわせて，かつての鯨肉のイメージを払しょくさせるメニューの開発や，低カロリーでありながら高蛋白であるという鯨肉，とくに赤肉部分の特性に加え，高アミノ酸であるバレニンの効果として期待される健康食品などとしての可能性も，鯨肉普及を推進する上で期待される部分でもある。水産資源の減少がいわれて久しいが，鯨も水産資源として持続的に利用するというスタンスに今一度立つと同時に，手軽に安価で入手でき健康に良く，しかもおいしい食材としての鯨肉の普及啓発を，政府，地方自治体や鯨肉加工・流通業者ほか官民合わせて推進していく必要もある。

■おわりに

四方を海に囲まれたわが国は，海からの恵みとして魚や鯨を古来から利用してきた。和歌山県太地町などのように，古式捕鯨から現在に至るまで小型沿岸捕鯨で生計をたて，その地域になくてはならない産業として，また地域の伝統的食文化として鯨が本当に生活の一部となっている地域もある。鯨の文化と一口にいっても，食文化はもちろん，古式捕鯨における組織体である鯨組や労働歌，絵図，道具，玩具など，捕鯨を構成する組織，そこから発生，派生するものを個々の事象をとらえて，鯨文化であるという考えや，さらにそれらを含めた捕鯨全体を，ひとつの文化であると捉える考えもある。一方，わが国にノルウェー式（近代式）捕鯨が導入され，産業化された捕鯨は様相を一変した。人の目の触れない南極や北洋などの遠洋に船団で出漁し，人目に触れず陸揚げされたあとは加工工場に回され，人の目に触れるのは解体・加工され，製品となって店頭に並んだ後である。当然のことながら，古式捕鯨から近代捕鯨に移行しても，鯨に対する畏敬の念や，解体方法など各所で伝統的に受け継がれている部分もたくさんある。しかし，目の前で捕獲・解体・分配される古式捕鯨や小型沿岸捕鯨と違い，近代の遠洋捕鯨は私たちには映像という形で間接的な情報しか入ってこない。私は，同じ捕鯨でも，限られた地域で古式捕鯨から延々と受け継がれているものを地域の「伝統的鯨文化」というのであれば，それに対し遠洋に出漁，産業化され効率性を追求した近代捕鯨産業より派生・発達した文化を「鯨産業文化」と区別し，それらの総体として鯨文化があると考えるほうが説明がつくのではないかと考えている。

私たちが住む関門地域は，古式捕鯨から近代捕鯨に至るまで鯨の流通・加工基地として，また大洋漁業，日本水産を中心とした捕鯨産業と北九州における労働者を中心にした鯨食文化，いわゆる「鯨産業文化」が根付いている地域であるといえる。筆者は，2005（平成17）年にかつて世界最大の捕鯨国であった

写真９-13　ノルウェーの捕鯨船

北欧のノルウェー王国で，鯨産業について調査を行った。一部地域の伝統的で小規模な生存捕鯨を除き，現在世界で商業捕鯨を行っているのはノルウェーとアイスランドだけである。その際に，オスロ大学のカランド教授やサンデフィヨルド捕鯨博物館のリングスタッド学芸員，そして捕鯨船（写真９-13）の船長や現場で捕鯨に従事している方々への聞き取りで，大きな収穫を得ることができた。なかでも印象的であったのは，「ノルウェーが南氷洋まで出かけていって捕獲した鯨は鯨油生産のためだけ。食糧にする鯨は過去から現在までノルウェー沿岸でしか捕獲しない。私たちは南氷洋捕鯨の従事者を工場労働者，沿岸捕鯨の従事者を漁業者と呼ぶ」というカランド教授の言葉であった。また，目にみえる形ではノルウェーに捕鯨の文化が残っているわけではないが，この言葉は，捕鯨の伝統・文化についてのひとつの答えになるのではないかと考える。さらに，今を生きる私たちがここで真剣に考えなければならないのは，世界で現在進行している人口増加に対し，供給できる食糧が将来的に不足してくることが避けられないという事実である。今後，伝統文化・地域再生の視点以外でも，人類共通の水産資源であるという視点でも，鯨に対する議論がさらに広がることを期待して本章を終わりたいと思う。

注

1）国際司法裁判所は「日本の調査捕鯨は，科学的な調査だと言えるものの，調査の計画や実施方法が目的を達成するのに妥当ではない」と述べ，「このままの形で南極海で行ってきた捕鯨の許可を与えることは認められない」という判断を行った。2014 年 12 月に IWC 日本政府代表の森下丈二氏を招き，この判決に対する講演を下関市立大学で行った。森下氏は，「判決により将来的な捕獲調査そのものが否定されたわけではない」，「判決は，将来日本が捕獲調査をする際，判決の趣旨を考慮することが期待されている」点について説明を行い，新たな調査計画に向けて作業を行っていることを示した。この判決をうけ，2014 年度南極海鯨類捕獲調査は，目視調査のみとなった。

２）新南極海鯨類科学調査計画（NEWREP-A）は，非致死的調査や餌生物資源量調査を盛り込み，2015/2016 年度から 2026/2027 年度の 12 年間を調査期間とし，クロミンククジラ 333 頭を捕獲する内容。

３）和歌山県太地町は，人口約３千４百人。主要産業は，小型沿岸捕鯨，イルカ漁，沿岸漁業，観光業など。

４）日本動物園水族館協会（JAZA：正会員 152 施設（国内の動物園 89 園，水族館 63 館），維持会員 63 団体で構成）に対し，国際動物園水族館協会（WAZA：本部・スイス）が太地町のイルカ追い込み漁で捕獲されたイルカの展示が，内部の倫理規範に違反するとして，日本動物園水族館協会（JAZA）に改善・除名通告を行い，JAZA は投票の結果，その勧告を受け入れ，WAZA に残留することとなった。一方，太地町立くじらの博物館は JAZA からの依頼により 2015 年９月に JAZA を退会した。

５）捕鯨を守る全国自治体連絡協議会は，鯨にゆかりのある全国 34 の市町村が加盟し，科学的根拠に基づいた「鯨資源の保存と有効利用」を尊重し，民族の「鯨文化」の保護を図ることを目的にさまざまな活動を行っている。事務局は和歌山県太地町。

６）下関市豊北町の肥中，島戸，和久，角島周辺で行われていた古式捕鯨は，当初九州からの入漁という形で行われていた。徳見光三『長州捕鯨考』長門地方史料研究所，1971 年：51-80

７）益富組については，中園成生『くじら取りの系譜』（長崎新聞社，1998 年：61-104）参照。

８）日本遠洋漁業株式会社は，岡十郎，山田桃作により設立され，長門市仙崎に本社を下関市の三百目付近に出張所が設置された。

９）中園成生，182 頁。

10）日本遠洋漁業株式会社の設立にあたっては，徳見光三（1971：244-251）参照。

11）『日本水産百年史』（日本水産，2011 年：72-78）参照。

12）中部幾次郎と林兼商店の黎明期については，下関市立大学附属地域共創センター『地域共創センター年報 vol8』2015 年所収の，岸本充弘「旧林兼商店の創生期を検証する―中部幾次郎と廣瀬始の軌跡を中心に」（57-65 頁）参照。

13）下関における鯨産業などに関しては，岸本充弘「下関における鯨産業発達史」

下関市立大学大学院経済学研究科修士論文，2002 年，岸本充弘，濱田英嗣「下関における鯨産業発達史」『2001 年度産業経済文化研究所所報』所収，下関市立大学附属産業文化研究所，2002 年，岸本充弘「関門地域における鯨産業・鯨文化形成メカニズムの一考察―その将来展望を視野に入れて」北九州市立大学大学院社会システム研究科博士論文（2006），岸本充弘『関門鯨産業文化史』（海鳥社，2006）参照。

14）今から３千万年前の芦屋層群から，ヒゲ鯨である「ヤマトクジラ」の化石が見つかっている。岡崎美彦，北九州市立自然史博物館「日本海セトロジー研究グループ第９回研究会報告」2002 年

15）芦屋町歴史民俗資料館の山田氏への聞き取りによれば，芦屋の商人は伊万里焼を扱っており，その３分の２は芦屋を経由していた。芦屋では福岡や下関から水産物を出・入荷していた問屋の記録があるという。

16）注油駆除法については，岸本充弘『関門鯨産業文化史』（10 -11 頁）参照。

17）岸本充弘『関門鯨産業文化史』（11-12 頁）参照。

18）岸本充弘『関門鯨産業文化史』（14 頁）参照。

19）北九州の鯨産業文化については，岸本充弘「関門地域における鯨産業・鯨文化形成メカニズムの一考察―その将来展望を視野に入れて―」北九州市立大学大学院社会システム研究科博士論文（2006 年），岸本充弘『関門鯨産業文化史』（海鳥社，2006）参照。

20）下関，博多と鯨の関わりについては，岸本充弘「福岡・博多における鯨産業文化史―関門地域との比較を視野に入れて」『地域共創センター年報』vol.3，2010 所収，下関市立大学附属地域共創センター（2010），岸本充弘『下関から見た福岡・博多の鯨産業文化史』（海鳥社，2011）参照。

21）平成 20 年に共同船舶株式会社が行った調査では，調査副産物の都道府県別流通量第１位は福岡県の 545.7 トン，２位は大阪府の 533.5 トン，３位は東京都の 473.6 トン，４位は北海道の 350 トン，５位は宮城県の 312 トン，同じく調査副産物の県民１人あたり消費数量第１位は長崎県の 197.5 グラム，２位は佐賀県の 168.1 グラム，３位は宮城県の 148.5 グラム，４位は山口県の 133.7 グラム，５位は福岡県の 120.7 グラムであった。

参考文献

青木保『近代日本文化論５都市文化』岩波書店，1999 年

秋道智彌『クジラとヒトの民族誌』東京大学出版会，1994 年

池上惇・山田浩之『文化経済学を学ぶ人のため』世界思想社，1993 年

池田潔「企業城下町型産業集積における機能強化の方向」北九州市立大学北九州産業社会研究所編『21 世紀型都市における産業と社会―北九州のポストモダンに向けて』海鳥社，2003 年

泉井守一『捕鯨一代』高知新聞社，1989 年

板橋守邦『南氷洋捕鯨史』中央公論社，1987年
大村秀雄『鯨を追って』岩波新書，1969年
小川國治『転換期長州藩の研究』思文閣出版，1996年
小野征一郎『起死海生これからの魚はるかな鯨』日本経済評論社，1990年
金子毅『八幡製鉄所・職工たちの社会誌』草風館，2003年
川田順造編『文化としての経済』国際文化交流推進協会，2001年
来島浩「北九州工業地帯における港湾荷役労働―門司・若松両港の石炭荷役労働を中心にして―」『徳島大学教養部紀要』第23巻，1988年
岸本充弘「下関における鯨産業発達史」下関市立大学大学院経済学研究科修士論文，2002年
岸本充弘「関門地域における鯨産業・鯨文化形成メカニズムの一考察―その将来展望を視野に入れて」北九州市立大学大学院社会システム研究科博士論文，2006年
――――『関門鯨産業文化史』海鳥社，2006年
――――「福岡・博多における鯨産業文化史―関門地域との比較を視野に入れて」『地域共創センター年報』vol.3，下関市立大学附属地域共創センター，2010年
岸本充弘・濱田英嗣「下関における鯨産業発達史」『産業経済文化研究所所報』下関市立大学附属産業文化研究所，2001年
――――『下関から見た福岡・博多の鯨産業文化史』海鳥社，2011年
楠喜久枝『福岡県の郷土料理』同文書院，1984年
楠本正『玄海の漁撈民俗』海鳥社，1993年
小島恒久『九州における近代産業の発展』九州大学出版会，1988年
小松正之『くじら紛争の真実』地球社，2001年
――――『クジラその歴史と科学』ごま書房，2003年
――――『クジラは食べていい』宝島社，2000年
柴達彦『クジラへの旅』葦書房，1989年
大洋漁業南氷洋捕鯨船団の記録を残す会『捕鯨に生きた』成山堂書店，1997年
高田茂廣『玄海灘に生きた人々』海鳥社，1998年
高橋伸一「炭鉱労働者の履歴と広域移動」『佛教大学社会学研究所紀要』第11号，1990年
高橋順一『鯨の日本文化誌』淡交社，1992年
多田穂波『見嶋と鯨』見島と鯨編纂会，1968年
――――『明治期山口県捕鯨史の研究』マツノ書店，1975年
玉江彦太郎『小倉藩の終焉と近代化』西日本新聞社，2002年
寺岡義郎・前田敬治郎『捕鯨』日本捕鯨協会，1952年
土井全二郎『最近捕鯨白書』丸善，1992年
徳見光三『長州捕鯨考』長門地方史料研究所，1971年
徳山宣也『大洋漁業捕鯨事業の歴史』徳山私家版，1992年

長崎福三『肉食文化と魚食文化』農山漁村文化協会，1994 年
中園成生『くじら取りの系譜』長崎新聞社，1998 年
中野謙二『東アジアの食文化』研文出版，1989 年
奈須敬二『捕鯨盛衰記』光琳，1990 年
高野江基太郎『門司港誌（復刻版）』名著出版，1973 年
二野瓶徳夫『日本漁業近代史』平凡社，1993 年
林えいだい『海峡の女たち　関門港沖仲仕の社会史』葦書房，1983 年
福本和夫『日本捕鯨史話』法政大学出版局，1993 年
ミルトン・M・Rフリーマン編著，高橋順一他訳『くじらの文化人類学』海鳴社，1989 年
楠美一陽『山口県豊浦郡水産史（復刻版）』マツノ書店，1980 年
森田勝昭『鯨と捕鯨の文化史』名古屋大学出版会，1994 年
安冨静夫・岸本充弘『下関クジラ物語』下関くじら食文化を守る会，2002 年
柳井雅人「マザーインダストリーとしての北九州産業」北九州市立大学北九州産業社会研究所編『21 世紀型都市における産業と社会　北九州のポストモダンに向けて』海鳥社，2003 年
米津三郎『北九州の 100 万年』海鳥社，1992 年
『芦屋町誌』芦屋町，1991 年
『関門経済史⑴』門司市役所編，1952 年
『関門地方経済調査』下関市立商業学校，1932 年
『北九州市史近代・現代，産業経済１，２』北九州市，1992 年
『北九州の歴史　北九州港開港百年を記念して』北九州市港湾局，1990 年
『九州経済旬報』九州経済調査協会，1957 年
『極洋捕鯨 30 年史』極洋捕鯨，1968 年
『下関漁港統計年報』山口県，1966 ～ 1985 年
『下関市史　藩制―明治前期』下関市，1964 年
『下関市史　原始―中世』下関市，1965 年
『下関市史　市制施行―終戦』下関市，1983 年
『下関市史　終戦―現在』下関市，1989 年
『しものせき市制百年　明治・大正・そして昭和史』毎日新聞下関支局，1989 年
『戦争と筑豊の炭坑』碓井町教育委員会，1999 年
『北九州市中央卸売市場史』北九州市，1976 年
『大洋漁業』展望社，1959 年
『大洋漁業 80 年史』大洋漁業，1960 年
『統計下関』下関市，1955 ～ 1975 年
『戸畑市史』戸畑市，1961 年
『日本水産 50 年史』日本水産，1961 年
『日本水産 70 年史』日本水産，1981 年

『日本水産百年史』日本水産，2011 年
『福岡県植物防疫のあゆみ』福岡県植物防疫協会，1995 年
『福岡県資料叢書』福岡県，1949 年
『福岡県統計書』福岡県，1960 ～ 1970 年
『防長産業の歩み』山口県教育委員会，1981 年
『捕鯨概要』水産庁，1950 ～ 1983 年
『捕鯨業と日本国民経済との関連に関する考察』日本捕鯨協会，1980 年
『捕鯨問題の真実』日本鯨類研究所，2005 年
『門司市史第２集』門司市役所編，1963 年
『八幡製鐵五十年誌』八幡製鐵，1950 年
『山口県史　資料編　現代２』山口県，2000 年
『山口（農林水産）統計事務所年報』農水省，1955 ～ 1985 年

2部

大学教育と住民参加

第10章

下関市立大学の財政構造

—法人化以前とそれ以降—

西田　雅弘

■はじめに

2001年9月，下山房雄学長を委員長とする下関市立大学大学点検評価委員会は，大学点検評価報告書第8冊として「地域貢献と財政構造」を公表した。この「報告書」は，前編「下関市立大学の経済的社会的貢献」，後編「下関市立大学の財政構造と改革課題」，資料編で構成され，「産業としての大学」という地域貢献の観点を新たに前面に提起している[1)]。

前編の「Ⅰ　下関市立大学の経済効果」のうち，「1．大学立地が地域社会に及ぼす影響」では，延岡市における九州保健福祉大学の開学の事例に即して，大学開学の効果として，若者人口の増加によるアパート家賃や生活必需品購入による経済効果，全国学会の開催による交流人口の増加や宿泊による経済効果のほか，街の賑わい，学生によるボランティアやまちづくりへの参加，さらに教授陣の審議会委員や講演会講師としての活動などをあげている。その上で，大学設置の効果が，経済効果だけでなく，貨幣換算できない多様な事柄に及んでいる点に十分留意する必要があると指摘している。

さらに「2．下関市立大学がもたらしている経済的波及効果」では，下関市立大学の学生と教職員による個人支出に限定した上で，その経済効果を最小限年間60億円と推定している。これには校舎建設などによる大学自身の支出や固定資本減耗は含まれていない。この60億円は約2,000人の学生が在学することによって生み出されている「金の卵」であるが，「市が学生に対して実質的に支出している経費はゼロである」（4頁）。この点で，市内に多額の経済効果をもたらしている学生は，「いわば餌の要らない『金の卵を生む鶏』と位置づけることができる」（5頁）と述べている。

後編では，この「市が学生に実質的に支出している経費はゼロである」という点に関して，下関市立大学の財政構造の特徴と問題点が析出され，改革が提言されている。そのなかで，大学経費に占める自主財源の割合が1989年度から2000年度まで経年的に示され，財政構造の類似したいくつかの大学と比較されている。下関市立大学の自主財源率はそれらの大学に比べてたんに高いだけでなく，臨時費として建設費と公債費償還額が二重に計上され，予算額を実際以上に大きくみせていることが指摘されている。この公債費を除くと，すべての年度で自主財源率が90％を越え，さらに，臨時費を除いた経常費だけをみるとほぼ100％付近の値を示し，つねに全公立大学中の1位である。このように，自主財源によって経常費を賄い，市の一般財源で臨時費を賄う，という下関市立大学の特異な財政構造が浮き彫りにされている。

最後に「報告書」は，① 下関市立大学を2,000人を年300泊させる事業体として捉えてみること，② 経常費は授業料などの大学自主財源とほぼ均衡しているので，地方交付税交付金の措置を考慮するなら下関市立大学は「市財政の財源」（66頁）になっていること，③ 下関市立大学が大学として存続発展するのに不可欠な施策の実現には「教員定数の増」（67頁）が絶対要件であること，などを提言している。

公立大学が，高等教育の提供にとどまらず，経済効果および貨幣換算できない効果によって地域社会の活性化に多大な貢献を果たしていることはいうまでもない。公立大学は「地域資源」である。それらの貢献のなかでもとりわけ「産業としての大学」を浮き彫りにしたのが，上述の大学点検評価報告書「地域貢献と財政構造」であった。本章では，2000年度までの分析であるこの「報告書」を念頭に，それ以後，2014年度までの下関市立大学の財政構造を追跡し，その状況を明らかにしたい[2)]。「報告書」の公表によって，下関市立大学の財政構造に変化はあったのか。また，「報告書」で仮言的にだけ言及されていた「独立行政法人化」が2007年4月に実施され，現在では「公立大学法人下関市立大学」が設立されている。法人化は，下関市立大学の財政構造にどのような影響を及ぼしているのか。

■Ⅰ．公立大学協会データの推移

公立大学協会は，毎年，公立大学実態調査を実施してその集計データを公表している[3)]。本章では，2001（平成13）年度以降のこの集計データを拠り所にして下関市立大学の状況を明らかにする。それに先立って，公立大学協会の用語の定義を確認しておきたい。本章で使用する主な用語の定義は以下の通りである。

(1) 学生総現員：学部学生および大学院生（夜間部を含む）の合計で，留学生，休学生を含む。
(2) 教員総現員：[2009（平成21）年度まで] 附置研究所，附属病院本務教員を含む専任教員数の合計。[2010（平成22）年度から] 学長，副学長および附置研究所，附属病院本務教員を含む本務教員数の合計。
(3) 大学経費：大学関係の経常費（人件費＋物件費）および臨時費の合計額。大学予算額も同じ。
(4) 大学経常費：大学関係の人件費および物件費の合計額。
(5) 人件費：教職員給料，諸手当，共済費，退職手当，非常勤講師手当などの合計額。
(6) 物件費：教員研究費，管理経費，学生経費の合計額。
(7) 臨時費：建設費，施設改修費，調査費などの臨時の経費の合計額。
(8) 学生経費：教育実験実習費および厚生補導費の合計額。
(9) 大学収入・自主財源：大学関係の入学検定料，入学金，授業料などの自主財源の合計額。

公立大学には附属病院を併設する大学もあり，附属病院を除く「大学関係」と附属病院に限定した「附属病院関係」が集計上区別されているが，本章には直接関係しない。「教員総現員」が，2010（平成22）年度以降，それまでの「専任教員」から学長などを含む「本務教員」に変更されている点に留意する必要があろう。重要なのは，経費（予算額）＝経常費＋臨時費，という点である。

1-1．大学経費・経常費に占める大学収入（自主財源）の割合

下関市立大学の自主財源率の推移は表10－1の通りである。2001（平成13）年度から2004（平成16）年度までは，前述の「報告書」が浮き彫りにした財政構造がそのまま継続していることがわかる。大学経費に占める自主財源率はほぼ100％であり，全公立大学中の1位である。その後，2005（平成17）年度と2006（平成18）年度に，経費に占める自主財源率が70％台，50％台と低減しているが，これは2007（平成19）年度からの法人化を見通した校舎建替などの臨時費が増加したことによるものである。臨時費を除いた経常費についてその割合をみると，両年度とも100％を越えており，ランニングコストである経常費については従前の財政構造が継続している。公立大学協会は，2005（平成17）年度から経常費に占める割合を合わせて掲載している。2007（平成19）年度の

表10－1　大学経費・経常費に占める大学収入（自主財源）の割合

（単位：千円）

年　度	大学経費・経常費 A	大学収入 B	自主財源率 B／A（％）	全公立大学平均（％）	序列
2001（平成13）	経費　1,293,392	1,292,618	99.9	25.5	1/74
2002（平成14）	経費　1,291,469	1,321,465	102.3	26.8	1/75
2003（平成15）	経費　1,291,676	1,290,717	99.9	27.7	1/76
2004（平成16）	経費　1,254,135	1,252,727	99.9	29.2	1/77
2005（平成17）	経費　1,599,956	1,227,046	76.7	29.3	3/73
	経常費1,191,967	1,227,046	102.9	32.0	1/73
2006（平成18）	経費　2,219,431	1,238,618	55.8	29.9	6/76
	経常費1,215,372	1,238,618	101.9	32.2	1/76
2007（平成19）	経費　1,355,145	1,239,197	91.4	30.6	1/76
	経常費1,342,645	1,239,197	92.3	32.6	2/76
2008（平成20）	経常費1,345,668	1,222,322	90.8	33.2	2/75
2009（平成21）	経常費1,431,982	1,240,921	86.7	33.2	2/77
2010（平成22）	経常費1,410,173	1,235,104	87.6	31.6	3/80
2011（平成23）	経常費1,530,004	1,196,086	78.2	31.2	4/81
2012（平成24）	経常費1,427,444	1,212,642	85.0	30.6	2/82
2013（平成25）	経常費1,439,294	1,183,467	82.2	31.1	3/83
2014（平成26）	経常費1,422,033	1,166,515	82.0	32.4	2/86

※平成16年度までは経費，平成17年度から平成19年度までは経費と経常費，平成20年度からは経常費が，自主財源率の分母になっている。

※平成25年度から大学収入（自主財源）の割合に代わって一般財源都道府県市負担額の割合が掲載されている。平成25年度以降は，公立大学協会のデータに基づいて筆者が算出した。

出所）公立大学協会「公立大学便覧（公立大学の財政）」（平成13年度～平成26年度）より筆者作成

法人化以降，経常費に占める自主財源の割合は，最初のうちこそ90％台であるものの，その後はほぼ80％台で推移している。その結果，たしかに全公立大学中の1位を返上しているが，しかし，全公立大学の平均からは乖離し，最上位クラスに属している状況は変わっていない。

1-2．学生1人あたりの経常費

下関市立大学の学生1人あたりの経常費の推移は表10-2の通りである。2001（平成13）年度以降，全公立大学の平均が微減傾向にあるのに対して，下関市立大学では50万円台から60万円台に微増傾向にあることがわかる。しかし，その額は，全公立大学の平均が200万円前後であるのに比べて桁違いに少なく，その結果，全公立大学中の最低額もしくはそれに近い額になっている。2007（平成19）年度以降に最低額を返上している年度が集中しているが，本学の法人化による影響であるとは即断できないだろう。他大学の事情も関係しているからである。学生1人あたりの経常費の状況は，全公立大学の平均に比べると前述の「報告書」の状況とほとんど変わっていない。

表10-2　学生1人あたりの経常費

（単位：千円）

年　度	学生総現員 A	大学経常費 B	学生1人経常費 B／A	全公立大学 平均	序列
2001（平成13）	2,288	1,235,892	540	2,198	74/74
2002（平成14）	2,276	1,248,469	549	2,126	75/75
2003（平成15）	2,249	1,231,676	548	2,049	76/76
2004（平成16）	2,204	1,217,135	552	2,001	77/77
2005（平成17）	2,143	1,191,967	556	2,017	73/73
2006（平成18）	2,139	1,215,372	568	2,034	76/76
2007（平成19）	2,076	1,342,645	647	2,032	75/76
2008（平成20）	2,106	1,345,668	639	1,978	75/75
2009（平成21）	2,216	1,431,982	646	1,961	75/77
2010（平成22）	2,231	1,410,173	632	1,888	79/80
2011（平成23）	2,210	1,530,004	692	1,909	80/81
2012（平成24）	2,128	1,427,444	671	1,953	82/82
2013（平成25）	2,069	1,439,294	696	1,933	82/83
2014（平成26）	2,116	1,422,033	672	1,941	85/86

出所）公立大学協会「公立大学便覧（公立大学の財政）」（平成13年度～平成26年度）より筆者作成

1－3．教員1人あたりの学生数

下関市立大学の教員１人あたりの学生数の推移は表10－3の通りである。2001（平成13）年度以降，全公立大学の平均が微増傾向にあるのに対して，下関市立大学では40人台から30人台に微減傾向にあることがわかる。しかし，前項の学生１人あたりの経常費の場合と同様に，そもそも2001（平成13）年度に全公立大学の平均の４倍だったものが，2014（平成26）年度に３倍になっているだけである。この間，2011（平成23）年度の新学科増設に伴う専任教員の追加的増員や，2014（平成26）年度に「語学特任」に加えて特定業務に携わる「業務特任」が導入され，数値上は教員増の様相を呈している。しかし，「特任」による教育サービスの内容は専任教員に比べて限定的であり，数値だけで判断するのはむずかしい。しかも，定年退職や転出による教員減とそれを補充する採用人事の関係もあり，安定した教員数の維持は必ずしも容易ではない。少なくとも，教員１人あたりの学生数が全公立大学の平均に比べてきわめて多い，という状況が変わっているわけではない。全公立大学のなかで５本の指に入る多さである。2010（平成22）年度に公立大学協会の「教員総現員」の定義

表10－3　教員1人あたりの学生数

（単位：人）

年　度	学生総現員 A	教員総現員 B	教員１人学生数 A／B	全公立大学 平均	序列
2001（平成13）	2,288	55	41.6	10.1	2/74
2002（平成14）	2,276	51	44.6	10.5	2/75
2003（平成15）	2,249	52	43.3	10.7	1/76
2004（平成16）	2,204	53	41.6	10.7	3/77
2005（平成17）	2,143	54	39.7	10.6	3/73
2006（平成18）	2,139	55	38.9	10.9	2/76
2007（平成19）	2,076	51	40.7	10.9	2/76
2008（平成20）	2,106	59	35.7	11.0	3/75
2009（平成21）	2,216	60	36.9	11.1	3/77
2010（平成22）	2,231	58	38.5	11.6	3/80
2011（平成23）	2,210	64	34.5	11.2	3/81
2012（平成24）	2,128	61	34.9	11.2	4/82
2013（平成25）	2,069	66	31.3	11.2	5/83
2014（平成26）	2,116	64	33.1	11.1	5/86

出所）公立大学協会「公立大学便覧（公立大学の財政）」（平成13年度～平成26年度）より筆者作成

が変更されている点も看過してはならないだろう。

以上のように，公立大学協会の集計データをみる限り，2001（平成13）年度以降，下関市立大学の学生1人あたりの経常費は微増傾向にあり，また，教員1人あたりの学生数は微減傾向にあるが，全体としては，依然として学生1人あたりの経常費がきわめて少なく，教員1人あたりの学生数がきわめて多い，という状況に特段の変化が生じているわけではない。法人化以降の自主財源率および財政構造については，改めて言及することにしたい。

ところで，このような下関市立大学の状況は，一般社会にはどのように映っているのだろうか。民間の高等教育オピニオン誌『Between』（進研アド発刊）が，2004年10月号で「公立大学の岐路」という特集を掲載している。拠り所にしているのは2003（平成15）年度の公立大学協会のデータである。地方財政の悪化や国立大学の法人化を背景に「自治体が税金を投入して高等教育サービスを提供する新たな意義とは何か」という問題を取り上げ，「教育機会の均等化」という従来の目的以上に「高等教育という新事業による地域の活性化」に重点が置かれていると推定している[4]。また，公立大学の財政状況が千差万別であることに着目して「国公私立全体で見ても特異な財政構造になっている大学もある」と指摘し，自主財源率について下関市立大学を筆頭に4大学，学生1人あたりの経常費についても下関市立大学を筆頭に4大学，さらに教員1人あたりの学生数についても下関市立大学を筆頭に4大学の名前をそれぞれ列挙している[5]。当該年度の下関市立大学の状況はすでにみた通りである。その上で，下関市立大学の自主財源率について「学生納付金などで黒字になり市に還元された年もあることになる」と述べ，「特異な財政構造」であると指摘している[6]。公立大学の運営はおもに「学生納付金を中心とする自主財源と，設置者である自治体からの支出によって賄われている[7]」という一般的な理解からすれば当然の指摘であろう。

この特集では，当事者である下関市立大学への取材も行われている[8]。当時の米田昇平学生部長は「教員は委員会をかけ持ちして管理運営業務に奔走しながら，教育でも大きな負担を引き受けるなど，努力している。それでも教育の質という点で，学生にしわ寄せがいっていることは否定できない」と状況を説明し，専門ゼミの学生数についても「他の国公立と比べると厳しい環境だ」と述べている。また，着任したばかりの植田泰史事務局長は「これほど厳しい環境で研究しているとは全く知らず，驚いた」と述べ，「市の経済にも一定の波及効果をもたらしている一方で，充実した学生サービスを提供できないのは大きな問題」と指摘している。今後の方向性のキーワードとして，米田学生部長は「地域貢献と地域性の発揮」をあげ，植田事務局長は「市民の理解」をあげている。これらの発言が「地方の公立大学の声」としてオピニオン誌の特集で取り上げられている。自治体の財政が厳しいとはいえ，やはり下関市立大学は「特異な財政構造」になっている，というのが一般社会の見方であろう。

ようするに，少なくとも2007（平成19）年度の法人化以前は，前述の「報告書」が明らかにした「経常費＝自主財源」「臨時費＝一般財源」という財政構造および教育研究環境の状況に大きな変化はなかったといえるだろう。法人化以降の財政構造に言及する前に，地方交付税交付金の仕組みについて触れておくことにしたい。

■ 2．地方交付税交付金と基準財政需要額

国立大学は，2004（平成16）年4月に国立大学法人となった。国立学校特別会計が廃止され，それまでの国の一般会計からの繰入金に相当する「運営費交付金」が支給されることになった[9)]。各大学に法人格が付与されてはいるが，学校教育法上の設置者は国であり，国から「運営費交付金」の支給をうけている点で文字通り「国立」である。また，私立大学は，経費の大部分を授業料や入学金などの学生納付金で賄っているが，「私立学校振興助成法」に基づいて国から経常的経費の2分の1以内の補助をうけることができる（同法第4条）。いわゆる国による私学助成である。同様に公立大学にも国から財政支援が行われているが，それは国の地方自治政策のなかに組み込まれ，複雑でとてもわかりにくい仕組みになっている。公立大学に対する国の財政支援を明らかにするに

は，まず「地方交付税交付金」の仕組みを理解する必要がある。

地方交付税交付金とは，各地方自治体の行政サービスをある一定の水準に確保するための制度である。同じ日本国内でありながら，地方によって行政サービスに格差が生じるのは不公平であり，好ましくない。そこで，その一定の水準を確保できるように，その地方自治体固有の収入が十分でない場合には，「財源の均衡化」（地方交付税法第1条）を図るために国税の一定部分を地方に配分するわけである。その大まかな仕組みは次の通りである。

各自治体ごとに，まず「基準財政需要額」を算定する。たとえば，この程度の人口規模で，この程度の道路や橋，学校などがあれば，一定水準の行政サービスを行うためにはこの程度の金額が必要であろう，という「需要額」を算定する。次に「基準財政収入額」を算定する。つまり，市民税や固定資産税などの税収額に基づいてその自治体固有の「収入額」を算定する。そして，後者の「収入額」が前者の「需要額」に達しない場合，その不足額に応じた額を地方交付税交付金として国から当該自治体に配分するのである。地方交付税法では次のように規定されている。「各地方団体に対して交付すべき普通交付税の額は，当該地方団体の基準財政需要額が基準財政収入額をこえる額（以下本項中「財源不足額」という。）とする」（同法第10条2）。ようするに，

基準財政需要額－基準財政収入額＝普通交付税額（財源不足額）

である。

さらに地方交付税法は，「需要額」の算定について次のように規定している。「基準財政需要額は，測定単位の数値を第13条の規定により補正し，これを当該測定単位ごとの単位費用に乗じて得た額を当該地方団体について合算した額とする」（同法第11条）。要するに，各算定項目ごとに次の算式により算出された額の合計が「基準財政需要額」となる。段階的な補正や地域差による寒冷補正なども加味されている。

単位費用×測定単位×補正係数

さて，公立大学に対する国の財政支援は，この「基準財政需要額」の算定に算入されているのである。複雑な計算を度外視して単純にみると，公立大学のある自治体には，学生1人あたりの「単位費用」に「測定単位」としての学生数を乗じた額がその自治体の「基準財政需要額」に加算されるわけである。「単位費用」の具体的な金額は表10－4の通りである。いわゆる三位一体改革における国と地方の財政の整理合理化に伴い次第に減額されている。社会科学系の公立大学の場合，「単位費用」は2014（平成26）年度で学生1人あたり22万円である。これに学生数を掛けた額が公立大学の「需要額」として「基準財政需要額」に合算されるわけである。

ところで，地方交付税交付金の仕組みが単純でないことに留意する必要がある。というのも，交付される額は，あくまでも「財源不足額」であって，算定された「需要額」そのものではないからである。たとえ公立大学の学生数に応じて需要額が増額されているとしても，その額がそのまま交付されるわけでは

表10－4　地方交付税算定の単位費用

（単位：千円）

年　度	医科系	歯科系	理科系	保健系	社会科学系	人文科学系	家政系 芸術系
2004（平成16）	4,586	2,775	2,004	—	334	—	886
2005（平成17）	4,499	2,718	1,961	—	308	—	856
2006（平成18）	4,306	2,613	1,811	—	273	—	808
2007（平成19）	4,156	2,508	1,762	—	256	—	765
2008（平成20）	4,110	2,458	1,709	—	245	—	753
2009（平成21）	3,995	2,306	1,689	—	227	—	722
2010（平成22）	4,092	2,391	1,844	—	248	—	752
2011（平成23）	4,010	2,343	1,832	—	243	—	744
2012（平成24）	3,993	2,333	1,832	—	242	—	741
2013（平成25）	3,940	2,303	1,794	2,018	224	455	715
2014（平成26）	3,890	2,268	1,758	2,000	220	451	713

※社会科学系以外はすべて種別補正後の単位費用である。
※平成25年度から，グローバル人材や地域医療を担う人材を育成する学部など公立大学の特性および実態に沿った経費の算定が可能となるよう，新たに人文科学系と保健系が新設されている。
出所）文部科学省「公立大学の財政」より筆者作成

ない。しかも，この交付金の目的について，地方交付税法は次のように規定している。「地方団体が自主的にその財産を管理し，事務を処理し，及び行政を執行する権能をそこなわずに，（中略）地方団体の独立性を強化することを目的とする」（同法第1条）。そのため，「国は，交付税の交付に当つては，地方自治の本旨を尊重し，条件をつけ，又はその使途を制限してはならない」（同法第3条2）。つまり，需要額の算定根拠がどうであれ，交付金の使途は完全にその自治体の裁量に任せられているというわけである。たとえ下関市立大学の学生数に応じて需要額が増額されているとしても，法的には，その額を考慮して市の予算編成をする必要はまったくないということである[10)]。

この点に関して文部科学省は，「公立大学の財政」で次のように述べている。「公立大学を有する地方公共団体に対しては，大学を設置し管理するための経費が普通交付税額の算定において基準財政需要額に算入される形で措置されています。地方交付税はそもそも地方固有の財源であり，その使途は地方公共団体の自主的な判断に任せられていますが，地方公共団体の多くは，地方交付税で措置された大学費相当額以上の費用を自らが設置した大学に支出しており，公立大学は地域の高等教育機会の確保や知的根拠としての役割を担っています[11)]」。使途が自治体の自主的な判断に任せられていることを前提にしつつ，多くの自治体が「大学費相当額」以上の費用を支出していることに言及している。原則は原則として，実際には「大学を設置し管理するための経費」という考え方が示されているとみることもできる。そうでなければ，そもそも公立大学の学生数を基準財政需要額の算定項目に加える必要もないであろう。

地方交付税交付金の「大学費相当額」をどのように解釈すればよいのか。たとえ多くの公立大学がどうであれ，公立大学のあり方はきわめて多様で，設置自治体の事情も単純ではない。冒頭の「報告書」では，「経常費＝自主財源」という財政構造の下で地方交付税交付金の措置を考慮すれば，下関市立大学は「市財政の財源」になっていると指摘されていた。続いて，法人化以降の下関市立大学の自主財源率および財政構造について，運営費交付金を中心に再検討を試みることにしたい。

■ 3．法人化以降の運営費交付金

2007（平成19）年４月，下関市立大学は「公立大学法人下関市立大学」になった。それまでの下関市役所の部局から，法人格をもつ独立した組織に生まれ変わり，教職員は非公務員とされた。国立大学の法人化と同様，公務員削減という行政改革の一環と捉えることもできるが，それはさておき，組織システムの変更，とりわけ財政システムの変更は下関市立大学の「特異な財政構造」に何らかの好影響を及ぼすのではないか，という期待が生じたのも事実である。というのも，国立大学と同様に，新たに毎年度「運営費交付金」が大学収入に加わることになったからである。冒頭の「報告書」では「予算編成における大学権限の欠如と予算使途の硬直性」が指摘されていた。

この法人化によって大学運営の大枠は，次のように変わった。法人設置者の下関市は，６年間を１期間とする「中期目標」を定め，この中期目標に基づいて大学法人は「中期計画」を策定して大学を運営する。そして，各年度の運営実績について法人設置者の大学評価委員会によって総合的な評価をうける。つまり，それまで単年度で精算されていた収支について，法人設置者の承認を経て次年度への繰り越しが可能になり（地方独立行政法人法第40条），少なくとも特定年度に自主財源率が100％付近の値を示すという事態は解消されることになったわけである。前掲の表10－1において，2007（平成19）年度以降，自主財源率が100％に到達していないのは，そのような「繰り越し」の仕組みが加わったからであろう。

さて，法人化以降の財政構造をどのような指標で分析すればよいのか。公立大学協会は2013（平成25）年度から，それまでの「大学収入（自主財源）の割合」に代えて「一般財源都道府県市負担額の割合」を掲載している。公立大学の法人化による「運営費交付金」の導入を反映した対応であろう。どのような指標を手がかりにすれば下関市立大学の法人化以降の財政構造はより鮮明になるのか。緻密な議論はまだない。以下では，これまでの指標を手がかりにして，運営費交付金を中心に試行的にその状況を見てみることにする。

まず，大学経常費に占める運営費交付金の割合は表10－5の通りである。自主財源率と比較すると，大学経常費のうち自主財源額の不足分を運営費交付金が補填する構造になっているようにみえる。ただし，下関市立大学の「決算報告書」の集計の仕方と公立大学協会のそれとは必ずしも厳密に一致していないので，およその傾向もしくは財政構造の大枠として理解するしかない[12]。次に，学生１人あたりの運営費交付金は表10－6の通りである。全公立大学のなかでもほぼ最低額の学生１人あたりの経常費のうち，法人設置者からの交付金額は，最大でも学生１人あたり10万円程度であることがわかる。そして，基準財政需要額の「大学費相当額」を算出して運営費交付金と比較したのが表10－

表10－5　大学経常費に占める運営費交付金の割合

（単位：千円）

年　度	運営費交付金 A	大学経常費 B	運営費交付金率 A／B（%）	自主財源率 （%）
2007（平成19）	143,372	1,342,645	10.7	92.3
2008（平成20）	103,000	1,345,668	7.7	90.8
2009（平成21）	181,866	1,431,982	12.7	86.7
2010（平成22）	134,903	1,410,173	9.6	87.6
2011（平成23）	224,017	1,530,004	14.6	78.2
2012（平成24）	171,317	1,427,444	12.0	85.0
2013（平成25）	208,170	1,439,294	14.5	82.2
2014（平成26）	215,311	1,422,033	15.1	82.0

※運営費交付金は，各年度の下関市立大学決算報告書（予算額）による。
※経常費，自主財源率，学生総現員，学生１人経常費は，各年度の公立大学資料による。
※地方交付税算定の単位費用は，文部科学省資料による。
出所）上記の資料より筆者作成

表10－6　学生１人あたりの運営費交付金

（単位：千円）

年　度	運営費交付金 A	学生総現員 B（人）	学生１人交付金 A／B	学生１人経常費
2007（平成19）	143,372	2,076	69	647
2008（平成20）	103,000	2,106	49	639
2009（平成21）	181,866	2,216	82	646
2010（平成22）	134,903	2,231	60	632
2011（平成23）	224,017	2,210	101	692
2012（平成24）	171,317	2,128	81	671
2013（平成25）	208,170	2,069	101	696
2014（平成26）	215,311	2,116	102	672

出所）表10－5に同じ

7であり，差額と割合を示したのが表10－8である。4～5億円の需要額算入額に対して2～3億円，年度によっては4億円の差額が生じていることがわかる。他方，需要額算入額に対する運営費交付金の割合は，徐々に高くなっているようにもみえる。

ところで，下関市立大学の法人化以降の財政構造の解明には，各年度の「決算報告書」と「財務諸表」の緻密な分析が必要であろう。それとともに，公立大学協会が試みているような分析指標の見直しも必要であろう。したがって，本章では，これ以上の言及を留保せざるをえないのである。

表10－7　運営費交付金と基準財政需要額（大学費相当額）（その1）

（単位：千円）

年　度	単位費用 A	測定単位 B（人）	需要額算入額 A×B	運営費交付金
2007（平成19）	256	2,076	531,456	143,372
2008（平成20）	245	2,106	515,970	103,000
2009（平成21）	227	2,216	503,032	181,866
2010（平成22）	248	2,231	553,288	134,903
2011（平成23）	243	2,210	537,030	224,017
2012（平成24）	242	2,128	514,976	171,317
2013（平成25）	224	2,069	463,456	208,170
2014（平成26）	220	2,116	465,520	215,311

出所）表10－5に同じ

表10－8　運営費交付金と基準財政需要額（大学費相当額）（その2）

（単位：千円）

年　度	運営費交付金 A	需要額算入額 B	差額 B－A	運営費交付金率 A／B（%）
2007（平成19）	143,372	531,456	388,084	27.0
2008（平成20）	103,000	515,970	412,970	20.0
2009（平成21）	181,866	503,032	321,166	36.2
2010（平成22）	134,903	553,288	418,385	24.4
2011（平成23）	224,017	537,030	313,013	41.7
2012（平成24）	171,317	514,976	343,659	33.3
2013（平成25）	208,170	463,456	255,286	44.9
2014（平成26）	215,311	465,520	250,209	46.3

出所）表10－5に同じ

■おわりに

法人化以降，それまでの「経常費＝自主財源」という財政構造は解消されたかのようにみえる。しかし，本章でみたように，新たに運営費交付金が収入に加わったにもかかわらず，学生１人あたりの経常費や教員１人あたりの学生数の状況は，法人化以前と大きく変わっているわけではない。そこにはどのようなカラクリがあるのか。第１期中期目標期間中の積立金は，2013（平成25）年度からの第２期中期目標期間に繰り越すことを認められたが，第３期への繰り越しはどうなるのか。自主財源率100％のスパンが単年度から中期目標期間の６年間に延びただけということにはならないのか。法人化以降，「臨時費＝一般財源」という財政構造は意味をもたなくなった。それなら，運営費交付金はこの「臨時費」の先渡しという意味合いをもつのだろうか。

下関市立大学は，1956（昭和31）年４月の下関商業短期大学の開学から60周年を迎え，時代の流れとともに，いまでは公立大学法人下関市立大学となっている。下関市立大学の財政構造の新たな分析と解明が今後の課題である。

注

1）この報告書の目次は，以下の通りである。本章でたんに「報告書」と表記されているのは，この報告書のことである。引用箇所は本文中に示す。なお，「報告書」に関する限り歴年は西暦のみを表記し，それ以外では西暦と元号を並記する。

はしがき
前編　下関市立大学の経済的社会的貢献
　Ⅰ　下関市立大学の経済効果
　　1．大学立地が地域社会に及ぼす影響
　　2．本学が下関市にもたらしている経済的波及効果
　Ⅱ　下関市における下関市立大学の社会的存在意義
　　　はじめに
　　1．教育分野
　　2．研究分野
　　3．教員・学生と地域の交流
　　4．施設の開放
　Ⅲ　下関市立大学就職指導活動の自己評価と課題
　　1．就職指導の現状

2．これまでの就職活動の実績と評価
3．今後の就職指導の課題
後編　下関市立大学の財政構造と改革課題
Ⅳ　下関市立大学財政構造の特徴
1．本学の財源と地方交付税
2．本学の収支構造の特徴と問題点
Ⅴ　予算編成における大学権限の欠如と予算使途の硬直性
Ⅵ　下関市立大学財政構造改革の提言
資料編

2）「報告書」の資料編には，「下関市立大学の財政構造」と題する筆者の新聞連載が掲載されている（75-81頁）。対象年度は「報告書」とは異なり，筆者が大学に着任した1992年度から2000年度までである。本章は，この連載の続編という意味合いももっている。

3）公立大学の財政に関する冊子のタイトルは，2001年度以降，それまでの「公立大学の財政」から「公立大学便覧（公立大学の財政）」に変更されている。また，公立大学協会は，2012年度に一般社団法人公立大学協会となっている。

4）http://berd.benesse.jp/berd/center/open/dai/between/2004/10/01toku_02.html（最終閲覧日2017年1月21日）

5）同上，01toku_04.htm

6）同上，01toku_05.html

7）同上，01toku_03.html

8）同上，01toku_05.html

9）国立大学法人の財政問題については，安田隆子「国立大学法人の財政問題─国立学校特別会計の成立と廃止を踏まえて」国立国会図書館『調査と情報』第596号，2007年10月，を参照した。

10）下関市立大学の特異な財政構造は，必ずしも一般市民の周知のことがらではなかった。その顕在化に際して，冒頭の「報告書」が果たした役割は大きい。当時の江島潔下関市長は市議会本会議の代表質問に対して，次のように答弁している。大学設置者の強い意思を知ることができる。

「重ねて言いますが，この算出基準というのは，全部特定目的で国から配分されているものではないということであります。おのおのの地方公共団体がそれぞれの判断で予算計上して，実際に支出をしていく額というものがあるわけですけども，この基準財政需要額というのは全くこれは無関係のものであります。算入事業分等を特定財源として，もし配分をすることになると，これは未算入事業とか，あるいは部分算入事業にかかわる行政というのは，予算編成におきまして大きな制約とか財源の偏在が生じることになってしまいます。地方自治体の本来の趣旨であります地方公共団体の民主的にして能率的な行政の運営とか健全化はもとよりのこと，財政運営の自主性とか計画性も大いに失することになってしまいます。つまり，基準財政需要額というもので，いわば国がルールを決めて，この枠の中で自治をやりなさいということになってしまうわけであります。そういうことはもちろん指示していないわけでありまして，すべて一般財源として国からこれは地方へ交付をされているものであるということで，これをこの金額で算出基準そのものをあててないということがけしからんということには，私はつながるとは思っておりません。」（会議録名称：平成13年第1回下関市議会定例会第3日，発言年月日：平成13年3月9日金曜日）

11）http://www.mext.go.jp/a_menu/koutou/kouritsu/detail/1284531.htm（最終閲覧日2017年1月21日）

12）法人化以降の財務諸表では，運営費交付金収益として「（教育・研究）一般業務」とともに「退職給付業務」があげられている。つまり，いわゆる教職員の退職金もこの運営費交付金に含まれており，定年退職者や転出者の有無によってその年度の交付金額が左右されている。したがって，一定割合で経年的に減額されているいわゆる運営費交付金とは見た目が異なっている。本章では2つの項目の合計額を掲載している。

引用・参考文献

下関市立大学大学点検評価委員会「地域貢献と財政構造」大学点検評価報告書第8冊，2001年9月

公立大学協会「公立大学便覧（公立大学の財政）」平成13年度～平成26年度

公立大学法人下関市立大学「決算報告書」平成19年度～平成26年度

地方交付税法　http://law.e-gov.go.jp/htmldata/S25/S25HO211.html（最終閲覧日2017年1月21日）

基準財政需要額　http://www.soumu.go.jp/main_content/000363663.pdf（最終閲覧日2017年1月21日）

基準財政収入額　http://www.soumu.go.jp/main_content/000030008.pdf（最終閲覧日2017年1月21日）

文部科学省「公立大学の財政」
http://www.mext.go.jp/a_menu/koutou/kouritsu/detail/1284531.htm（最終閲覧日2017年1月21日）

進研アド『Between』2004年10月号
http://berd.benesse.jp/berd/center/open/dai/between/2004/10/10main.html（最終閲覧日2017年1月21日）

第11章 下関市にみる「開かれた学校づくり」から「地域とともにある学校づくり」への進展

天野　かおり

■はじめに

2004（平成16）年９月の「地方教育行政の組織及び運営に関する法律」（以下，地教行法と略記）の一部改正によって導入された「学校運営協議会制度」，いわゆる「コミュニティ・スクール」は，地域住民が学校における基本的な意思決定に関与することを制度的に保障した。その後，2006（平成18）年12月には，教育基本法の全文改正という，それを抜きにしてわが国の教育は語れないというほどの大きな動きがあった。なかでも，改正教育基本法の第13条で，「学校，家庭及び地域住民等の相互の連携協力」が次のように謳われたことは注目に値する。

（学校，家庭及び地域住民等の相互の連携協力）

第十三条　学校，家庭及び地域住民その他の関係者は，教育におけるそれぞれの役割と責任を自覚するとともに，相互の連携及び協力に努めるものとする。

もとより「学校，家庭及び地域住民その他の関係者は，教育におけるそれぞれの役割と責任」を負うことは自明のことであり，改めて言及するまでもないことのように思われる。にもかかわらず，教育基本法に掲げなければならなかったのは，三者の役割と責任の分担が一方的に学校に偏ってしまっているという困難な現状を，わが国の教育体制が抱え込んでしまっていることを示唆している。コミュニティ・スクールが，今日のような関心を集めるのは，そうした不均衡を是正するツールのひとつとして大いに期待されているからであろう。下関市でも，学校運営の手法をコミュニティ・スクールの方式に移行させることが，2015（平成27）年度から市が設置するすべて小中学校において実施されるに至っている。

そこで本章では，コミュニティ・スクールの制度化に至るまでの，学校と地域との関係をめぐるわが国の教育政策の展開についてまず第１節で概観する。その後に第２節で，学校評議員制度と比較しながらコミュニティ・スクールについて紹介する。そして第３節で，下関市におけるコミュニティ・スクールの様態を取り上げる。最後に，生涯学習社会の構築という観点から，コミュニティ・スクールを基盤とした「地域とともにある学校づくり」に関する成果と展望を述べる。

■１．学校と地域との関係をめぐるわが国の教育政策の展開―「開かれた学校づくり」

学校と地域との関係をめぐるわが国の文教施策の歴史をさかのぼってみると，戦後もっとも早く登場した文言は，「学校開放」という捉え方であった。1947（昭和22）年３月に制定された旧教育基本法とともに公布された学校教育法第85条（現行137条）には，「学校施設の社会教育等への利用」について次のように定められた。「学校教育上支障のない限り，学校には，社会教育に関する施設を附置し，又は学校の施設を社会教育その他公共のために利用させることができる」。さらに学校教育法に遅れること２年，1949（昭和24）年６月には，やはり旧教育基本法のもと社会教育法が制定され，同法の第44条において社会教育の側から「学校施設の利用」について次のように定められた。「学校の管理機関は，学校教育上支障がないと認める限り，その管理する学校の施設を社会教育のために利用に供するように努めなければならない」。学校教育法第85条（現行第137条）と社会教育法第44条は，「学校教育上支障のない限り」という条件付きではあるが，学校施設の開放の法的根拠となった。それは，専用の施設や設備をほとんどもたない社会教育にとって，地域の大人たちに学ぶ機会とその場所を提供しようとすれば，どうしても欠かすことのできない必要な法的措置であった。

1953（昭和28）年２月になると文部省社会教育審議会は，「学校開放活動促進方策について」という建議を行い，1955（昭和30）年３月に同審議会は，「学校開放の実施運営はいかにあるべきか」という答申を行った。それらの建議および答申は，「学校開放」の機能を学校施設の利用に限定するような，視野の狭い捉え方を否定し，教育の機会均等に資する教育機関として，各学校が「地域社会学校としての学校経営」の方向に舵を切るよう求めるものであった。1950年代半ばといえば，高等学校への進学率はせいぜい50％程度で，義務教育である中学校を卒業した生徒のおよそ半数は就職する時代であった。当時の社会では，後期中等教育の機会に恵まれなかった大人たちの方が多数派だったのである。そうした大人たちに教育の機会を提供しようとすれば，学校という施設を開放するだけでは十分ではなかった。およそ「学校開放」には，「学校施設の開放」と「教育機能の開放」の２つの側面があるとされる（内田 2012：71）。教育の機会均等という観点からすると，前者の「学校施設の開放」にあわせて，後者の，学校が擁する「教育機能の開放」こそが求められたのである。

わが国の場合，地域住民への「学校施設の開放」は，1976（昭和51）年６月の文部事務次官通知「学校体育施設開放事業の推進について」によって進捗をみる。「学校体育施設開放事業」に関する予算措置などが講じられることになったことを契機に，地域住民への「学校施設の開放」は，50年代に急速に普及した。しかし，「教育機能の開放」については，1984（昭和59）年の臨時教育審議会の設置を待たねばならなかった。

長らく施設開放の域を出ないままであった「学校開放」に質的な深化がもたらされたのは，同審議会が，1985（昭和60）年６月の「教育改革に関する第一次答申」において「生涯学習社会」の構築を提言し，1986（昭和61）年４月の第２次答申および翌1987（昭和62）年４月の第３次答申に引き続き，同年８月の「教育改革に関する第４次答申（最終答申）」でもって「生涯学習体系への移行を主軸とする教育体系の総合的再編成を図っていかなければならない」と謳ったことによる。1990（平成２）年６月には，「生涯学習の振興のための施策の推進体制等の整備に関する法律」，いわゆる「生涯学習振興法」が制定され，学校は，地域の生涯学習の拠点のひとつとして，住民の学習需要に応えることが求められるようになった。ここに至って学校は，社会教育の視座に加え，生涯学習の理念からも「開放」を促されることとなったのである（渋谷 1998：19）。

1996（平成8）年7月になると，中央教育審議会（以下，中教審と略記）第一次答申「21世紀を展望した我が国の教育の在り方について」が出され，「今後における教育の在り方として，『ゆとり』の中で，子供たちに『生きる力』をはぐくんでいくことが基本である」と提言された。同答申は，「完全学校週5日制の実施」を提唱し，そのために教育課程については「教育内容の厳選」を図って「授業時数の縮減」を行うよう求めた。そのようにして「学校のスリム化」を実現するとともに，それに応じて「学校・家庭・地域社会の連携と適切な役割分担を進めていく」ことの重要性を指摘した。同答申の背景には，「いじめ・登校拒否の問題」の深刻化があり，「いじめ・登校拒否の問題の解決に当たっては，学校が全力を挙げて取り組むことはもとより重要であるが，学校のみで解決することに固執しない開かれた学校運営も大切だ」との言及がなされている。さらに，「これからの学校が，社会に対して『開かれた学校』となり，家庭や地域社会に対して積極的に働きかけを行い，家庭や地域社会とともに子供たちを育てていくという視点に立った学校運営を心がけることは極めて重要なことと言わなければならない」とも述べて，そこから「開かれた学校」づくりが教育課題となった。

■2．コミュニティ・スクールを基盤とした「地域とともにある学校づくり」

「開かれた学校」へという政策動向は，学校の制度面において具体的な変革をもたらした。すなわち，「学校評議員制度」の導入である。学校評議員制度は，1998（平成10）年9月の中教審答申「今後の地方教育行政の在り方について」において提言され，2年後の2000（平成12）年4月に，学校教育法施行規則が改正されたことで実現をみている。コミュニティ・スクールよりも４年ほど先行して法制化された。同規則第49条に拠れば，学校評議員とは，「校長の求めに応じ，学校運営に関し意見を述べることができる」もので，同制度は，地域住民が学校運営に参画する仕組みとしてはわが国初のものであった。とはいえ，学校評議員の「意見」は，校長に求められた際に限って個人として述べるもので，学校運営に関して何らかの拘束力や制約のある決定などを行うものではなかった。

2004年３月に中教審が答申した「今後の学校の管理運営の在り方について」（以下，「平成16年答申」と略記）は，第２章のタイトルに「地域が参画する新しいタイプの公立学校運営の在り方について」と掲げて「既存の枠組みを超えて，新たに保護者や地域住民が一定の権限と責任を持って主体的に学校運営に参加するとともに，学校の裁量権を拡大する仕組みを制度的に確立し，新しい学校運営の選択肢の一つとして提供することも必要」と述べている。そして，そのような「新しいタイプの公立学校」を「地域運営学校」と仮称した。さらに，「学校の運営への保護者や地域住民の参画を制度的に保障するための仕組みとして，教育委員会が，地域運営学校の運営について協議を行う組織を設置することが必要」だと指摘し，「地域運営学校」に置かれる組織を「学校運営協議会」とよんだ。この「平成16年答申」をうけて同年６月に，地教行法の一部が改正され，「地域運営学校」は，学校運営協議会制度として法の定めるところとなった（天野 2016：66-67）。

このようにして成立をみたコミュニティ・スクールは，学校評議員制度と比較すると，次のような３つの具体的な権限を有している点で，「地域運営」の方向にいっそう前進したものであった。まず第１に，学校運営協議会は，校長の作成する学校運営の基本方針を承認する役割を担う。第２に，学校運営に関して教育委員会または校長に対して意見を述べることができる。学校運営協議会は，学校評議員のような単なる助言機関としてではなく，協議機関として学校における基本的な意思決定に関与することができるのである。そして第３に，学校運営協議会は，教職員の任用に関して教育委員会に意見を述べることができるし，その意見を任命権者は尊重することが義務づけられた（地教行法第47条の5）。学校運営にとって教職員の人事は，きわめて重要な意味をもつ。それへの影響力を行使できる点も，コミュニティ・スクールが学校評議員制度とは大いに異なるところであった。

法制化された直後の2005（平成17）年4月1日の時点で全国を見渡しても，コミュニティ・スクールは，4都府県に17校ほどが散在していたにすぎなかった。しかし，10年余りを経た2016（平成28）年度には，46都道府県にまたがって2,806校にまで増加している（文部科学省「コミュニティ・スクールの指定状況（平成28年4月1日）」）。文部科学省は，2013（平成25）年6月14日に閣議決定された「第2期教育基本振興計画」において，2017（平成29）年度までに「コミュニティ・スクールを全公立小・中学校の1割」にあたる3,000校に拡大するという「成果指標」を明らかにしており，コミュニティ・スクールは今後いっそうの普及をみるであろう。そうした進展と深いかかわりをもつのが，2011（平成23）年7月に「学校運営の改善の在り方等に関する調査研究協力者会議」がとりまとめた「子どもの豊かな学びを創造し，地域の絆をつなぐ～地域とともにある学校づくりの推進方策～」である。同会議は，2010（平成22）年10月に設置され，その後2012（平成24）年3月まで継続された。その間におきたのが，東日本大震災である。前節で述べたように，学校と地域との関係をめぐるわが国の教育政策は，「学校開放」にはじまって「開かれた学校づくり」へと着実に進展を遂げてきた。しかしその一方で，そうした展開にこそ「教育論からの学校と地域の連携」という，そもそもの限界が内包されていたのではないかとの指摘を行ったのが，先の提言「地域とともにある学校づくりの推進方策」である。そこには，「学校と地域の連携は，教育施策の中心的な柱とされており，本会議では，こうした流れの中で，社会の意識変化も踏まえながら『今後の学校運営改善の在り方』を捉え，学校運営のさらなる充実・発展のための議論を進めてきた。そのような中，東日本大震災の発生とその後の復旧に向けた営みは，本会議の議論にも大きな衝撃を与え，教育論からの学校と地域の連携にとどまらない『学校と地域の関係』が問われているのだとの認識を共有することとなった」と述べられている。すなわち，学校は，教育の専門家である教員によって運営される「子どもの学びの場」であるという狭い観念にとらわれ，学校を地域に開くといったような，学校を地域よりも優位に置く従来の発想から脱却すべきであるとの考えを改めて強く発信したのである。そして，学校が教職員も含めた地域の「大人の学びの場」となることで学校と地域との関係が対等となり，「地域づくりの核」となることを，「地域とともにある学校づくり」と称して提唱するに至った。

■ 3．下関市におけるコミュニティ・スクール

下関市では，2012年4月に「下関市コミュニティ・スクール運営要綱」が教育委員会によって定められ，市立の小中学校への「下関市コミュニティ・スクール」の導入が始まった（波佐間 2015）。同年度は，下関市の「コミュニティ・スクール元年」（下関市教育委員会 2014）と名付けられたが，厳密にいうと「下関市コミュニティ・スクール」は，地教行法の第47条の5の規定に基づく学校運営協議会を置く学校ではなかった。下関市の「運営要綱」には，コミュニティ・スクールを特徴づける3つの機能のうち，教職員の任用に関して教育委員会に意見が述べられることが明らかにされていなかったからである。とはいえ，「教職員の任用に関する意見」をめぐっては，「コミュニティ・スクールの推進等に関する調査研究協力者会議」（以下，コミュニティ・スクール調査研究協力者会議と略記）によって2015年3月に取りまとめられた報告書「コミュニティ・スクールを核とした地域とともにある学校づくりの一層の推進に向けて～全ての学校が地域とともにある学校へと発展し，子供を中心に据えて人々が参画に協働する社会を目指して～」のなかに，「学校運営協議会設置の足かせとなっている実態も存在する」（コミュニティ・スクール調査研究協力者会議 2015：34）という指摘がみられるように，制度の導入に際してそれが障壁のひとつとなっていることは，下関市の場合に限らず広く共通する課題となっている。また同報告書には，「学校運営協議会制度を導入している教育委員会の約76％において，教育委員会規則にその旨が明定されている」（コミュニティ・ス

クール調査研究協力者会議 2015：33）との記述が確認できるものの，それは別の見方をすれば，24％に上る教育委員会が，「教職員の任用に関する意見」については法律上，任意の機能であることから意図的に言及を忌避しているのが実情であるともいえよう。

2013年2月に下関市は，市内の全小中学校を「下関市コミュニティ・スクール」に指定すると，2013年度を「コミュニティ・スクール推進の年」と定め，「周知と熟議」をテーマに掲げた。学校やPTAなど各種の関係諸団体に向けての説明会を実施するとともに，8月からは中学校区を単位として，「熟議」とよばれるワークショップ形式の研修会を開催した。同研修会は，翌2014（平成26）年の3月まで継続され，市内22の中学校区すべてで実施をみている（下関市教育委員会 2014）。その後，下関市は，同年6月に，それまでの「運営要綱」に替えて「下関市学校運営協議会規則」を公布し，同年7月に施行した（波佐間 2015）。同規則では，学校運営協議会の3つの機能のうち，学校運営の基本方針の承認については第10条に，学校運営に関する意見については第11条に，「教職員の任用に関する意見」については同条の2にそれぞれ明記されるに至り，下関市の小学校50校と中学校22校はすべて，「コミュニティ・スクールに類似した取組」と分類される導入段階を脱し，地教行法の第47条の5の規定に基づくコミュニティ・スクールへと移行を果たした。

学校運営協議会が法律上，備える権能は先に述べた3つであるが，コミュニティ・スクール調査研究協力者会議は，それらに加えて学校評価活動の機能，学校支援活動の機能，並びに「小中連携教育（小・中学校が互いに情報交換や交流を行うことを通じて，小学校教育から中学校教育への円滑な接続を目指す様々な教育）」（コミュニティ・スクール調査研究協力者会議 2014：4）を推進する機能の3つを併せ持つコミュニティ・スクールが，近年の実態として一般的になりつつあると指摘している。同会議が示したデータによれば，第1の学校評価活動を学校運営協議会の機能として教育委員会規則に位置づけている割合は78％に上るし，第2の学校支援活動に関しても，その割合は68％に達するという（コミュニティ・スクール調査研究協力者会議 2015：38-39）。下関市の場合も例外ではなく，「下関市学校運営協議会規則」の第12条には，「協議会は，毎年度1回以上，当該指定学校の運営状況等について評価を行うことができるものとする」と規定しており，各学校や地域の実情等に応じて学校評価に取り組むことを可能にしている。具体的には，教職員を除く学校運営協議会委員が学校関係者評価委員を兼務し，学校運営協議会の活動の一部として学校関係者評価を実施している学校が，下関市では多くを占めるようだ。また，同条の2では，「協議会は，指定校の運営について，地域住民等の理解，協力，参画等が促進されるよう努めるものとする」と定められている。これをうけて下関市内の各学校では，運営協議会が地域住民による学校支援ボランティアを「学校応援団」として組織化し，学校運営の基本方針を踏まえた教育支援活動が展開できるような仕組みづくりを進めている（下関市教育委員会 2014）。

第3の小中連携教育を推進する機能については，中学校区をひとつの運営単位と捉える小・中合同の学校運営協議会を設ける方式が下関市内に広がりをみせている。パターンとしては，大きく2つに分けられるだろう。ひとつは，各学校に運営協議会を置きつつ，中学校区の合同運営協議会を組織する事例である。この場合，各学校の運営協議会委員のうち代表数名が，合同運営協議会委員となり，中学校区で共通した教育目標を策定し，総合的な企画を立案したり，調整をはかったりしていく。もうひとつのパターンは，各学校に運営協議会を置きつつ，中学校区の合同運営協議会が組織されている点では変わらないものの，合同運営協議会の委員全員が各学校の運営協議会委員に割り当てられている事例である。前者は，各学校，もしくはそのいずれかの学校の運営協議会の取り組みが先にあって，その後に中学校区で合同の運営協議会を設置しようとする動きが生じた場合に多くみられるパターンである。一方，後者のパターンは，下関市が市内の全小中学校を一斉に「下関市コミュニティ・スクール」に指定した2013年2月まで，中学校区内のいずれの小・中学校も「コミュニティ・スクール運営協議会」を置いていなかった中学校区に見出せる。どちらのパターンであるとしても，小中連携教育が効果的に行われるためには，各学校の運営協議会と中学校区の合同運営協議会それぞれの自立と連携体制の内実が常に問われることになろう。

■おわりに

下関市のコミュニティ・スクールと「学校応援団」の関係は，コミュニティ・スクールと「学校支援地域本部」(これ以降，地域本部と略記する) とのそれを想起させる。コミュニティ・スクールと一体的に運営される地域本部は，学校の目標や課題を共有しつつ学校支援活動が展開できるというメリットをもつ反面，学校運営協議会のあたかも下請けのようになって学校を支援する活動だけに傾斜してしまい，学校の優位性やそれへの依存をますます強化させるという悪循環に陥りがちな傾向がかねてから指摘されてきた。2016年12月に出された中教審答申「新しい時代の教育や地方創生の実現に向けた学校と地域の連携・協働の在り方と今後の推進方策について」が，これまでの地域本部を「地域学校協働本部」へと発展させるよう提言したのは，そうしたデメリットを克服しようとするものである。学校支援地域本部であれ，地域学校協働本部であれ，もとより学校支援活動は，学校教育の充実だけを視野におさめるものではない。学校を支援すべく取り組まれる活動が，学校の教職員も含めた地域の大人たちにとって学び合いの機会となり，あるいは学び合いの成果を発揮する場となって生涯学習社会の構築を促進し，さらに，そのような学習活動を通じて個々の大人たちの市民としての力量が形成されると同時に，学習活動を媒介として地域のネットワークがいっそう豊かに築かれることが，本来のねらいである。個人が発揮する力とネットワークがもたらすパワーとの相互作用によって，地域がもつ教育力が底上げされるというエンパワメントの連鎖を引き出すことこそが重要なのである。

そうであれば，下関市の「学校応援団」が地域本部と同じ轍を踏まぬよう，それぞれのコミュニティ・スクールには各学校と地域の実情に応じた工夫が求められよう。学校には，地域をパートナーとして迎える覚悟が必要である。地域から学校に届けられる支援を積極的に受け入れていることから，それをもって地域に「開かれた学校」であると標榜しても，その体制は「協働」とはよべない。また，地域には，学校のパートナーとなるべく「当事者」としての志が求められる。子供の教育は学校にただ協力していればうまくいくと考えるのではなく，地域の側こそが子供たちの教育を深化させられるよう，コミュニティ・スクールにおいて担う役割と実施の体制を主体的に見定め，かつ全体的に俯瞰する視点が欠かせない。さいわい下関市には，「まちづくり協議会」という構想が進められている。それは，「住民自治によるまちづくりを推進するために自治連合会のまとまりを基底とした，おおむね中学校区の地区の市民」や市民活動団体，企業などを包摂する任意の組織とされる（下関市ホームページ）。下関市のコミュニティ・スクールは，そうした地域ネットワークとも緩やかなつながりを築いて「学校応援団」に広がりをもたせることが可能であるし，その取り組みは「地域とともにある学校づくり」を「学校を核とした地域づくり」へと進化させる潜在的な力を養う土壌となることが期待できるだろう。

引用・参考文献

天野かおり「教職に関する科目『教育制度』の授業改善をめぐる考察―学校支援活動による体験的学びを関連づけた授業デザイン」『下関市立大学論集』59(3)，2016年：65-74

内田純一「学校開放」社会教育・生涯学習辞典編集委員会編『社会教育・生涯学習辞典』朝倉書店，2012年：71

学校運営の改善の在り方等に関する調査研究協力者会議「子どもの豊かな学びを創造し，地域の絆をつなぐ―地域とともにある学校づくりの推進方策」2011年

コミュニティ・スクールの推進等に関する調査研究協力者会議「小中一貫教育を推進する上での学校運営協議会の在り方について（第一次報告）」2014年

―――「コミュニティ・スクールを核とした地域とともにある学校づくりの一層の推進に向けて―全ての学校が地域とともにある学校へと発展し，子供を中心に据えて人々が参画・協働する社会を目指して」2015年

渋谷照夫「学校開放の歴史と動向」『茨城大学生涯学習教育研究センター報告』3，1998年：16-20

下関市教育委員会「下関市コミュニティ・スクール―地域とともにある学校」（パンフレット）2014年

下関市ホームページ「まちづくり協議会の設立に向けた取組」http://www.city.shimonoseki.lg.jp/www/contents/1429667231119/index.html（最終閲覧日2016年9月25日）

波佐間清「はじめに」下関市教育委員会『平成 26 年度下関市立小・中学校コミュニティ・スクール実践事例集』2015 年
文部科学省「コミュニティ・スクールの指定状況（平成 27 年 4 月 1 日）」http://www.mext.go.jp/a_menu/shotou/community/shitei/detail/1372303.htm（最終閲覧日 2016 年 9 月 25 日）

第12章

下関市立大学における外国研修とその教育的効果

—中国語を例として

秋山　淳

■はじめに

筆者は，中国語教員として下関市立大学（以下本学とする）に2014（平成26）年に赴任して以来，今年度が３年目になる。その間に本学の学生が夏休みを利用し，中国語圏で中国語を学ぶという外国研修を2015（平成27）年度と2016（平成28）年度の２回にわたり担当し，学生を中国語圏へ引率した。昨年は中国の青島大学に10名の学生を引率した。彼らは，そこに２週間滞在し，午前中に中国語を学び，午後には現地の学生や街の人びとと中国語を実践しながら交流を図った。また，今年９月には24名の学生を台湾の銘傳大學基河キャンパスに引率した。彼らは，そこに２週間滞在し，午前中に中国語を学び，午後はチューターと共に台北の街に出かけ，自ら現地の方々と中国語を実践しながらコミュニケーションを図った。本章はこの昨年と今年の２回担当した外国研修を通じ，それがどのような点に教育的効果があったのか，改善すべき点は何かといったことを明らかにし，次年度以降の本学の外国研修において教育的な効果を高める方法について考察を行うものである。

■１．本学の語学教育における外国研修の位置づけ

具体的に考察に入る前に，本学における語学教育について，その特徴とその位置づけについて触れておく。

１-１．近隣の大学の第一外国語としての中国語—九州大学，西南学院大学，北九州市立大学，山口大学

本学は経済学部（経済学科・国際商学科・公共マネジメント学科）のみの単科大学である。その本学の語学教育において特徴的なことは，英語以外の外国語の

なかで，中国語と朝鮮語の何れかを第一外国語として選択することが可能であるということである。これは外国語大学を除けばきわめて珍しい特徴である。近隣の大学を見てみると，西南学院大学や九州大学（何れも福岡市）でも中国語を第一外国語として選択することができる。ただし，西南学院大学は国際文化学部（1，2年次に合計10単位[1]），九州大学でも文学部（合計7単位[2]）のみであり，経済学部の場合，両大学とも中国語を第一外国語にすることはできない。北九州市立大学の経済学部も中国語は第二外国語として4単位～8単位の履修しか認められていない。また，山口県内の大学では山口大学も経済学部を有しているが，山口大学においても，中国語は第二外国語であり，共通教育としての中国語を8単位修得すればよいということになっている[3]。このような状況から，本学（経済学部）が中国語や朝鮮語を第一外国語に選択できることは，きわめて珍しく，大きな特色のひとつであるということができる。これは本学が立地的に東アジアに近いということが好条件になっているのであろう[4]。

I－2．本学の語学教育のカリキュラム—中国語

さて，上記で述べたように，近隣の大学の状況を通して，第一外国語として中国語と朝鮮語を選択できることが，本学の大きな特徴であることを簡単に触れた。本学における外国語科目の位置づけを確認するために，この節では中国語教育関連科目のカリキュラムに触れておくことにする。

本学のカリキュラムは基礎教育，教養教育，専門教育の3本柱から成り立っている。「外国語」は基礎教育の範疇である。その基礎教育は，「外国語」，「国際コミュニケーション」，「情報・数理」，「健康・スポーツ」から構成されている。そのなかで「外国語」は「第一外国語」と「第二外国語」に分かれ，「国際コミュニケーション」は「外国語実習」と「外国研修」に分かれている。

(1)基礎教育：

①外国語—［1］第一外国語

［2］第二外国語

②国際コミュニケーション—［1］外国語実習

［2］外国研修

③ 情報・数理―［1］情報

［2］統計

［3］数学

④ 健康・スポーツ科学

経済学科・公共マネジメント学科は，語学の単位として10単位（第一外国語8単位＋それ以外2単位）が卒業必要単位数である。国際商学科は，語学の単位として16単位（第一外国語8単位＋外国語実習6単位＋それら以外2単位）が卒業必要単位数である。たとえば：

⑵ 第一外国語が中国語，第二外国語を英語に選択した場合：

① 第一外国語：［1］中国語A～D（一年次）（各1単位）

［2］中国語E～H（二年次）（各1単位）

［3］中国語演習a～f（全学年）（各1単位）[5]

② 第二外国語：［1］英語L～M（一年次）（各1単位）

［2］英語N～O（二年次）（各1単位）

② 国際コミュニケーション：［1］中国語実習a～b（一年次）（各1単位）

［2］中国語実習c～f（二年次）（各1単位）

［3］中国語実習g～h（三年次）（各1単位）[6]

［4］中国語実習i～j（四年次）（各1単位）[7]

［5］外国研修A～D（全学年）（各2単位）

① の第一外国語の中国語A～D（一年次）は，中国語の基礎的な文型，文法を学習する。中国語E～Hでは，一年次で学習したものを基礎として，読解力やリスニング力を強化していく。中国語演習は，故事成語や中国語検定対策の授業が行われる。③ の国際コミュニケーションの中国語実習は，中国語の基礎的な文型，文法を学んでいる，またはすでに学んだそれぞれの学習歴に合わせた，中国人教員との対話型の授業である。中国人教員は，本学の教員と青島大学から毎年派遣される教員の二名が担当する。外国研修は，中国語圏に行って，現地で中国語を学びながら，現地の人と中国語を実践することでコミュニ

ケーションを図る科目である。現地で中国語を実践することにより，実際に自分の中国語が通じたということを体験できる，また交流を通じて，異文化理解を深めることが可能な科目である。このように外国語科目としての中国語は，日頃の訓練によって，学生の中国語の総合的な力を伸ばすことを目標とするものであるのに対し，国際コミュニケーションは，中国人教員や現地での人びととのコミュニケーションを通じ，国際的に通用する語学力を伸ばす科目となっている。また，教養・専門科目はしっかり学ぶことにより，外国語学習の視点からは何を話すかに対応させることができる科目である。つまり，第一外国語の科目と国際コミュニケーションの科目，教養科目，専門科目の関係を図で示すならば，次のようになる：

外国研修は，国際コミュニケーションの科目として位置づけられており，外国語の授業と教養・専門科目を下地としたコミュニケーション能力を中国語圏で実践することにより，高めるための科目である。また，文法・読解・文型学習を中心とする第一外国語に対し，外国研修は，外国語実習と共に国際コミュニケーション科目として中国語母語話者とのコミュニケーションを図ることができ，第一外国語で学んだことを実践できる授業であり，バランスの取れたカリキュラムとなっている。しかし，経済学科・公共マネジメント学科の学生

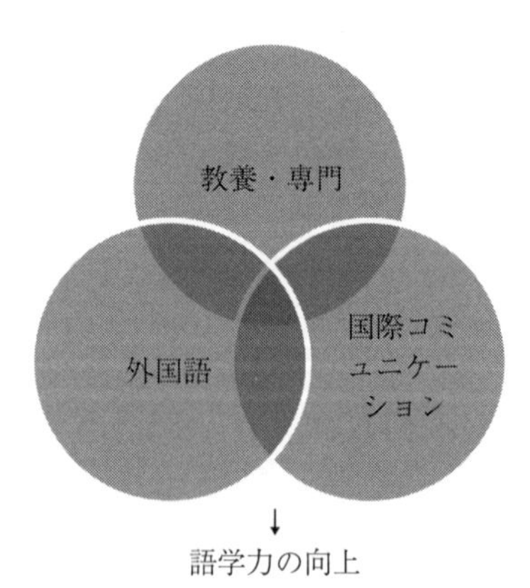

図 12-1　本学の基礎教育における教養・専門科目と外国語・国際コミュニケーション科目の関係

は，第一外国語８単位と第二外国語（春学期１単位＋秋学期１単位）２単位の組み合わせ，もしくは第一外国語８単位と第二外国語（春学期１単位）１単位に外国語実習（春学期１単位）の組み合わせで10単位を取るケースがほとんどであり，国際商学科の学生は，第一外国語８単位と外国語実習６単位の他に第二外国語（春学期１単位＋秋学期１単位）２単位で16単位を取るケースがほとんどである。このことについては後の節で触れることにする。

■２．これまでの外国研修の実施状況（2003年～2016年の13年間）

外国研修の具体的な状況について述べていく前に，本学における外国研修はいつから始まり，これまでどのような推移をたどったのかをみていく。

本学の外国研修は1994（平成６）年に開始され，今年で23回を数えた。本学の国際センターの資料から1994年以降を紹介することとする。[8)]

外国研修（中国語）の実施状況（実施年，研修場所，参加人数）：

1994年～2002年　青島 or 北京　139名

実施年	研修場所	参加人数	実施年	研修場所	参加人数
2003年	北京大学	22名	2004年	北京大学	11名
2005年	北京大学	27名	2006年	青島大学	２名
2007年	—	—	2008年	北京大学	９名
2009年	北京大学	９名	2010年	青島大学	非開講
2011年	北京大学	８名	2012年	—	—
2013年	青島大学	６名	2014年	—	—
2015年	青島大学	10名	2016年	銘傳大學（台湾）	24名

1994年～2002年では本学の国際交流センターの資料ではどの大学に研修に行ったのか特定できない書き方であったので，最初の９年間はこのように記述した。この資料からいえることは，2005年の北京大学での研修以降，研修参加者が減っていることである。2007年，2012年，2012年，2014年は開講されていない。[9)]このころから中国語の履修を希望する学生が少なくなってきたことに加え，重症急性呼吸器症候群（SARS（サーズ））などが原因と考えられる。それ以降，2015年の青島大学での研修まで，10名以上の履修者を集めること

はむずかしくなっている。このような中国語履修希望者が減っていくなかで，筆者が，2015年に最初の外国研修を担当することになった訳である。

■ 3．外国研修A（中国語）（2015年）と外国研修B（中国語）（2016年）

さて，国際コミュニケーションとしての「外国研修」（中国語）の科目としての位置づけとこれまでの実施状況の推移をみてきた。ここからは，実際に筆者が担当した青島大学と銘傳大學での実施状況について考察することにする。

3-1．外国研修A—青島大学

2015年度の外国研修（中国語）は中国山東省青島市にある，青島大学の中心キャンパスで実施した。青島大学は，約3万2,000名の学生が学んでいる大学である。研修を実施するにあたり，2015年度は6月より数回の説明会を行い，研修参加者を募集した。先の節で触れたように，2005年の北京大学での研修を最後に，参加人数が二桁に満たず，開講されなかった年もあること，中国語履修者の減少などから，参加人数の少なさを危惧し，筆者の授業だけでなく，非常勤の先生の授業中の僅かな時間も借りて，研修参加者を募集した。その結果，2014年度に筆者の授業をうけていた学生10名が研修に参加することになった（参加当時は全員2年生）。説明会では渡航費，学費・宿泊費・パスポートの取り方などを説明した。参加人数が確定してからは，本学に留学中の青島大学の学生からキャンパスや青島市内の様子などを紹介して貰った。

3-2．日　程

昨年度の青島大学での研修は，下記のような日程で行われた（表12-1）。9月9日（水）に学生たちと筆者は，福岡空港より青島流亭国際空港へ向けて出発した。青島流亭国際空港には青島大学国際交流合作処の職員と2名の日本語学科の学生が迎えに来てくれた。われわれは，青島大学まで移動し，私は学内にあるホテル，学生は留学生が主に利用する寮でそれぞれ手続きを行った。それぞれの場所に2週間滞在した。筆者と学生の連絡は，それぞれの宿泊先が同

表12-1　2015年青島大学中国語研修日程

		8：30～12：30	14：00～16：00	16：00～
9/9	水	14：40福岡空港発（MU536）～青島流亭国際空港16：15着		
10	木	開校式・クラス分け	中国文化体験＆日語系学生との交流	
11	金	市内視察		
12	土	自由行動		
13	日	自由行動		
14	月	中国語授業	中国文化体験＆日語系学生との交流	
15	火	中国語授業	中国文化体験＆日語系学生との交流	
16	水	中国語授業	中国文化体験＆日語系学生との交流	
17	木	中国語授業	中国文化体験＆日語系学生との交流	
18	金	嶗山観光		
19	土	自由行動		
20	日	自由行動		
21	月	中国語授業	中国文化体験＆日語系学生との交流	
22	火	中国語授業	中国文化体験＆日語系学生との交流	
23	水	テスト	修了式	
24	木	10：50青島流亭国際空港発（MU535）～福岡空港13：40着		

じキャンパス内にあるため，直接会うか，微信を使った[10)]。学生たちは，毎朝8時半開始の授業に向けて寮から教室まで徒歩で7～8分の教室に向かった。

クラス分けは，2日目の午前中に学生一人ひとりに対し，テキストを音読させて，適切なクラスを決めていた。クラスは本学の学生のみではなく，長期留学のクラスに入るという形式であった。本学の学生が入っているクラスは，初級のクラスであり，それらのクラスは欧米からの留学生が多いこともあり，授業はほぼ100％英語で行われていた。テキストは，本学の学生が2週間のみの学習期間であることを青島大学側が考慮し，購入させることはせず，コピーが配布された。

食事に関しては学内に食堂，コンビニ，スーパーもある。またカルフールやイオンなどの大型スーパーにも路線バスで10分～15分程度の距離にあり，大変便利である。

授業は午前中のみで，午後は完全フリーである。本学の学生たちは，青島大学の日本語学科の学生たちと買い物に出かけたり，五四広場，青島海底世界，青島中山公園などに観光に出かけたりしていた。前半の1週間は，日本語学科の学生たちが本学の学生と一緒に勉強したり，出かけたりしてくれたおかげ

写真 12-1　正門前にて

写真 12-2　四川料理店にて

で，学生たちは困ることもなく，順調に過ごしていた。後半は，徐々に慣れてきたせいか，自分たちでも積極的に街へ出かけ，買い物などを楽しんでいたようだった。また青島市は下関市と姉妹友好都市であるため，梅光学院大学からも留学に来ているし，山口県と山東省が友好協定を結んでいることもあり，山口県立大学の学生も留学に来ており，彼女たちからも青島大学の中国語の授業のことや青島市内に関する情報を得ており，とても役に立っていたようだった。

中国文化体験のプログラムとしては，嶗山に登ることが組み込まれていた。これは長期留学生に対するプログラムで，登山道入り口まではバスで移動し，そこから各々登っていくというものであった。残念ながら，それ以外に中国文化を学ぶ授業をうけることはできなかった。

3-3．教育的効果

青島大学での２週間の中国語研修を終えて，帰国した本学の学生たちに，どのような教育的効果があらわれたのかについて，考察したいと思う。

2015 年 11 月 19 日に第７回中国語スピーチコンテストが開かれた。このスピーチコンテストは，下関中等教育学校，東亜大学，梅光学院大学，山口県立大学と本学の学生など併せて 39 名が出場した[11)]。このスピーチンコンテストには，外国研修Ａ（中国語）に参加した 10 名中，６名が出場した。朗読の部Ⅱに３名，暗唱の部に３名出場し，１名が暗唱の部の最優秀賞を受賞し，もう１名が暗唱の部の優秀賞を受賞した。とくに暗唱の部で優秀賞を受賞した学生は中国語が第二外国語だったので，よく努力していた成果であると考えられる。出場した６名のなかで，１名が本年のスピーチコンテストにも出場するために，中国人教員と共に毎日練習しているようである。その学生は，中国語スピーチコンテスト山口県大会にも出場予定である。筆者はとくに出場を促していなかったが，研修に参加した効果ではないかと考えている。

スピーチコンテストに出場した以外には，中国語検定を積極的にうけている研修参加者もいる。今年度中に２名が中国語検定３級に合格している。また，今年11月にある中国語検定にも２名が申し込んでいるようだ。合格するしないにかかわらず，受験することも教育的効果があるといえるのではないだろうか。

3-4．外国研修Ｂ―銘傳大學（台湾）

本年度の外国研修（中国語）Ｂは，昨年８月に交流協定を締結した銘傳大學（台湾）で行われた。銘傳大學は，2015年２月現在で約２万2,000人の学生が学んでいる大学である。キャンパスは，台北，桃園，金門，馬祖，Saginaw Michigan（米国）にある。管理，マスコミ，デザイン，情報，観光，応用外国語，健康，社会科学，法律，国際の10学部がある。銘傳大學で行われる研修は今年度が初めてである。今回は，参加費の交渉を筆者が研修先と旅行社に対して行った。参加費が決定すると，４月から数回にわたり説明会を開いた。説明会で気づいたことであるが，一年生は入学してから，授業料以外にも支払うべきものがある影響で，参加をためらっている学生が多く見受けられた。それから，２年生以上であっても，参加費全額または大部分をアルバイトで賄い，保護者からの援助をまったくもらわないか少ない金額にとどめて，参加しようと考えている学生がほとんどであった。そこで，旅行社とも話し合い，渡航費を少しでも安く抑えようということで，中華航空からエバー航空に切り替えたりした。昨年度と同様に非常勤の先生の授業の時間も一部お借りして，価格改定ごとに２～３度研修参加の案内を行った。その結果，昨年より多い24名の参加者を集めることができた。参加者が決まった後に，最終説明会で，旅行社の方とともに，参加費の支払い方法や台湾で過ごす際に注意すべきことなどや日程を含む研修参加のしおりを配布し，出発前の準備を終えた。

3-5．日　程

本年度の銘傳大學華語訓練センターでの研修は，下記の日程で行われた（表12-2）。

9月11日（日）に学生たちと筆者は，福岡空港より台湾桃園空港へ向けて出発した。空港には銘傳大學華語訓練センターの先生と応用日本語学科の先生が迎えに来てくれた。われわれは，台北市内にある銘傳大学の基河キャンパスまで移動し，キャンパスビル7階・8階にある基河教學會舘で手続きを行った。そこに筆者および参加学生全員が2週間滞在した。連絡は直接会うかラインで行った。学生たちは，毎朝九時開始の授業に向けて7階，8階の部屋から3階，5階の教室に移動するということだったので，キャンパスの向かいにあるお店で中国式の朝ご飯（中国式揚げパンをクレープで挟んだものと豆乳）を買って食べるという台湾式朝ご飯を体験する時間もあった。

クラスは，初日に学習歴で3つに分けられた。3年生の参加者はある程度の

表 12－2　2016 年銘傳大學中国語研修日程

		9：00～12：00	13：00～15：00	15：00～
9/11	日	桃園空港到着・迎え	始業式（クラス分け）（士林夜市）	
12	月	始業式・クラス分け	学生交流＆フリー（士林夜市）	
13	火	中国語授業	台風に備えカルフールで買い物	
14	水	中国語授業	**文化コース（糝粉細工）**	西門中正
15	木	中国語授業	動物園	
16	金	中国語授業	故宮博物院	淡水
17	土	台風のため活動中止		
18	日	中国語授業	各自市内観光	
19	月	中国語授業	国父記念館（休館）・誠品生活松菸店	
20	火	中国語授業	銘傳大學桃園キャンパス訪問	龍山寺剥皮寮
21	水	カンフー体験	**大稲理・霞海城隍月老廟・迪化街**	
22	木	中国語による発表	孔子廟	**鼎泰豐101＆象山**
23	金	一日旅行（十分・平渓・九份）		
24	土	桃園空港到着・帰国・福岡空港で解散		

写真 12-3

写真 12-4

中国語のレベルだったので，台湾の大学受験予定のクラスに入った。

食事に関しては，キャンパスの直ぐ近くに士林夜市があり，お弁当屋も，コンビニもあり，スーパーもある。またMRTの剣潭駅まで徒歩10分程度であり，そこから台北市内の各地へ移動することができ，どこに行くにもアクセスの便利な場所であった。

授業は午前中のみで，午後はチューターと一緒に台北市内の各地に繰り出し，買い物したり，観光したりした。チューターは，日本語のできる方と英語のできる方の２名が常にいて，学生たちは中国語や英語でコミュニケーションを図っていた。また，夜市が近かったので，学生達は積極的に繰り出し，中国語を駆使し，楽しんでいたようである。

研修期間中，銘傳大學桃園キャンパスにある応用日本語学科にお邪魔し，本学の学生と銘傳大學応用日本語学科の学生と交流する機会をもつことができた。故宮博物院や孔子廟などの中華文化に触れることもでき，台北市内の古い街並みをみることもでき，また台北を離れて，九份や平溪にも行くことができた。また天候に合わせ，日程を柔軟に変更できる銘傳大學の対応力に感心するとともに大変感謝している。

3-6．教育的効果

台湾から帰国したのが９月24日である。帰国して１カ月経過したばかりであるため，はっきりした教育的効果があるとはいえないが，研修に参加した参加者のなかから，留学希望者が出てきていることに注目したい。本学の派遣留学先は北京大学，青島大学，銘傳大學（台湾）の３大学であり，北京大学に留学するためには中国語検定３級，青島大学，銘傳大學に留学するためには中国語検定４級の資格が必要である。１年生の場合はほとんどの学生が入学後に中国語の勉強を始めるので，中国語検定試験をうけたことがないと考えられる。そこで，本学の派遣留学選抜試験に申し込む段階では，中国語検定の受験申し込みを確認できればよく，すでに２名が中国語検定の受験申し込みをしたことを確認している。また，11月３日に下関市勤労會舘で開かれる全日本中国語スピーチコンテスト山口県大会にも研修参加者のなかから２名が出場予定である。このことから研修を通じ，自分の中国語が通じた，相手の中国語が理解できたという実感をもつことができたということが，帰国後の中国語学習のモチベーションをあげている要因のひとつといえるのではないだろうか。本学でも12月に中国語スピーチコンテストを開催する予定である。昨年同様，研修参加者の多くの出場を望んでいる。

■ 4．外国語研修に関する問題点

昨年と今年の２回にわたり学生を中国語圏に引率する外国研修を担当した。この科目の教育的効果については先の節で述べた。本節では今後の外国研修の科目の教育的効果を高めるためにも，問題点について整理していく必要があると考えている。研修前と研修実施中に分けて考察する。

4－1．研修前

４月に入ると，外国研修に参加する学生の募集が始まる。参加者募集前に研修場所，期間，参加費をあらかじめ決め，説明会を２～３度ほど開く。参加人数が決まると，再び渡航手続き，スケジュールの説明で２～３回説明会を開くという流れである。研修先，期間，参加費（学費＋宿泊費＋渡航費）は，すべて研修先もしくは旅行社との交渉で決められていくが，すべて教員が交渉しなければならない。カリキュラムにおいて，外国研修は選択必修科目であること，本学の学生は参加費を全額またはほとんどアルバイト代で賄うため，負担が大きいと参加する学生が少なくなるため，本年度は学生の金銭負担を抑えるために，研修先や旅行社とも何度も交渉した。また，非常勤の先生の貴重な授業時間も借り，参加者募集を行ったりした。外国研修担当の教員の仕事があまりにも多すぎて教育や研修に影響が出るので，参加費などの交渉に関しては本学の国際交流センターが担当して欲しいと強く感じている。

4－2．研修中

昨年は青島大学に 10 名の学生を引率した。旅行社を利用しなかったので，何かあったときはすべて筆者が対処しなければならなかった。さいわいにも大きな問題は発生しなかった。今年は銘傳大學に 24 名の学生を引率した。昨年は大きな問題は発生しなかったが，今年は何かあった時のために旅行社を利用した。パスポートの紛失など，事前に旅行社の担当者と対策を何度も話し合った。さいわいにもそういったことは発生しなかった。ただ，今年の参加者は 24 名と昨年の倍以上になり，トラブルが複数箇所で発生した時には対処がむずかしいと感じた。危機管理というよりもリスクマネジメントシステムを導入し，たとえば，研修参加者が 15 名以上であれば，職員か本学の国際交流ともだちの学生に研修に付き添ってもらうことで，トラブル発生を防ぐことを考えた方が良いであろう。研修前の参加費の交渉から，研修期間中の危機管理まで担当教員 1 人に任せるのは，あまりにも負担が大きいと思われる。昨年と今年の 2 回はたまたま大きなトラブルは発生しなかったが，今後は発生するかもしれない。そういう意味でもトラブルが発生したときの対処（危機管理）ではなく，未然に防ぐ（リスクマネジメント）を考えた方がいいと強く思われる。

■おわりに

昨年と今年の 2 回，外国研修を担当した。帰国してから参加した学生から，「参加してよかった」，「楽しかった」，「中国語もっと頑張りたい」という声を聞くと，担当者としては苦労して準備して良かったと思う瞬間である。実際に研修に参加した学生が中国語を頑張っている姿をみると引率して良かったと感じるし，現地に行って２週間という短い期間ながらも，中国語圏での生活を通じて異文化を体験するということはとても貴重なことであると思った次第である。そういう意味でも問題点を少しでも解決していけば，よりよい研修になるのではないかと考えている。

注

1）http://www.seinan-gu.ac.jp/assets/users/7/files/international_culture2015.pdf 西南学院大学国際文化学部金縄初美教授（私信）に確認済み。
2）「平成 28 年度基幹教育履修要項―アクティブ・ラーナーへの道案内―」（96 頁）参照。
3）山口大学の経済学部は経済学科，経営学科，観光政策学科の３学科がある。そのうち，観光政策学科に関しては，共通教育としての中国語８単位の他に，中国語（閲読Ⅰ）などの単位を合わせて８単位を卒業単位に含めてもよいとなっているが，それは学生の選択によるものである。
4）http://www.shimonoseki-cu.ac.jp/handbook/3_policies.html（平成 28 年 10 月 31 日閲覧）参照。
5）中国語演習ｄ～ｆは平成 28 年度では非開講である。
6）中国語実習ｇ～ｈは平成 28 年度では非開講である。
7）中国語実習ｉ～ｊは平成 28 年度では非開講である。
8）当時の中国語担当者によれば，外国研修は 1990（平成２）年から始まっているとのことであるが，記録は 1994 年以降しかなかったので，それ以前のものは紹介できないことをお断りしておきます。
9）2014 年は前任者が他大学へ異動することが決まっていたために，筆者の赴任時にはすでに非開講が決まっていた。
10）微信とは中国発のメッセージアプリである。
11）本学主催の弁輪大会のひとつである。朗読の部Ⅰ，朗読の部Ⅱ，暗唱の部，弁論の部に分かれている。また他に日本語スピーチコンテストとコリアンスピーチコンテストがある。

引用・参考文献

阿部律子「これからの国際交流のあり方について」『調査と研究』第 36 巻，長崎県立大学国際経済文化研究所，2005 年：149-180
九州大学基幹研究院『平成 28 年度基幹教育履修要項』

工藤和宏「短期海外研修プログラムの教育的効果とは―再考と提言」ウェブマガジン『留学交流』12月号 vol.9, 2011年
下関市立大学国際交流センター『国際交流白書』（下関市立大学における国際交流の実情について）下関市立大学, 2015年
下関市立大学『学生便覧』平成28年度

第13章

The State of Community-Based English Language Courses for Adults in Shimonoseki

—An Examination of the Organizational Structure and Motives of Noncommercial Providers

Kristen Sullivan

本章は，下関市で成人を対象とした市民英語講座を提供している団体および教育機関の講座を提供するにあたっての動機や目的，また，組織の構造等を明らかにし，地域における英語学習環境のあり方について考えたものである。以前行った調査から，下関市ではさまざまな市民外国語講座がさまざまな団体や教育機関により提供されていることがわかったが，これらの講座は必ずしも学習者のニーズに応えておらず，また，これらの講座の存在は十分に市民に知られていないことも明らかになった。そして，下関市民の外国語学習環境を改善するためには，市民外国語講座を提供する団体および教育機関が連携して講座を企画し提供することが望ましいと指摘した。

それをうけ，今回の調査では，このような連携がそもそも可能であるかどうかを調べることを目的とした。市民英語講座を提供している団体および教育機関の代表やスタッフ，講座を実際に担当している講師へのヒアリングを行い，ホームページやその他の資料から各団体および教育機関に関する情報を集め，分析を行った。その結果，連携して講座を企画し提供することはきわめて困難であるという結論に達した。理由としては，まず，調査対象となった団体および教育機関は営利を目的としていないものの，それぞれに組織的目標があり，この目標が外国語教育の提供に関係していないことがあげられる。それに加えて，一部の団体および教育機関が市民英語講座を提供するまでの過程で計画性にやや欠けていることも連携をむずかしくする一因であると考えられる。そして，連携には，行政の役割に期待がかかるが，それに関してもさまざまな困難があることが明らかになった。

Ⅰ. The lifelong learning of foreign languages

The study of foreign languages is a lifelong endeavor. This is probably particularly the case with English in Japan, given not only its status as the global language of business and communication, but also its unique positioning within the Japanese education system and society at large. There are many potential opportunities for adults in Japan to continue with their learning of and interaction with English. There are online and offline commercial schools and courses, noncommercial courses offered by university extension programs and community organizations, and language clubs and circles run by interested citizens. There is also a multitude of opportunities to engage in the self-study of English: the various English proficiency exams and related study resources can be used by adult learners to guide their learning, and the Internet provides immediate access to both authentic and learner-oriented materials, as well as previously unimaginable opportunities to use English in genuine situations.

From an adult learner's perspective, however, this does not necessarily mean that it is easy to continue with one's study of English. There are financial obstacles to regularly attending commercial schools, and time obstacles given the vying obligations that adults must attend to. In addition to this are unique issues people face as adult learners of foreign languages. Adult learners may feel that they lack the competence to effectively study English on their own if they do not possess the knowledge and skills necessary to engage in independent language learning. Also, given the many years they have spent studying English as a formal school subject, adult learners in Japan may lack motivation and confidence if they do not feel their English proficiency has improved in relation to the amount of time they have invested.

Here, it seems that for some adult learners noncommercial, community-based language courses could potentially provide a good opportunity to engage, or reengage, with their studies of English. For a reasonable fee, these courses provide a learning program as well as guidance and support thanks to the presence of a teacher and other students. However, community-based language courses are not without their own problems. A previous study investigating the situation of adult learners of English, Chinese and Korean in Shimonoseki (Oh, Asano & Sullivan 2013) found that while quite a number of courses are on offer from different providers, they do not necessarily offer a systematic learning environment that matches the needs and preferences of adult learners, for example in terms of the timing, frequency, level and content of courses. In addition, it seems that a significant portion of potential participants are unaware of the courses on offer, which suggests that improvements can be made to the promotion of these learning opportunities. One suggestion offered by the study was that cooperation or collaboration between providers could possibly be helpful in improving the community-level learning environment.

■ 2. Study overview

The present study aims to consider whether a systematic approach to the provision of community-level English language learning opportunities for adult citizens that involves some level of cooperation or coordination between providers, as tentatively suggested by Oh, Asano and Sullivan (2013), would be viable in Shimonoseki. In order to evaluate this possibility, this study seeks to gain an understanding of the noncommercial organizations which currently offer English language courses for adults in Shimonoseki and their reasons for doing so. It should be made clear that this study is not advocating per se the introduction of a coordinated system, but is rather trying to firstly ascertain whether the introduction of such a system is feasible.

Data was primarily collected through interviews with representatives from these organizations (in Japanese) and the course teachers (in Japanese or English depending on the preference of the interviewee), and this was further supplemented with information available from each organization or facility's homepage, the Shimonoseki city government website, and published materials. In some cases, class observations and discussions with the adult learners taking these courses were also conducted. The organizations were identified through the Oh, Asano and Sullivan (2013) study, examination of recent editions of the Shihō Shimonoseki,[1)] and a supplementary internet search. In addition, personnel from the Shimonoseki-shi Kyōiku Iinkai, Shōgai Gakushū-ka (Shimonoseki City Board of Education, Lifelong Learning Division, hereafter Lifelong Learning Division) were also interviewed as this government division was considered to have a potential mandate to be involved in the systematic provision of noncommercial English language learning opportunities for adults.

The following sections will introduce the organizations involved in the provision of noncommercial English language courses for adults in Shimonoseki and outline their organizational structures and agendas. Details about the English courses they offer as well as the history of each organization's provision of English courses and the factors which come into play when deciding whether to hold these courses will then be outlined. The discussion will suggest that while these organizations are noncommercial, they do have specific organizational objectives to meet, unrelated per se with the provision of foreign language education, which would make the idea of cooperation or collaboration difficult. Moreover, the processes through which courses are decided to be held in the case of some organizations can be said to be unsystematic, potentially further complicating any attempts at coordination. Finally, analysis of the interview with the Lifelong Learning

Division staff shows how the division does not believe it is in the position to be actively involved in the provision, coordination or promotion of English language courses for adults, suggesting that the local government cannot be expected to play a major role in facilitating such an endeavor.

■ 3. Organizations offering noncommercial English language courses for adults in Shimonoseki

It is the intention of this study to have identified and interviewed representatives from all noncommercial organizations offering English courses for adults in Shimonoseki.[2)] In total, seven organizations or facilities were identified and they can be classified into four categories based on organizational type or structure as follows:

1. Organizations charged with the running of publicly-owned cultural, sporting and welfare facilities through the shitei kanrisha seido (designated administrator system)
2. Publicly-owned facilities under direct management by the local government
3. Universities and organizations affiliated to universities
4. International exchange associations

The following sections will consider each category in turn. Although each organization has its own unique history and agenda, there are a number of similarities within and differences between the four organizational categories which help to explain the unfeasibility of a coordinated system.

3-1. Designated administrator organizations

The designated administrator system was introduced in 2003 through a partial revision of the Local Autonomy Act, replacing the previous administration entrustment system which placed restrictions on the types of organizations which could be involved in the administration of public facilities and the extent of their involvement. It allows local public entities to appoint corporate bodies and other organizations, typically through a tender process, to manage public facilities in order to most effectively achieve the objectives of these facilities (Sato 2007: 219). Two such providers were found to be offering English language courses for adults in Shimonoseki: the Kōeki Zaidan Hōjin Shimonoseki Kinrō Fukushi Fukkō Zaidan and the Ippan Zaidan Hōjin Shimonoseki-shi Kōei Shisetsu Kanri Kōsha.

(1) The Kōeki Zaidan Hōjin Shimonoseki Kinrō Fukushi Fukkō Zaidan

The Kōeki Zaidan Hōjin Shimonoseki Kinrō Fukushi Fukkō Zaidan (hereafter Kinrō Fukushi Fukkō Zaidan or Zaidan within this section) has been managing the Shimonoseki-shi Kinrō Fukushi Kaikan (hereafter Kinrō Fukushi Kaikan or Kaikan within this section) since 2006[3] under the designated administrator system, and it has acquired the right to continue managing the facility until 31 March 2021[4]. The Kinrō Fukushi Kaikan, which is located in Saiwai-machi, was established in September 1981 with the objective to further the welfare and cultural education of workers[5], and it falls under the authority of the Shimonoseki-shi Sangyō Fukkō-bu, Sangyō Ricchi Shūgyō Shien-ka (Industrial Development Department, Industrial Location and Employment Support Division, hereafter Industrial Location and Employment Support Division)[6]. The Kinrō Fukushi Fukkō Zaidan's own stated objective is to conduct projects to further the welfare, cultural education and sports participation of workers, to manage and run the Kinrō Fukushi Kaikan and to contribute to the formation of solidarity among workers in the community[7].

In this way, the Zaidan prioritizes services for workers, and this agenda also influences its offering of English language courses for adults at the Kinrō

Fukushi Kaikan. Since 2013, the Zaidan has been offering a once a week, ninety minute long Test of English for International Communication (TOEIC)[8] class targeting beginner level learners from 6:30pm to 8:00pm on a weekday. It originally planned to offer two courses, one aimed at intermediate learners and the other at beginner learners, but as not enough people registered for the course in its first year to justify this, it was decided to offer only one course. The course is 15 weeks long and is held in the second half of the academic year. It is important to note that apart from stipulating that the course cover content related to the TOEIC test, the Zaidan has no input into the content of the course. The course is taught by a teacher who is not affiliated in any way with the Zaidan, and this teacher, who works as an adjunct lecturer teaching English at several universities in the area, has complete control over the content of the course.

The Zaidan decided to start offering TOEIC classes in response to media coverage in the early 2010s regarding the decision by several Japanese companies to use English as their official company language, as well as the reported use of TOEIC in the hiring and promotion of employees. It was considered that a TOEIC-oriented English course could potentially help local workers, which is in line with the Zaidan's overall objective. At the same time, however, the representatives interviewed as part of this study questioned the need for workers in Shimonoseki to learn English. Firstly, there are few major companies with offices in Shimonoseki. Secondly, managers of small and medium-sized businesses might not feel it is necessary for their workers to learn English, or they may not have the financial resources to send them to take such courses. If there is no incentive for workers to improve their English ability, they may not be motivated to take a course such as that offered by the Zaidan. Although the organization does plan to continue offering the TOEIC course for the foreseeable future, it does not see the offering of language courses as a matter of high priority; it believes there are other business-related courses which would better serve the needs of local workers.

(2) The Ippan Zaidan Hōjin Shimonoseki-shi Kōei Shisetsu Kanri Kōsha

The Ippan Zaidan Hōjin Shimonoseki-shi Kōei Shisetsu Kanri Kōsha (hereafter Kōei Shisetsu Kanri Kōsha or Kōsha within this section) has been managing the Shimonoseki-shi Kinrōsha Sōgō Fukushi Sentā (hereafter Kinrōsha Sogo Fukushi Sentā or Center within this section) under the designated administrator system since 2006,[9] and it has acquired the right to continue managing the facility until 31 March 2021.[10] The Kinrōsha Sōgō Fukushi Sentā, which is located in Chōfu Ōgi-machi, was established in September 1992 with the objective to advance the welfare and will to work of workers,[11] and like the Kinrō Fukushi Kaikan it falls under the authority of the Industrial Location and Employment Support Division. The Kōei Shisetsu Kanri Kōsha manages several facilities in Shimonoseki in addition to the Kinrōsha Sōgō Fukushi Sentā, including several sporting and recreational facilities, hotels and restaurants, historical buildings and gardens, parking lots, and the Shimonoseki-shi Kinrō Seishōnen Hōmu which is another publicly-owned sports, cultural and welfare facility under the authority of the Industrial Location and Employment Support Division. The objective of the Kōsha is to contribute to the development of the community and enhance the welfare and convenience of local citizens through the management of public facilities.[12] It is important to point out that it is the staff members of the Center itself who are in charge of proposing courses. The staff members submit their proposals to the Kōsha head office, which then gives final approval.

The Center is located within the Chōfu Ōgi-machi Kōgyō Danchi (Chōfu Ōgi-machi Industrial Estate), which is a waterfront industrial precinct. At the time of writing, 113 enterprises were members of the Chōfu Ōgi-machi Anzen

Kyōgi-kai (Chōfu Ōgi-machi Safety Council), including the Kinrōsha Sōgō Fukushi Sentā, which gives a general indication of the number of companies located within the estate. According to the two staff members interviewed for this study, it was the Center's positioning within the industrial estate and the idea that English has become the global language of business communication that led the staff members to think that offering an English course would be helpful for workers in the area. However, the organizers stated that while there could theoretically be a need for local workers to be able to use English, they were not sure if there was one in reality, and they questioned whether local workers would be willing to attend an English course after work; however, they did note that there is high use of the Center's sporting facilities by employees of surrounding companies in the evening. While it occasionally conducts surveys targeting members of the Chōfu Ōgi-machi Safety Council, there is no indication that the Center staff have specifically investigated the language needs of businesses in the area nor the kind of language courses they would potentially require.

At present, a ninety minute long English conversation course targeting low level learners is held once a week on a weekday night from 7:00 pm to 8:30 pm for 36 weeks a year; however, the majority of participants are not workers from the surrounding area. As is the case with the Kinrō Fukushi Kaikan, the course content is entirely left up to the course teacher, a full-time housewife who has experience with teaching English at local schools in a voluntary capacity, and is not affiliated in any way with the Kōei Shisetsu Kanri Kōsha. This teacher has been teaching the course for approximately five years after taking it over from another teacher; it is not clear when English courses were first offered at the Center. While the staff members interviewed suggested that they intend to continue offering this course, they emphasized that offering courses and services which are popular and ensure a high number of facility users is their main concern, and thus offering adult English courses is not a high priority. If anything, they expressed interest in offering English courses targeting children or parents and children, given the inclusion of English as a subject within the primary school system in Japan.

3-2. Publicly-owned and managed facilities

There is one publicly-owned and managed cultural, sporting and welfare facility offering an English course in Shimonoseki: the Shimonoseki-shi Kinrō Fujin Sentā.

The Shimonoseki-shi Kinrō Fujin Sentā

The Shimonoseki-shi Kinrō Fujin Sentā (hereafter Kinrō Fujin Sentā or Center within this section), situated in Yamanota Higashi-machi, was established in July 1974 with the purpose of promoting the welfare of working women and the wives of workers.[13] This facility is located within the same building as the Hokubu Kōminkan (Northern District Community Center): the second and third floors as well as the sporting facility make up the Kinrō Fujin Sentā while the first and fourth floors are the Hokubu Kōminkan. It is also interesting to note that while the Kinrō Fujin Sentā falls under the authority of the Industrial Location and Employment Support Division, the Hokubu Kōminkan is managed by the Lifelong Learning Division. Despite this, the manager of the Hokubu Kōminkan also holds the managerial post for the Kinrō Fujin Sentā. It is important to note that while the Kinrō Fujin Sentā is directly managed by the Industrial Location and Employment Support Division, the planning and running of courses and events is conducted by the Center staff who are temporary employees of the local government.

The Center has been offering the same once a week, ninety minute long English conversation course for approximately 28 years. It has been taught by the same teacher, an owner of a local private English language school who is not affiliated with either the Kinrō Fujin Sentā or the local Shimonoseki city government, for the entire duration. According to the course teacher, it was decided to start offering an English course after a calligraphy teacher at the Center argued that the courses on offer were too biased towards domestic topics, and that a greater variety of courses should be provided. As is the case at the Kinrō Fukushi Kaikan and the Kinrōsha Sōgō Fukushi Sentā, the class teacher is completely in charge of all course content decisions.

Remarks made during the interview with the Center manager and staff member suggested that they have no particular agenda regarding the offering of English language courses. The decision to continue offering a course or not is primarily based on the number of participants in previous years and the availability of a teacher, and it seems the English course in question has continued to be offered for so long simply because student numbers have been maintained and the teacher has been willing to continue teaching it.

3-3. Universities

There are three universities in Shimonoseki within which English language courses for adults are held: Baiko Gakuin University, Tōa University (the University of East Asia) and Shimonoseki City University. While they share some similarities, there are quite a number of differences in their organizational structure and approach to offering English courses.

(1) Baiko Gakuin University — Ars Baiko

Baiko Gakuin University's lifelong education center Ars Baiko was established in 2000 with the aim of meeting the learning desires of citizens; however, the university started offering courses specifically for citizens from 1971 under the name of Ars. At that time, the classes were not organized systematically and it was more a case of individual teachers opening up their own classes to citizens. There were no English language classes, but lectures in English literature were available. One of the main reasons behind the establishment of Ars Baiko seems to have been the issue of the declining 18 year old population, with the aim being to attract more mature-age learners to the university by offering lifelong education in a more systematic way. The Ars Baiko organizers, teaching and administrative staff of the university, felt that less academically intimidating courses may be more attractive for this type of learner, and thus English language and conversation classes started to be offered. The manager interviewed for this study stated that even though comparatively less income is gained from the English language courses compared to non-language lecture courses, due to the capping of participant numbers, Ars Baiko would continue to offer them because of the university's proud history as a provider of English language education.

Currently, four courses for adults, consisting of English conversation classes targeting senior citizens, beginners and intermediate level learners, and a grammar for communicative purposes class, are on offer. The classes are taught by teachers affiliated with the university: current full-time and part-time lecturers, as well as a retired professor. Although the Ars Baiko manager initially suggested a course title and target level to each teacher, the actual content of the course is decided by the teachers themselves. As with all of Ars Baiko's courses, the classes are held on Saturdays within the university campus. The classes are 90 minutes long and are held once or twice a month, with a total of 16 classes being held over the course of the year.

(2) Tōa University — Community Club Tōa

The Community Club Tōa (CCT) office is located within Tōa University. CCT was originally established in 2005 as part of a collaborative endeavor between teaching and administrative staff of Tōa University, students and local residents, and it is modeled on the concept of sōgō-gata chiiki supōtsu kurabu (comprehensive sports clubs). However, today it is completely independent from the university—indeed it pays the university for the use of its classrooms and facilities—and is run by a group of volunteers who are themselves members of the club.

Tōa University itself offered courses for citizens before the establishment of CCT with the aim of creating a partnership with the local community. However, the courses were typically held on a one-off basis and did not attract many participants. Despite this, the then president was committed to creating a stronger link between the university and the surrounding community and through personal connections invited scholars from Tsukuba University involved in researching comprehensive sports clubs to see if this concept could work at Tōa. Tōa University's size and location were considered to be an ideal match for the club concept, and the decision was made to establish a club within the university.

From the beginning it was decided not to limit the club's activities to sports, as is typically the case with comprehensive sports clubs, but to also include cultural courses as there was a perceived need and interest for this in the community and because there were teachers within the university who could teach such courses. Today, the types of courses to be offered are decided by the members of the club, and there is a wide variety of cultural and sports classes available. While a number of teachers are associated with the university, there are also many courses taught by club members and others with no direct affiliation. According to the CCT website, as of June 2016, there were 580 members who pay a monthly membership fee of 1,000 yen. Members are able to participate in as many courses as they wish without having to pay any additional fees. The organizers of CCT feel that it is a successful case of the comprehensive sports club model precisely because it is run by local citizens in a voluntary capacity.

English classes have been offered since the founding of CCT by the same teacher who is an associate professor of Tōa University. This teacher was first approached to teach a course by a colleague involved in the establishment of CCT, but he has continued to do so of his own volition. Following the initial offering of an English conversation course, a general English course also started to be offered a few years later upon the request of club members. Each class is one hour long and is offered on a weekday morning or afternoon. Classes are held throughout the year, except for August when CCT breaks for the summer. Given the time the courses are offered and the general nature of CCT itself, it is not surprising that the majority of participants are elderly citizens. As decisions about which courses to offer are made by the club members, it can be presumed that as long as interest remains and the teacher is happy to stay on that English courses will continue to be offered through CCT.

(3) Shimonoseki City University — The Chiiki Kyōsō Sentā

As a public university in regional Japan, Shimonoseki City University sees one of its duties to be community contribution, and the Chiiki Kyōsō Sentā (also referred to in this section as Center), which was established in April 2008, is the arm of the university primarily in charge of this. The Center is made up of three divisions—education, research and archives—and it is the education division which is in charge of organizing educational programs for local residents. Prior to the foundation of the Center, the university had a long history of being open to the local community, with one example of this being the offering of courses to adult citizens (Kōshite Daigaku o Chiiki ni Hiraitekita, n.d.). Records indicate that faculty involved with teaching languages offered courses as part of the university's short-lived summer program from as early as 1957, when the university was still a two year commercial college. From 1964, two years after becoming a four year university, community-oriented courses were held intermittently under various banners, and it was from 1986 that English language courses for adults started to be offered under the shimin daigaku (citizen's university) program, organized at that time by the Sangyō Bunka Kenkyūjo (Industrial Culture Research Institute) which played a key role in the university's provision of extension activities until the establishment of the Chiiki Kyōsō Sentā. It seems that the offering of an English course at this time coincided with the hiring of a native speaking English teacher by the university. This once a week ninety minute long English course, held over 12 weeks during the second half of the academic year, and taught by a native English speaking teacher affiliated with the university, continued to be offered annually to local citizens, for no charge, until 2007.

From 2008, teachers offering language courses as part of the citizen's university program were no longer financially compensated for doing so, as had previously been the case, and since then the offering of English courses has become sporadic. Under the current system, all full-time teachers of the university are asked if they would like to offer a course for citizens, and it is up to each teacher to decide whether they will do so or not. If a teacher chooses to offer a course, they also decide the course's duration and meeting time, and citizens are typically charged 500 yen per class. English courses of generally six weeks in length, on topics ranging from giving presentations to reading about world events, have been offered in four out of the nine years between 2008 and 2016.

■ 4. International exchange associations

Organizations involved in international exchange could potentially see the offering of English language classes for adults as falling within their organizational objectives. In Shimonoseki one such organization was found to be offering English language courses: the Shimonoseki UNESCO Kyōkai.

The Shimonoseki UNESCO Kyōkai

The Shimonoseki UNESCO Kyōkai (the Shimonoseki UNESCO Association, hereafter Shimonoski UNESCO) has a long history, with the Shimonoseki UNESCO Kyōryoku-kai (Shimonoseki UNESCO Cooperative Association) forming in April 1948; its name changed to Shimonoseki UNESCO Kyōkai in July 1951 after Japan was admitted to UNESCO (Shimonoseki UNESCO Kyōkai 2008: 4). Shimonoseki UNESCO also has a long history of offering English language courses for adults. Records indicate that the fujin-bu (women's section) first started offering classes from 1967, and the seinen-bu (youth section) from 1977. Written testimony from one of the original seinen-bu members gives insight into why the youth section of Shimonoseki UNESCO decided to start offering English classes for adults (Shimonoseki UNESCO Kyōkai 1988: 21-22). When the seinen-bu first formed, members gathered to talk about what kind of activities it should hold. Interacting with foreigners and offering English conversation classes to facilitate this were proposed, and at first classes were taught on a voluntary basis by an American teaching English at Baiko Gakuin University. The number of participants continued to increase year by year, and by 1988 four or five classes were being offered on a bimonthly basis at the Chūō Kōminkan (Central Community Center). In the case of the fujin-bu, it seems that their courses may have grown out of a series of English courses taught by the wives of the British consular generals stationed at Shimonoseki, which were at least partly organized by executive members of Shimonoseki UNESCO (Shimonoseki UNESCO Kyōkai 1988: 46-47). As of 1988, classes at two levels (introductory and intermediate) were being offered by the fujin-bu.

At some point, possibly around 1972 when the head of the former Shakai

Kyōiku-ka (Social Education Division) of Shimonoseki city took on the position of the administrative head of Shimonoseki UNESCO, administration of UNESCO activities, including the English conversation courses, was primarily taken over by the relevant division of the local Shimonoseki city government (Shimonoseki UNESCO Kyōkai 1988:16) ; today, that is the Lifelong Learning Division.[14)] Thus, most of the administrative duties related to the offering of Shimonoseki UNESCO's English language courses today, except for the appointment of teachers, are actually handled by the staff of the Lifelong Learning Division. It should be noted that there are Shimonoseki UNESCO directors and that several board of director meetings are held throughout the year during which presumably plans for future activities and events are presumably discussed and voted on.

Today, four daytime classes (introductory, beginner, intermediate and advanced levels) and one nighttime class (beginner level) are offered on a weekly basis at the Kinrō Fukushi Kaikan and the Seibu Kōminkan (Western District Community Center), respectively. The courses are eighty minutes in length and cost 25,000 yen for each six month session. Two teachers are currently involved in offering these courses; neither teacher is affiliated with Shimonoseki UNESCO or the Lifelong Learning Division and both teach English privately as their main occupation. As is the case with the other English courses introduced so far, decisions about the content of these courses are completely left up to each teacher.

The staff members of the Lifelong Learning Division interviewed for this study responded that the English language courses will continue to be offered. However, the reason for this is largely pragmatic and quite different from the original motive for offering them: these courses have become an important income source for Shimonoseki UNESCO and profit from them is used to fund the association's other activities.

■ 5. Overview

This section will briefly summarize several key points of similarity and difference between the organizations introduced in the previous sections.

A point of similarity between all of the organizations is that the offering of English classes is not their main objective, and thus not really of a high enough priority to imagine them going to further lengths to increase or expand their offering of English courses, nor to coordinate their efforts. In addition, each organization has its own organizational goals to meet which also makes coordination potentially difficult.

In the case of the Kinrō Fukushi Fukkō Zaidan and the Kōei Shisetsu Kanri Kōsha, both organizations decided to offer English courses in order to fulfill their shared objective to support the needs of local workers. However, both organizations also expressed doubt about the presence of an actual need for local workers to be able to use English as part of their jobs. In addition, as organizations seeking to make use of the designated administrator system they are most concerned with proving their managerial competence and ability to operate these facilities at minimal running costs, and thus offering courses which will definitely lead to high sign-up rates is important; neither organization has high expectations here when it comes to English courses for adults. Furthermore, their participation in the designated administrator system puts them in direct competition with other similar providers.

In the case of the Kinrō Fujin Sentā, it started to offer English classes as it was perceived to be a more meaningful learning alternative for the female users of the facility. However, times have changed, and although the Center's purpose is still the promotion of the welfare of working women and the wives of workers, in reality the majority of its courses have been available to male citizens for quite a number of years. It seems that this original motive for offering English courses no longer has the same relevance today; indeed, the offering of the English conversation class has become routine rather than strategic. The situation is similar with the Shimonoseki UNESCO English classes: they were originally offered to facilitate exchange with foreigners, but this aim is probably not as relevant today as it was in the 1970s. Today, not only has it become customary for the courses to be held, but this regular holding of courses has also become a steady income source to support other UNESCO activities.

In the case of Ars Baiko, CCT and the Chiiki Kyōsō Sentā, the primary aim behind offering English courses is linked to their goal of contributing to the community. However, the approach taken and the frequency and type of courses offered differ greatly due to the different histories and characteristics of each university. Ars Baiko's structured format is perhaps linked to the fact that Baiko Gakuin University is a private university struggling to maintain student numbers. Moreover, its regular offering of English courses seems to be related to both the university's history as an English language provider and its use of part-time and retired teaching staff, in addition to full-time teaching staff, affiliated with the university. In contrast, the infrequent offering of English courses by the Chiiki Kyōsō Sentā is possibly connected on the one hand to its reliance on full-time affiliated teachers and a lack of incentive for these teachers to offer courses, and on the other hand to its valuing of teacher autonomy. How teaching members of a community club impacts upon the CCT teacher's commitment to the courses is an interesting point worthy of further consideration.

An additional point of similarity between the organizations is that they leave the actual course content and teaching approach entirely up to the course teacher who in many cases is unaffiliated with the organization. Although it was difficult to directly confirm the amount of remuneration received by each teacher, the general response was that it was not that high and not on par with remuneration offered by commercial schools, which is perhaps to be expected considering the reasonably priced tuition fees. The presence of local citizens, the majority of whom are non-native speakers of English willing to make use of their professional skills and personal experience to offer courses on an almost voluntary basis, is a primary condition for these organizations to be able to offer courses under the conditions that they do. There are potentially many more local residents who possess the ability, experience and interest to become involved in teaching English language courses to adults, and this prospective talent pool remains largely untapped. However, if these organizations are to make best use of the talents of local citizens, the issues of teacher burnout and satisfaction will need to be better addressed. It should be noted that the reliance by some organizations on unaffiliated teachers who are poorly remunerated would also make it difficult to organize a structured language learning environment given the additional burden such a system would potentially place on teachers.

■ 6. The Lifelong Learning Division and its potential role in the provision of English language courses for adults

As one can see from the discussion above, while various organizations are involved in the offering of noncommercial English language classes to adult citizens in Shimonoseki, each organization has its own agenda and organizational structure which would potentially hinder attempts at coordination in the provision of courses. Here, the local government, in particular the Lifelong Learning Division, could be perceived as being in the position to support this kind of endeavor; however, this seems to be far from the case, despite the fact that this division is involved in the administration of the Shimonoseki UNESCO English courses. Interviews and email correspondence with representatives from the Lifelong Learning Division revealed two main factors which would prevent the local city government and its associated departments from becoming more involved in the provision of English courses to adult citizens.

6-1. A restricted definition of supporting adult learning

The Lifelong Learning Division is charged with the maintenance and utilization of community centers and other facilities used principally for lifelong learning, and the provision of lifelong learning opportunities that allow everyone in the community to learn autonomously. The idea of learning autonomously here is key. The Lifelong Learning Division sees its role as supporting the learning desires of citizens, not providing courses or pushing a specific learning agenda. In this respect, supporting citizens' learning predominately means providing facilities where citizens can learn autonomously. The Lifelong Learning Division's ideal image of adult lifelong learning involves learners forming their own learning circles and using the facilities the city offers to learn autonomously. If a group of citizens wants to learn English, for example, but do not know someone who can teach them, the Lifelong Learning Division staff will make efforts to introduce the group to someone who can act as a teacher if an inquiry is made either directly to the division or to a local community center. However, this is the extent of the Lifelong Learning Division's approach to actively supporting adult citizens' learning.

6-2. The issue of equality

Maintaining equality was identified as another issue. The Lifelong Learning Division cannot be seen to be pushing a specific learning agenda, to be focusing on one particular area of learning to the disadvantage of another, or to be favoring one group of potential learners over another. As there is no identified need for all adult citizens of Shimonoseki to engage in the learning of English, it is difficult for the Lifelong Learning Division to justify holding its own English courses for adult citizens. Furthermore, offering low-priced English courses could deprive commercial English schools of potential business which goes against the local city government's obligation to promote commercial business opportunities in the region.

If the Lifelong Learning Division cannot offer English courses, one might presume that it could play a greater role in the promotion of existing courses in the city. However, this would also go beyond its agenda. Firstly, it would be hard to justify doing this only for English language learning opportunities. Moreover, if it were seen to be favoring certain organizations or facilities over others, for example based on the order it lists organizations in promotional materials, its neutrality could be called into question. Furthermore, promoting the services of even noncommercial organizations could also potentially go against its stance of not supporting for-profit activities. In this way, the Lifelong Learning Division believes there are limitations to what it can do in respect to offering and promoting lifelong learning opportunities to Shimonoseki citizens.

■ 7. Systematically organized community-based language courses for adults: A feasible endeavor?

A more organized community-based language learning environment that is low cost would no doubt be welcomed by many adult learners. However, at this stage it does not seem to be a realistic endeavor. It is doubtful that the various stakeholders would be willing to increase the number of courses they offer or coordinate with other organizations. Even if there were a certain level of interest, the lack of an obvious coordinator in the community to help achieve this endeavor would no doubt make it difficult for the idea to come into fruition. Oh, Asano and Sullivan (2013) suggested that when considering the possibility of a coordinated approach to the offering of foreign language opportunities to adults, it would be necessary to consider the roles that government, universities and other educational providers, private organizations and teachers would each play. This was beyond the scope of this study; however, if improving the community-level learning environment is considered a goal worth pursuing in some shape or form, then this will need to be given specific consideration, after taking into account the different objectives and approaches that characterize each party. Furthermore, to this list of stakeholders should be added citizens themselves, as they have the potential to be involved in the provision of English language learning opportunities in multiple roles.

In closing, it is worth highlighting the fact that foreign language courses for adults contribute in multiple ways to society. This chapter has necessarily focused on language learning, but it should not be forgotten that people attend these classes for a variety of reasons and gain many incidental benefits, such as new friendships and networks and an opportunity to stay engaged with life and society, to list just a few. This welfare aspect of community-based courses is equally valuable and should not be overlooked when evaluating the contribution of these courses to the community at large.

note

1) The Shihō Shimonoseki is a newsletter issued monthly by Shimonoseki city, featuring news and information for local citizens. It is also the primary means through which information about noncommercial language courses for adults is widely publicized.

2) Organizations which were considered to have a potential interest in offering English courses for adults or which had offered courses in the past but currently do not were also interviewed; however, due to space limitations these

organizations will not be discussed in this chapter. Church groups offering English lessons were excluded from the study. It should be noted that there are several citizen-led groups which offer opportunities to learn and use English for adults; while leaders of some of these groups were interviewed, the results will not be discussed in this chapter.

3) The explanation of the Kinrō Fukushi Fukkō Zaidan provided on the Kinrō Fukushi Kaikan's homepage suggests that the Zaidan, under a different name and form, has been involved in the management of the Kaikan since its establishment. See http://www.kinpuku.or.jp/kanrikousya.html (accessed 9 January 2016)

4) See http://www.city.shimonoseki.lg.jp/www/contents/1437038878992/index.html (accessed 9 January 2016)

5) See http://www.city.shimonoseki.yamaguchi.jp/reiki/reiki_honbun/r147RG00000406.html (accessed 9 January 2016)

6) Email correspondence with the Industrial Location and Employment Support Division was undertaken as part of this study.

7) See http://www.kinpuku.or.jp/kanrikousya.html (accessed 9 January 2016)

8) TOEIC is an English proficiency test widely used in Japan.

9) The staff members interviewed as part of this study stated that the Kōei Shisetsu Kanri Kōsha has been involved in the management of the Kinrōsha Sōgō Fukushi Sentā since its establishment, although it is not clear what name and status this was under.

10) See http://www.city.shimonoseki.lg.jp/www/contents/1437038878992/index.html (accessed 9 January 2016)

11) See http://www.city.shimonoseki.yamaguchi.jp/reiki/reiki_honbun/r147RG00000411.html (accessed 9 January 2016)

12) See http://www.s-kanrikousha.com/gaiyou.html (accessed 9 January 2016)

13) See http://www.city.shimonoseki.yamaguchi.jp/reiki/reiki_honbun/r147RG00000403.html (accessed 9 January 2016)

14) The positioning of the UNESCO Shimonoseki administrative office within the Lifelong Learning Division today is most probably related to the current organizational structure of UNESCO activities in Japan, namely the existence of official relations of administrative cooperation between municipal boards of education and local UNESCO associations. See http://www.unesco.or.jp/en/history.html (accessed 12 October 2016)

References

Oh, H., Asano, M. & Sullivan, K. (2013) *Foreign language (English, Chinese,*

Korean) learning for adult learners in Shimonoseki : The current situation and key issues. Chiiki Kyōsō Sentā Nenpō (6), 1–27.

Kōshite daigaku o chiiki ni hiraitekita — Hongaku no "shakai kōken" 50 nen no ayumi. (n.d.) Retrieved from http://www.shimonoseki-cu.ac.jp/chiikikyoso/temp/center_history.pdf [Accessed 3 August 2015]

Sato, H. (2007) *Shogai Gakushu Gairon.* Gakuyo Shobo.

Shimonoseki UNESCO Kyōkai (1988) *Sōritsu 40 shūnen kinenshi 21 seiki e mukatte.*

——— (2008) *Shimonoseki UNESCO kyōkai 60 nen no ayumi.*

第14章

大学による地域貢献の現状と課題

—下関市立大学附属地域共創センターの事例から

松本　貴文／吉武　由彩

■はじめに

本章では，下関市立大学附属地域共創センター（以下「地域共創センター」）の取り組みを事例としながら，大学の地域貢献が抱える課題とその解決策について検討する。

議論の流れは以下のとおりである。まず1節で，昨今の大学教育改革における地域貢献の位置づけと，現状における大学の地域貢献の抱える課題について，先行研究をもとに整理する。次に2節で，事例となる地域共創センターの概要をまとめ，3節でさらにその事業のなかから，新しいタイプの地域貢献としての地域インターンシップ（以下「地域IS」）の実践例について報告し，課題解決に向けて何が必要か論じる。最後のおわりにでは，全体の内容についてまとめを行う。

■1．大学における地域貢献の位置づけと課題

まず，議論をめぐる社会的文脈を明らかにするために，簡単に昨今の大学教育改革における地域貢献の位置づけを整理する。

周知のとおり，近年，地方における人口減少と，それに伴う地域課題の噴出が問題視されるようになっている。そうしたなか「地域貢献」は，大学教育改革のなかで「グローバル化」などに匹敵するほどのキーワードとして浮上してきている。

たとえば，2005（平成17）年の中央教育審議会答申「わが国の高等教育の将来像」では，社会貢献が教育・研究とならぶ大学の「第三の使命」と位置づけられ，教育・研究を通した間接的なものだけでなく，直接的な社会貢献が大学に期待されるようになった。また，2013（平成25）年度より本格的な実施が開

始された文部科学省「地（知）の拠点整備事業（COC）」では，さらに一歩進んで，地域志向が教育・研究・社会貢献の方向性を定める際の基本方針と位置づけられるまでに至っている（豊田ら 2014）。

これに対応するように，地方大学を中心に地域での教育を軸とする学部・学科などの新設が進んでおり，地域課題の解決を目的とした実学志向の教育プログラムも増加している。すでに，それらの取り組みに関する事例研究も散見されるようになっている（豊田ら 2014，久保田ら 2015，土井 2016）。

これらの研究のなかで，大学の地域貢献における重要課題として，明示的・暗示的に述べられているのが，地域側の貢献に対する期待と大学側の教育に対する期待の両立のむずかしさである。この点について，土井（2016）をもとに少し丁寧に整理しておこう。土井の論文は，山形県内の大学に地域連携事業を担当する教員として赴任し，地域での学習や地域貢献事業に携わってゆく経験を描いたオートエスノグラフィーであり，上記の課題について比較的詳細な記述がなされている。

事業を進めるなかでまず土井が経験するのが，貢献の成果がみえてこない事業についての受け入れ側の不満である。その結果，一部の授業は地元の協力が得にくくなり継続困難となっていく。その後の事業では，冊子の作成や報告会の実施など成果の「見える化」による対応が図られるが，その分，学生や大学の負担増につながってしまう。他方で，いかに地域から評価される事業でも，大学側が期待に見合うだけの教育効果があがっていないと判断した場合，やはり事業の継続は困難となる。土井自身，地域との付き合いが深まることで教育・活動内容の充実を行ったにもかかわらず，大学側の方針転換によって学内での居場所を失ってしまった。

以上の議論からも明らかなように，学生・大学側の期待と地域側の期待の間には，ある種のジレンマが存在している。この点は，他の研究でも暗示されており，地域貢献にかかわっている筆者らの実感とも一致する。くわえて，業務遂行において担当教員にかなりの不安が発生していることも推察される。

■ 2．下関市立大学附属地域共創センターとその事業の概要

ここからは具体的な事例をもとに，課題解決の方策について検討を進めて行きたい。今回，事例とする下関市立大学地域共創センターの事業概要は下記の通りである。

地域共創センターの起源となる前身の産業文化研究所は，1958（昭和33）年にはすでに組織されていたが（道盛 2007），独立行政法人化を機に，地域との協働・連携を推し進める「大学の顔」として，2008（平成20）年に名称を変更した（下関市立大学附属地域共創センター 2010）。地域共創センターは，学内において大学と地域をつなぐ拠点としての役割を期待されており，「大学人（法人職員と学生）と地域の方々との協働で地域資産を掘り起こし，地域課題を見出して，その課題解決に取り組むこと」をその目的としている（下関市立大学事務局経営企画グループ 2015：21）。

この目的達成のために，同センターは，地域調査研究部門，地域教育活動部門，アーカイブ部門の３つの部門を設置している（下関市立大学 2015）。また，本センターには，センター長，副センター長，地域調査研究部門委員４名，地域教育活動部門委員４名，アーカイブ部門委員２名の教員（所属は経済学部）および，４名の職員が配置されている。くわえて，2014年度からは，地域貢献担当の特任教員が配置され，センターにおける業務にかかわっている。各部門の事業概要をまとめれば次の通りである。

地域調査研究部門では，毎年度，地域共創研究，関門地域研究，国際共同研究などとして，本学教員から地域に関する研究を積極的に募り研究費を分配，研究成果を報告会や報告書の形で公開している他，受託調査研究や，本学教員の研究を紹介する共創サロンなども担当している。くわえて，上記の活動の多くが教員によって行われる活動であるのに対して，本学学生が参加し，大学を出て各地域に向かい，地域の人びとと協力して活動を行うものとして，地域ISが存在する。

次に，地域教育活動部門では，市民向けの講座として，市民大学公開講座，市民大学テーマ講座，市民大学出前講座，開放授業など数多くの講座を行って

いる。これらの各講座では，本学教員が講座を担当する他，他大学の研究者や，NPO・ボランティア団体の代表など，多様な外部講師も招いている。

最後に，アーカイブ部門では，下関にかかわる資料として，主に鯨やふぐに関する資料の収集・整理・公開を行っている。地域共創センター内には，鯨資料室およびふぐ資料室があり，資料の公開が行われる。また，毎年度，鯨やふぐに関する調査研究を募り，研究費を分配，研究成果については，鯨資料室シンポジウムなどで発信を行っている。

地域共創センターの事業を整理すると，① 研究支援およびえられた情報の発信と，② 市民向けの講座からなっている。こうした事業は，研究・教育という大学の得意な分野に属しており，従来から多くの大学が取り組んできたものに近い。

一方で，昨今の地域からのニーズに対応するような，直接的な地域貢献にかかわる事業は従来やや手薄であった。そうしたなか2010（平成22）年に導入されたのが，地域IS事業である。この事業は，教員が核となりながら，年間をつうじて学生を地域へ派遣し，実践の支援や地域での学びの機会を提供する仕組みとなっており，直接的地域貢献や実学志向の教育と親和的である。そこで次節では，この事業に焦点をあてながら地域貢献の課題解決策を探っていきたい。

■ 3．地域インターンシップにみる地域貢献の課題とその解決策

3-1．制度概要

地域ISでは，学生が大学を出て各地域に向かい，地域の人びとと協力して活動を行う。活動はボランティアで，参加学生に対してアルバイト代の支給や授業単位の認定は行われない。活動場所は下関市内の各地域であり，現地までの交通手段として年15回分のマイクロバスの運行費用および活動当日の保険料（1回につき20名分）が，地域IS関連の諸経費として地域調査研究部門の予算に組み込まれている。当日昼食代として少額が必要な時もあるが，基本的に参加学生の金銭負担は少ない。

3-2．実施状況

2014（平成26）年度および2015（平成27）年度の具体的な活動状況は，それぞれ以下の表14-1および表14-2の通りである（下関市立大学附属地域共創センター 2015, 2016）。表からもわかるように，地域ISの活動では，地域ごとに1

表14-1　2014年度地域インターンシップの実施状況

日　程	内　容
6月1日（日）	田植え・芋植え体験協力（菊川町轡井地区「貴和の里」）
6月6日（金）	粟野を知ろう・粟野川ホタルナイトウォーク（粟野川上流域）
6月7日（土）	豊田のホタル祭り運営ボランティア（豊田町各所）
6月25日（水）	豊田のホタル祭り運営ボランティア（豊田町各所）
7月4日（金）	唐戸商店街七夕祭りの笹飾りづくり（唐戸サテライトキャンパス）
7月5日（土）	唐戸商店街七夕祭りボランティア（唐戸商店街一帯）
8月8日（金）	高齢者対象ICT講習会（豊北町粟野ふれあいの郷）
10月5日（日）	稲刈り体験協力（菊川町轡井地区「貴和の里」）
12月14日（日）	もちつき体験協力（菊川町轡井地区「貴和の里」）

表14-2　2015年度地域インターンシップの実施状況

日　程	内　容
5月9日（土）	水稲の種まき支援（豊田町みのりの丘周辺）
5月30日（土）	田植え支援（豊田町みのりの丘周辺）
5月31日（日）	田植え・芋植え体験協力（菊川町轡井地区「貴和の里」）
6月6日（土）	豊北を観る，知るツアー（豊北町北浦地区）
7月11日（土）	草取り支援（豊田町みのりの丘周辺）
8月10日（月）	そばまき体験協力（菊川町轡井地区「貴和の里」）
10月3日（土）	稲刈り支援（豊田町みのりの丘周辺）
10月4日（日）	稲刈り体験協力（菊川町轡井地区「貴和の里」）
10月17日（土）	収穫祭（豊田町みのりの丘周辺）
10月25日（日）	高齢者対象ICT講習会・豊北ミニ探訪（豊北町豊北中学校）
11月1日（日）	芋ほり体験協力（菊川町轡井地区「貴和の里」）
11月22日（日）	高齢者対象ICT講習会（豊北町・豊北中学校，粟野小学校）
12月13日（日）	もちつき体験協力（菊川町轡井地区「貴和の里」）
12月26日（土）	もちつき体験協力（菊川町「歌野清流庵」）
12月27日（日）	高齢者対象ICT講習会（豊北町粟野地区）

回限りではなく，1年間を通して継続的に活動にかかわる傾向にある。また，内容としては，2005年に，下関市，菊川町，豊田町，豊浦町，豊北町が合併し現在の下関市が発足したため，人口減少や高齢化の進む旧4町内におけるイベントへの協力が多い。

3-3．豊田町における農事組合法人支援活動とその成果

こうした活動の意義について，2015年5月～10月に行なった豊田町における農事組合法人支援活動を例に検討してみたい。この活動は，JA下関が高齢化の進む地域農家を大学生と支援する企画を立案し，筆者の1人（松本）が協力要請をうけて実施したものである。受け入れ先となったのは豊田町の中山間集落で結成された2つの農事組合法人で，水稲生産の主要な作業（もみまき，田植え，除草，稲刈り）を中心に，野菜の生産・出荷にかかわる作業や地元農家の講演や交流会なども実施した。具体的な各回の内容は表14-2のとおりである（該当するものは活動場所に下線を入れて示している）。

豊田町での活動は，大型機械を用いた実際の農作業に参加し，農家や地域農業の抱える現実的な課題に答えようと試みたもので，全活動のなかでも地域貢献色が濃厚である。参加学生はおおむね固定され，ほとんどが3～4回程度活動に参加した。毎回の活動は，教員・大学生があわせて5～10人程度とJA職員4名程度が参加し，作業時間は10時から16時前後であった。途中の昼食時には，毎回法人側から昼食がふるまわれた。

(1) 地域貢献上の成果と課題

今回，支援を行った2法人は，どちらも集落営農型の法人であり，メンバーの高齢化が進んでいる。ひとつの法人は60代が最年少で，80代・90代のメンバーも多い。管理している水田（約20ha）について，近い将来，深刻な担い手不足が発生するかもしれないと意識されている。

そうしたなかで，毎回の作業に大学生たちが加わったことで，「作業が楽に進められた」，「大学生が来て作業の場が明るくなった」といった意見を，農家

から直接的・間接的（JA職員をとおして）に聞くことができた。とくに，トマトやアスパラガスなどの野菜に関する，機械化が困難な作業を行う際には，支援を有意義なものと感じてもらえたようである。他の地域ISでも，労力確保という点や賑わいの創出という点での評価は高い。小規模な地域団体にとって人手不足は深刻であり，若者が常時つどう大学が地域の実践に一定の支援を果たしうる可能性が高いことが，活動をとおして浮き彫りとなったといえる。

一方で，活動内容の中心は労力の提供にとどまっており，団体の抱えている課題に対する根本的な支援にはほとんど至らなかった。団体が立地する地域などに関する充分な情報が集められず，担当教員の専門知の活用もなされなかったことが原因である。また，活動の後半では，法人の生産する農作物の販路の確保などに向けた支援要請もあったが，教員・学生側のマンパワーが不足し要望に応えることができない事態も生じた。

その他，地域ISの活動を知った住民や関係者からは，「カラダだけでなくアタマを使った支援をしてほしい」や「ボランティアでは学生に責任感が生まれないので授業化してほしい」などの要望もあった。今後は，これまでより一段高い知的貢献への期待が高まっていくと予想される。

(2) 教育上の成果と課題

教育については，学生の関心を引き出すという点で大きな成果をあげることができた。今回参加した学生の多くは３・４年生だったが，これまで地域の現状について体験しながら学ぶ機会が乏しかったためか，繰り返し活動に参加する学生がほとんどだった。土曜に行われるそれなりにハードな作業であったことを考えれば，この点は予想以上の成果であった。

しかしながら，学生に地域の魅力や感想を尋ねると，ステレオタイプ的な「衰退する農業・農村」の枠に収まるものがほとんどだった。農家やJA側が，地域農業に関するさまざまな情報を提供してくれたにもかかわらず，である。ただし，１人の学生が農事組合法人の活動を卒業論文のテーマに選んでおり，学術的な関心につながる可能性もゼロではなかった。

ただ総じていえば，活動を地域理解や課題解決へ向けた学習への動機づけに接続することは非常に困難であった。問題点としては，① 地域との関係構築のための期間が不十分で教員の知識が足りなかったことや，② 教員・学生と住民とのコミュニケーションが作業内容に終始してしまったため，学生が地域で学ぶチャンスに気づけなかったこと，③ 報告の場の設定などが行われず，学生が真摯に考えるチャンスを提供できなかったことなどが考えられる。活動の途中では，就職のために参加するといった本来の趣旨とは異なる動機で参加する学生も登場し，教育効果という点ではいささか疑問も残る結果だった。

本活動は授業ではないため，この点が先行研究にみられるような深刻なジレンマとして表面化することはなかった。しかし，前述のように，地域側からも知的貢献へのニーズが生まれてきており，早晩ジレンマが表面化する可能性もある。

3-4．課題解決に何が必要か

では，どうすればこの問題を解消することができるのだろうか。そのヒントを与えてくれるのが，嘉田（2001）による地域住民巻き込み型の研究に関する議論である。子どもから高齢者まで多様な住民の参加を引き出す嘉田の調査・研究法は，研究者の専門知と地元の人びとの生活知との対話を生み出すことで，環境問題の解決へ向けた有効な手段となっている。

このことを踏まえるなら，地域貢献という実学的目標を達成するためにも，当該地域に関する研究，しかも，その住民参加により共同で進められる研究が重要であることがみえてくる。実は研究という視点を導入することで，教育効果とのジレンマを解く糸口もみえてくる。なぜなら，① 大学側の期待に対し教育効果だけでなく研究成果でも答えることができるうえ，② 地元側の参画を促すことによって住民の満足感向上にもつながると考えられるからである。そもそも，質の高い教育や地域貢献には教員の地域理解が必須である。その過程を研究に接合することによって，事業全体のコストをそれほど増加させることなく地域，大学，学生，教員のそれぞれが満足できる事業の実現に繋がるのではないだろうか。

地域ISの活動でも，少しずつ研究を組み込んだ活動が始まっている。たとえば，菊川町「貴和の里につどう会」の支援事業では，2016（平成28）年8月に久留米大学経済学部との共同で，住民・教員・学生が一緒になって集落を散策するフィールドワークを開催した。活動では，学生の何気ない一言が住民の忘れていた記憶をよみがえらせるなど，思ってもみなかった成果を生み，専門的な研究という面でも興味深い発見につながっている。また，豊田町での援農活動も，教員，JA，法人の関係強化によって，都市部に住む学生が労働を提供し，農村部の農家が農産物を提供，さらにこの農産物を大学周辺のこども食堂に提供するという，都市—農村間の関係構築へ向けた社会実験へと展開している。

先行する取り組みのなかでも，地域住民と学内の多様な分野の教員，さらには学生までもがかかわる合同研究チームの結成が，質の高い地域貢献や研究成果の創出につながっていることが指摘されている（湯崎 2014）。地域貢献と教育の間のジレンマを，研究を介することによってトリアーデに変換していくことが，大学による継続的かつ質の高い地域貢献につながるのではないだろうか。

■おわりに

本章では，地域ISを事例としつつ，大学の地域貢献活動の現状と課題およびその解決方法を検討してきた。先行研究の整理や実践事例からも明らかになったように，現状における大学の地域貢献の最大の課題のひとつは教育の期待とのジレンマである。本章では，この解決のために，研究を両者の間に挟み込むことが重要であると論じた。

最後に，課題解決に求められる大学の支援体制について付言しておきたい。地域貢献に寄与しうる研究・教育の実践には，何といっても住民との関係構築が欠かせない。また，地域活動の根本的な次元での効果は，労働力提供のような表層的な効果と異なり，短期的には非常にみえにくい。その点を考慮し，大学による長期的な評価目線と支援体制の構築が，今後の大学の地域貢献の充実に不可欠であろう。

引用・参考文献

嘉田由紀子『水辺ぐらしの環境学』昭和堂，2001 年
久保田恵・井上里加子・石井裕・佐藤洋一郎・横田一正・岡野智博・備前市役所食の人財プロジェクト「地域連携協働事業の教育効果と地域貢献事業としての評価」『岡山県立大学保健福祉学部紀要』22(1)，2015 年：13-25
下関市立大学『平成 27 年度第 1 回地域共創センター運営委員会資料』2015 年
下関市立大学附属地域共創センター『地域共創センターニュースレター vol.2』2010 年
――――『地域共創センターニュースレター vol.7』2015 年
――――『地域共創センターニュースレター vol.8』2016 年
下関市立大学事務局経営企画グループ『平成 27 年度下関市立大学概要』2015 年
土井洋平「地域調査実習・地域活動の現代的課題としての地域貢献・実学教育との接合」『村落社会研究ジャーナル』22(2)，2016 年：34-44
豊田光世・内平隆之・井関崇博・中嶌一憲「大学の地域貢献活動の教育効果に関する考察」『兵庫県立大学環境人間学部研究報告』16，2014 年：59-66
道盛誠一「社会貢献」下関市立大学創立 50 周年記念誌編集委員会編『下関市立大学 50 年の軌跡』2007 年：114-118
湯崎真梨子『地産地消大学』南方新社，2014 年

第15章

住民参加・住民自治によるまちづくりへ向けた課題

―下関市市民活動団体調査を事例に

松本　貴文

■はじめに

近年，日本では，深刻な少子高齢化による人口減少やグローバル化などを原因とする経済の停滞など，社会の縮小傾向が鮮明となっている。こうした情勢のもとで行政機能が低下し，そこに生活に必要なサービスの空白が生じる事態も散見されるようになっている。1990年代以降の地方分権改革の文脈において進められた大規模な市町村合併（「平成の大合併」）は，ある側面においてこの「行政の撤退」を拡大させる出来事であった。

他方，今日，こうした課題に対し，住民を主体とする自治組織の設置によって解決を図ってゆこうとする動きも存在している。上記の地方分権改革でも，「地域自治区」の制度化など，基礎自治体内部の分権化が推進されようとしている。以上のような制度改革は，社会設計の原理を「集権型パラダイム」から「分権パラダイム」に切り替えることで，持続可能な社会を実現しようと意図したものと解釈できる。そのなかで地域社会（「コミュニティ」）は，住民参加と住民自治をとおして地域的公共性を形成し，諸課題の解決に取り組む場としての位置を与えられている（田中 2010）。現代におけるまちづくりの焦点は，まさにこの地域的公共性の醸成にあるといってよい。

このように，政策公準の次元において，一定の評価を得ている住民参加・住民自治だが[1)]，具体的にそれを実現させてゆくとなると，多数の壁が存在することも事実である。現代社会は私化や貧困化，世帯の極小化が深刻化するなど，現実的にも規範的にも住民の社会参加を支える環境が整っているとはいい難い。また，交通網の整備や通信手段の発達によって，住民の社会関係や生活圏は広域化しており，自治体が制度的に設定する空間が住民自治の単位としてどの程度妥当であるかにも疑問は残る[2)]。

以上を整理すれば，現状において「持続可能な社会であるためには住民参加・住民自治が必要だ」ということは理念上・理論上は明確になっているが，実際にどうすれば実現可能かという点については，まだまだ課題が多いということになる。したがって，事例に基づく経験的な研究を通してこの問題を検討してゆく作業が，これからのまちづくりを考えるうえできわめて重要となる。とくに，急激な社会変動の生じている今日において，参加・自治の主体となる住民が，どのような論理に基づいて市民活動に参加しようとしているのかを解明することの意義は大きい。こうしたことは，理念先行型・行政主導型であったとされる，1970 年代のコミュニティ政策に対する批判の文脈において，すでに指摘されていることでもある（牧野 1993）。

そこで本章では，現代の住民参加・住民自治型のまちづくりの実現に向けた課題を，下関市を事例に，市民運動[3)]に参加している人びとや組織の目線から検討して行く。こうした作業を通して，下関市や類似の政策を進める自治体が，今後いかなる制度的支援を図ってゆく必要があるのかを少しでも明らかにすることが，本章の目的である。

■ I．事例の概要

I－I．下関市の現状と地域内分権によるまちづくり

事例となる下関市は，山口県西部，本州の最西端に位置し，九州や中国大陸・朝鮮半島との玄関口として，古くより栄える港湾都市である。人口規模は，県都山口市をしのぎ県下最大の 268,617 人（2015 年国勢調査）を誇る。2005（平成 17）年に，旧下関市と豊浦町，菊川町，豊北町，豊田町が新設合併し新たな下関市が成立，同年に中核市の指定をうけた。

このように，交通の要衝として発展してきた下関市だが，近年では高速交通網の整備による位置的優位性の喪失や，戦後の基幹産業であった水産業・造船業などの衰退に伴い，人口減少・高齢化が急速に進行している。人口は 1980（昭和 55）年の 325,472 人をピークに，その後は減少傾向が続いている。高齢化率も全国水準より高い値で推移しており，2010（平成 22）年の国勢調査によ

れば，全国平均23.0％に対して下関市28.7％と５％以上も上回っている。

こうした危機に直面している地方都市の典型といってもよい厳しい状況にあって，下関市が重点的に取り組んでいるのが，地域内分権（「自治体内分権」）の推進をとおした，住民自治によるまちづくりである。現職市長は「市民起点と地域内分権」を市政運営の基本として掲げており，これまで市をあげて政策の実現に取り組んできた。具体的な流れとしては，2012（平成24）年の庁内組織からなる「下関市地域内分権推進連絡会議」の設置にはじまり，タウンミーティングの開催などを経て，2014（平成26）年に「下関市における地域内分権推進の方向」を策定，翌年の議会で「下関市住民自治によるまちづくりの推進に関する条例」が可決，2016（平成28）年１月に施行されている。

この住民自治のまちづくりの核となる条例では，一定の地区内において，市民などが構成員となって自主的・主体的に「まちづくり協議会」を設立・運営できることが明記されており，市がまちづくり協議会に対して財政的支援などを行うと定められている。なお，まちづくり協議会を設置する地区の規模は，中学校区がひとつの規準となっている。条例施行後には人的支援として「地域サポート職員」も任命され，市が資金と人材の両面から，まちづくり協議会の立ち上げおよび運営を支援する体制が一応整えられた。現在までに12の協議会が立ち上げられている[4)]。

上記の下関市のまちづくり政策は，冒頭で述べた現在の社会全体のトレンドに沿ったものであり，条例の施行後，まちづくり協議会の立ち上げも順調に進められている。しかし，今後，まちづくり協議会が有効に機能し，住民参加や住民自治を実現していくためには，課題が山積していることも事実である。とりわけ，目標とする参加・自治の実現には住民の内発的参加が必須であるにもかかわらず，それを引き出す仕組が内在されているか疑問が残る。そもそも，職員減や財政難を背景とした制度であり，「行政の仕事を住民に押し付けている」という住民の声もある。そうしたなか，まちづくり協議会の活動にいかに住民を巻き込むのか，苦心している地区も多いように思われる。

1－2．調査の概要

筆者は，2014年度から現在まで，下関市内で活動する既存の住民組織や市民団体を対象としたさまざまな調査を継続的に実施してきた。ここでは，そのなかから2015（平成27）年度に実施したアンケート調査の結果を用いて，本章の課題にアプローチしてみることにする。アンケート調査の概要は下記のとおりである。

対象としたのは「しものせき市民活動センターふくふくサポート」（以下「ふくふくサポート」）に登録している団体である。ふくふくサポートは，2007（平成19）年に下関市がNPOやボランティア団体を支援する目的で設置した組織である。NPOなどの市民活動団体から自治会などの住民組織まで多様な団体が登録しており，現時点でその数は244にのぼる[5)]。ここでは，ふくふくサポートが「市民活動センター」であることを考慮し，登録している団体や組織を一括して「市民活動団体」とよぶ。

調査の実施手順としては，まず，ふくふくサポートホームページ上にある登録団体情報をもとに電話で全団体に協力を依頼し，承諾を得られた団体へ郵送法で調査を行った。調査期間は2015年9月～12月で，有効回答数は74，回収率は30.3%である。標本数は明らかに不十分であり，全体の傾向を十分に反映していない可能性があることを付記しておく。

また以下の分析では，アンケート結果の解釈を進める過程で適宜他の調査で得られた情報による補足を行っていく。主に取り上げるのは，2014年4月から継続して調査を行っている，下関市菊川町のまちづくり団体「貴和の里につどう会」（ふくふくサポート登録団体，以下「貴和の里」[6)]）と，2016年7月からスタッフの一員として活動に参加しながら参与観察を行っている，下関市生野町の「生野きらきら子ども食堂」（以下「きらきら食堂」[7)]）の2例である。

■ 2．アンケート結果の分析

2－1．対象の特徴と活動の状況

はじめに，対象となった団体の基礎的な特徴を把握しておこう。規模をみると，会員数50人以下の比較的小規模な団体が41団体，全体の60.3％をしめている。これに対し，100人以上の会員をほこる団体は16団体（23.5％）と少ない。設立年の中央値は1997（平成9）年であり，約半数の団体が現時点（2016年）で20年以上活動を継続している。団体の形態としては，設立時から現在に至るまで一貫して任意団体が多く（71.4％），設立後にNPOに移行する団体は6団体にすぎなかった。

団体の活動領域についてあてはまるものを尋ねると，「あてはまる」という答えが多かった順に，「まちづくり・地域づくり活動」（37団体），「高齢者・障がい者にかかわる福祉活動の推進」（28団体），「子どもの健全育成・子育て支援」（28団体），「社会教育や生涯教育の推進」（24団体）となった（図15－1）。

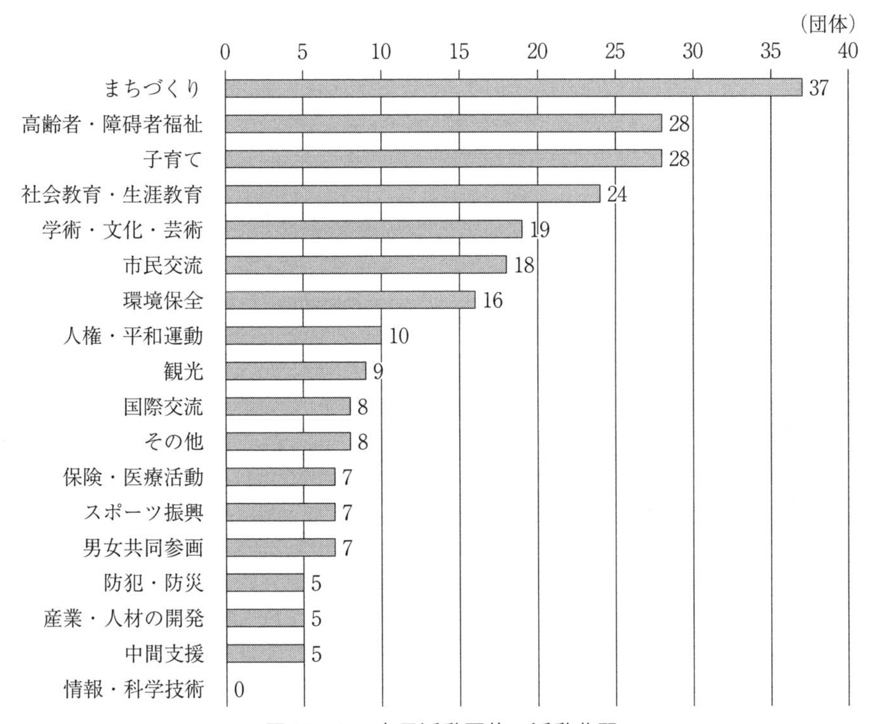

図15－1　市民活動団体の活動分野

出所）アンケート調査の結果より筆者作成

また，活動分野がひとつのみの団体は19団体（25.7%）にとどまり，全体の4分の3程度の団体が，複数の領域にまたがって活動を行っていることがわかった。

具体的な活動内容についても同様に尋ねたところ，「あてはまる」と答えた団体が多い順に「イベントなどの企画や運営」（42団体），「情報収集や広報活動」（34団体），「交流活動や交流の場の設置」（30団体），「その他」（30団体）となった。専門的な知識・技術を必要とするような活動や，物品の販売などに関わる活動を行っている団体は少数だった（図15−2）。活動の頻度をみると，37団体（52.1%）が年13回以上（平均月1回以上）と答えており，活発に活動を実施している団体が多いことが確認できた。

活動の目的については，5つの項目を用意し，それぞれあてはまるか否かを4件法で尋ねた。傾向としては，「身近に起きている問題を解決する」や「余暇を有意義に過ごす」といった私的な関心と結びついている項目は，「あてはまる」，「どちらかといえばあてはまる」の合計が相対的に少なく，それぞれ，54.2%と55.6%であったのに対し，「社会の役に立つ」，「地域をよりよくする」という漠然と公共的な価値と結びついているような項目については，それぞれ86.1%，77.0%と非常に高い値となった。

ここで下関市の市民活動団体の特徴と活動内容について，簡単に要約してお

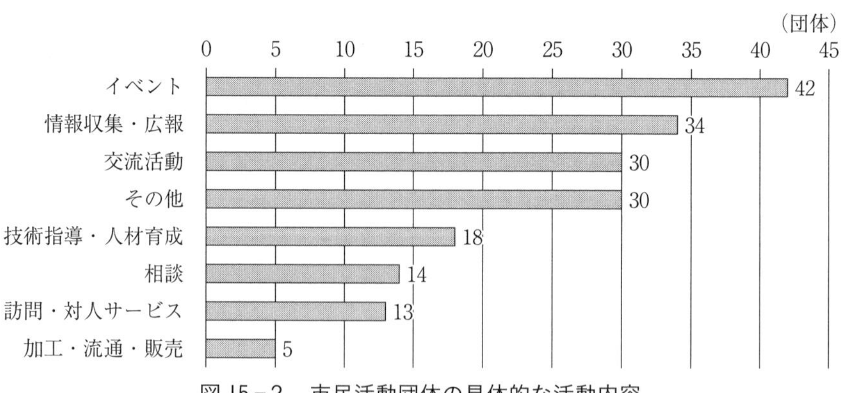

図15−2　市民活動団体の具体的な活動内容

出所）アンケート調査の結果より筆者作成

こう。まず，団体の特徴として，小規模，活動期間が比較的長い，法人格をもたない任意団体が多いという傾向がみられた。貴和の里やきらきら食堂についても，運営に参加するスタッフが30人以下の小規模団体である。

活動の内容については，まちづくりや広義のケアにふくまれるソフト事業が中心で，専門的な実践や営利事業を展開している団体は少ない。また，活動領域の多分野化も進んでいる。貴和の里は，そもそも廃校利用を主たる目的として設立された団体だが，竹林の環境整備や都市農村交流，韓国との国際交流などにも早い段階から取り組んできた。きらきら食堂でも将来的に学習支援などに取り組むことを予定しており，活動対象の必要にあわせて領域を拡大する団体が多いようである。

活動の目的については，私的な問題解決や自己実現よりも，地域の改善や社会への貢献という公共的な価値と結びつきがやや強い傾向がみられる。貴和の里やきらきら食堂も，自分たちの住む地域の将来のために貢献したいという思いから生まれた団体である。

2-2．資金と人材の調達

では，上記のような活動を維持するための人的・経済的資源は，どのようにして獲得されているのだろうか。資金面から確認していくと，予算規模については，半数以上の団体（52.2%）が30万円以下と少額であり，活動拠点を所有している団体も27.1%しかなかった。調達手段については会費がもっとも多く，58団体，全体の79.5%が収入源としている。その他では，寄付金，事業収入，行政の補助金の3項目が目立つ。くわえて注目すべきは，会員からの持ち出しが少なからず行われている点である。「自分のお金を使ってでも活動を続けたい」という強い意識が読みとれる。

ちなみに，多くの団体が主たる収入源としている会費だが，金額は7割以上（73.6%）の団体で年間3,000円以下である。非常に少額であり，これだけで事業資金を賄うことは困難であると予想される。そのため多くの団体（75.6%）が複数の収入源を持っており，少額の収入を組み合わせることで，団体の活動資金が調達されていることがわかる。

次に，人材確保という点から，どのような人びとが参加しているか詳細をみておこう。性別については，女性の方が多いとする団体が57.7%と，男性の方が多い団体（25.3%）の倍以上となっている。年齢については，高齢層である60歳代以上が多い団体が全体の66.2%をしめる。これに対し，若年層である30歳代以下が多いとする団体は9.9%と圧倒的に少ない。女性と高齢者が主たる担い手となっているところは，既存研究で指摘されているボランティア参加者の特性とも重なっている（吉武 2016）。職業については，性別・年齢構成の影響からか退職者・無職者がもっとも多いとする団体が全体の4割（40.3%）にのぼる。居住地については，事務所のある旧市町の範囲に居住している会員がもっとも多いとする団体が，72.1%と大半である。

以上の市民活動参加者の特性から，日常生活において時間的に余裕のある層，退職や子育ての終了によって社会的役割を喪失した層が，新たな役割を地域貢献のなかに求めて，活動に参加しているのではないかという仮説が浮かび上がってくる。貴和の里やきらきら食堂も，60代・70代の退職者や女性たちが組織運営の中核を担っており，地域の危機をひとつの契機として活動を開始している。

2-3．会員間の人間関係

ここで，市民活動への参加と社会的役割の獲得との関係について，参加が会員たちの人間関係にどのような影響を与えるのか確認しておこう。集団参加による新たな社会関係の構築が，社会的役割の取得と密接に関連していると考えられるからである。

会員の属性については，年齢や性別，職業などについて「非常にばらつきがある」「ややばらつきがある」とする団体が全体の7割（70.4%）をしめており，市民活動団体内の異質性が比較的高いことがわかる。

しかし，会員の参加率が5割を超える団体が全体の約6割（59.8%）にものぼっており，多くの団体の会員が頻度という点では熱心な姿勢で活動にのぞんでいる。そのためか，活動をとおして会員間の交友が深まったと「非常に感じる」「やや感じる」という団体が93.0%にものぼる。会員間に相互面識関係がどの程度あるのかを尋ねた質問でも，半数以上が相互に知り合いであるとする団体が８割を超えた（83.1%）。市民活動は，面識のない相手との関係構築やコミュニケーションの場として機能しているといってよい。

事例からも情報を補足しておこう。筆者が参与観察を行っているきらきら食堂では，毎回十数名程度のスタッフが参加する。スタッフの中心を担うのは生野校区の住民である女性たちだが，他の市民活動団体の会員，フードバンク下関のスタッフ，学校関係者，子どもたちの保護者，大学教員（筆者），学生など，かなり多彩でこれまで相互面識のなかったメンバーも多い。

そうであるにもかかわらず，活動を始めて２カ月程度でスタッフ間や利用者との間の面識関係も目にみえて強化され，それぞれの特技や活動できる時間に合わせた役割分担（食糧調達，調理，配膳・片づけ，利用者との対話，環境整備や子どもたちの見守りなど）ができあがりつつある。また，それぞれの相互承認によって心的な満足感も得られており，活動中の表情はにこやかでスタッフの参加率や利用者のリピート率も極めて高い。

2-4．将来の活動に対する希望と課題

最後に，今後の活動の意向について確認しておくと，これからさらに拡大したいとする団体が31.4%，現状を維持したいとする団体が60.0%と，あわせて91.4%となり，大多数の団体が活動を継続したいと考えている。高齢者中心の団体が多く，資金調達基盤が不安定であるにもかかわらず，近い将来に活動をやめたい団体はひとつだけだった。

活動の継続へ向けて何が重要かについても尋ねたところ，図15-3のような結果となった。やはり，人手と資金の確保をあげる団体が多いが，共有できる目標やメンバーの団結といった，会員間の関係性につうじるような項目も高い値となっている。このことから，住民参加型のまちづくりを継続していくうえでも，現在の条例がフォローしている資金面以外に，まちづくり協議会内での

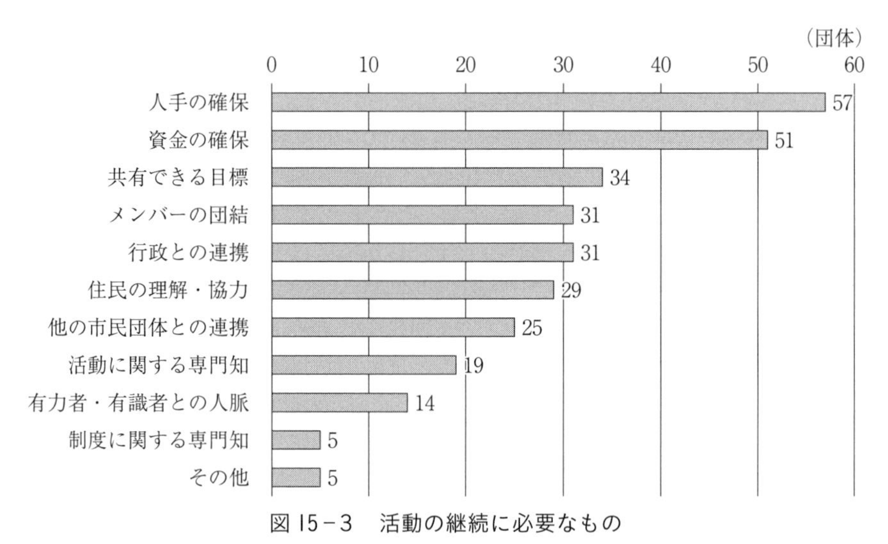

図15－3　活動の継続に必要なもの

出所）アンケート調査の結果から筆者作成

連帯強化や共通目標の設定に向けた支援をどのように行っていくかが，大きな課題となることが予想される。

また，市役所に期待する支援内容についても尋ねたところ，「補助金及び助成金」(81.4%）と「活動拠点の提供」(84.1%）への期待が非常に大きかった。対象がふくふくサポート登録団体ということも影響してか，行政に対抗・抵抗するというよりも，協調・連携関係を築きつつ活動を継続していこうとする傾向が強く表れている。

■3．考　　察

3-1．参加者の論理

以上の調査結果をふまえて，市民活動の参加者がどのような論理のもと活動に参加しているのか，現代の社会構造との関係から整理しておこう。

第1に，健康な高齢者の増加との関連である。周知のとおり，日本全体で65歳以上人口は年々増加しており，下関市でも同様の傾向にある。また，政府統計によれば[8]，元気な高齢者の比率も増加する傾向にある。定年や子どもの独立後も「まだまだ何かやれる」と感じている60歳代・70歳代は多い。そうした年配層にとって，市民活動は自分の力を活かせる場としての魅力を有している。今回の調査でも現在の市民活動団体を支えているのがこの層であることが明らかとなった。

第2に，女性の社会進出への期待の高まりとの関連である。社会通念上，男女の不平等を不当なものとみなす傾向は強まっており，家庭の外に活躍の場を求める女性も増加している。とはいえ，今日でも公的領域における男女平等が十分達成されたとはいえず，女性の社会参画にはさまざまなハードルが残されていることも事実であろう。そうしたなか，市民活動は女性にとって，比較的容易に社会参加ができる場となっている。また，女性がこうした社会的な位置におかれていることによって身に付けた価値規範や，ケアに関する技術，他者とのコミュニケーションに関するスキルなどは，現状における市民活動団体の活動領域ともマッチしている。

第3に，精神的な価値に対する欲求の高まりとのかかわりである。景気低迷が続いているとはいえ，日本は世界的にみても高い水準の経済的基盤を有する国家であり，われわれはゆたかな社会を生きている。貧困などが一部問題化しているとはいえ，生活水準の上昇に伴って，人びとの関心の重心は物的なゆたかさから心的なゆたかさへと移行している[9]。そして，心的なゆたかさには，マズローの欲求段階説をひくまでもなく，集団への帰属や他者からの承認が深くかかわっている。調査結果からもわかるように，参加者にとって，市民活動は見知らぬ他者との出会いや新たな役割取得をとおして，心的なゆたかさを実現するための場となっている。

第4に，地域社会の弱体化との関連である。上記のような役割の創造や心的ゆたかさの実現には，他者と社会関係を取り結び社会集団へ帰属することが欠かせない。かつての社会において，こうした関係構築・集団参加の機会は，町内会や自治会といった地域社会のなかで提供されてきた。しかし，人びとの生活構造の変容に伴って，従来，地域社会を形成していた空間的範囲内での関係性は希薄化してゆく傾向にある。こうした観点からみると，参加者にとって市民活動団体が，かつての地域社会の機能的等価物と位置づけられていることがわかる。さらに，きらきら食堂の事例をみていると，有志による団体は自治会などに比べ意思決定に誰もが参加できるうえ，活動内容が限定されてわかりやすいこともあって，若い世代が参加の際に感じるハードルが低いというメリットもあると感じる。もちろん，地域社会のもつ機能の重要性が失われてしまったわけでないが，性格の差に応じて新しい社会参加の場を生み出していることは間違いない。

3−2．住民参加・住民自治によるまちづくりの実現に向けた課題

最後に，考察の結果を踏まえ，これから住民参加・住民自治のまちづくりを実現していくための課題と，その解決策について整理しておこう。

まず１つ目は，退職者など比較的社会参加が容易な条件にある層を，スムーズに誘導できるよう情報提供や制度整備を進めることである。調査結果から明らかになったように，高齢者や女性たちは市民活動参加者の中核をなしており，住民自治を進めるうえでも有力な担い手候補である。とはいえ，新たに定年を迎える層や子育てを終えた層などには，これまで市民活動や地域活動などに参加した経験をもたない人びとも多いだろう。これらの人びとに情報や機会を提供することが，住民参加のすそ野を広げる第一歩となるのではないだろうか。その際，たとえば，具体的に活動内容や拘束時間などを知らせることで，「それくらいなら自分にもできる」という気持ちを引き出すと効果的だろう。

２つ目に，補助金以外の支援充実である。まちづくり協議会が機能してゆくためには，市民が内発的に「参加したい」と感じることができる環境づくりが不可欠である。そのためにも，補助金による金銭的インセンティブ以外にも積極的に支援を行うことが重要である。たとえば，活動そのものの「楽しさ」を伝えるような情報発信や，参加者の意見をうまく活動にフィードバックしてゆく仕組みなどをどうすれば構築できるのか，そうしたことに関するノウハウの提供や組織づくりに向けた支援なども必要ではないだろうか。

３つ目に，地域を土台とする住民組織と，有志による市民活動団体との連携

構築である。まちづくり協議会のような地域を母体とする組織と，今回の調査対象となったような市民活動団体との間には，事業内容や目標を共有しながらも，その特徴や得意とする分野に違いがある。ノウハウもやる気もあるのに資金や人手が足りないという状況や，資金はあるのに有効活用できないといった状況を回避し，効率的な事業を展開して行くためにも，両者を結び付け情報や資源を分配していくことが必要であろう。

最後に，地域と行政（下関市）との関係についてである。両者の「連携」と一口にいっても，その内実は多様である。場合によっては「住民自治＝住民任せ」，「住民参加＝補助金獲得のための陳情」とも理解されかねない。しかしそれは，現在目標とされている住民参加・住民自治とあり方とはまったく異なるものである。では，どうすれば協働やパートナーシップとよべる関係を作り上げていくことができるのか。月並みかもしれないが，互いの言い分を認めながら双方にとって満足のいく結論を目指そうとする姿勢が重要となるだろう。アンケートの自由記述にみられたような市民側の言い分を市がどう受け止めるのか，あるいは市の言い分をどう伝えるのか，結論ありきではなくコミュニケーションの過程を通して合意できる制度へと常に改善を図ってゆくことが，今後の住民自治の実現につながっているように思われる。

■おわりに

本章では，住民参加・住民自治によるまちづくりの実現に向けての課題を，下関市における市民活動に関する調査をもとに検討してきた。参加する側の論理に着目したとき，目指すべき住民自治のまちづくり実現のためには，担い手となる市民へのアプローチの方法として，① 参加が容易な社会的位置にある層（高齢者・女性）への情報提供や，その層がより柔軟に活動に関われるような制度設計が必要であり，② 金銭的な面以外で，他者との関係に加わることの楽しさを伝えることや，自分の意見が活動に反映されていると実感できる仕組みをつくっていくことが重要であると指摘した。また，まちづくり協議会と周辺団体との諸関係のあり方として，③ 住民組織と有志の市民活動団体を結び資源や役割分担を行うことや，④行政と住民自治組織との間の連携構築が必要であることを指摘した。

「まちづくりは人づくり」ともいわれるが，主体的に参加する担い手がいてこその参加・自治である。そして，地域で暮らす人びとが「参加しやすい・参加したい」と思える環境を作り出すためには，市民と行政との協働を土台とした支援強化が必須である。そのためにも現行の制度に固執するのではなく，市民活動団体や住民組織との間に対話の経路を常にもち，そこでのコミュニケーションを経て制度そのものを時間をかけて改善して行くことが必要となるだろう。

注

1）地域社会学の領域においても，自治体内分権の推進意義を強調する研究が登場している。たとえば，山崎（2012）は，地域コミュニティ論の草分けともいうべき鈴木榮太郎が，晩年の研究において，行政村から自然村（内発的コミュニティ）への転化という視点を有していたことを指摘し，コミュニティの制度化に関する研究への理論的根拠を与えるものであると述べている。玉野（2015）も，かつてコミュニティ政策において社会学者の果たしていた役割が，現状のコミュニティ形成において果たされていないことを批判しつつ，明示的にではないが制度的にコミュニティ形成を進めることに肯定的な立場に立っている。

2）徳野（2015）は，現代農山村の地域社会を考えるうえで両親と別居子との社会関係が重要であるとし，自治体の範囲を超えて広がる集落社会を「修正拡大集落」とよんでいる。

3）本章では「住民」と「市民」を明確に区別せず用いる。社会運動論の文脈では，「住民運動」と「市民運動」を性格の異なるものとして論じられることもある（長谷川 1993）が，現実的には両者を区別することは困難であり，現在の住民自治ではNPOなどのいわゆる市民活動団体がその一翼を担うことを期待されているからである。ただし，後述のように，両者の間に差異が認められることも事実である。

4）下関市ホームページ「まちづくり協議会の設立に向けた取組」http://www.city.shimonoseki.lg.jp/www/contents/1429667231119/index.html（最終閲覧日2016年6月15日）

5）しものせき市民活動センターふくふくサポートホームページ「市民活動登録団体の紹介」http://www.city.shimonoseki.yamaguchi.jp/NPO/danntai.html（最終閲覧日 2016年6月15日）

6）貴和の里につどう会は旧菊川町（現下関市菊川町）の東部，豊田町および美祢市との境界に位置する3つの集落，轡井，道市，樅ノ木の有志によって構成される，まちづくり活動を展開する任意団体である。合併によって豊東小学校轡井分校が統廃合されることを契機に，廃校を活用した地域活性化を目的として結成された。詳細については松本（2016）を参照。

7）生野きらきら子ども食堂は，これまで長年市民活動に携わってきた田中隆子氏が中心となり，地域による子育て支援を目的として2016年7月から活動を開始した。現在は月に2回（第1・第3火曜日），無料で利用者に食事を提供している。

8）たとえば，文部科学省が実施している「体力・運動能力調査」では，高齢者の身体能力が向上傾向にあることが明らかになっている（文部科学省ホームページ「体力・運動能力調査—結果の概要」http://www.mext.go.jp/b_menu/toukei/chousa04/tairyoku/kekka/1261311.htm（最終閲覧日2016年6月15日）

9）内閣府「国民生活に関する世論調査」（2015年）によれば，1980年代から今日まで一貫して，今後の生活において物のゆたかさより心のゆたかさを重視する傾向が強まっている。

参考文献

田中重好『地域から生まれる公共性』ミネルヴァ書房，2010年
玉野和志「地方自治体の政策形成と社会学者の役割」『社会学評論』66(2)，2015年：224-241
徳野貞雄「人口減少時代の地域社会モデルの構築を目指して」徳野貞雄監修・牧野厚史・松本貴文編『暮らしの視点からの地方再生—地域と生活の社会学』九州大学出版会，2015年：1-36
長谷川公一「環境問題と社会運動」飯島伸子編『環境社会学』有斐閣，1993年：101-122
牧野厚史「『眠れる丸山』のまちづくり」『関西学院大学社会学部紀要』68，1993年：75-87
松本貴文「下関市におけるまちづくりの現状と課題」『地域共創センター年報』Vol.9，2016年：1-17
山崎仁朗「鈴木榮太郎における『自然』と『行政』—『地域自治の社会学』のための予備的考察」『社会学評論』2012年，63(3)：424-438
吉武由彩「福祉—高齢化と支えあう社会」山本努編著『新版　現代の社会学的読解—イントロダクション社会学』学文社，2016年：115-136

第16章

過疎地域における住民主体の地域福祉活動の展開とその可能性
――下関市豊北町の事例から

吉武　由彩

■はじめに

過疎地域では，1980年代に一時期人口減少が鈍化したものの，1990年代以降は人口減少が再び加速している。過疎地域では，1970年代の「『若者流出』型過疎」（山本 2013：29）から，1990年代には「『少子』型過疎」（山本 2013：29）が加わり，そして2000年代以降は高齢者さえも少なくなった「『高齢者減少』型過疎」（山本 2013：31）とよばれる状況もあらわれているという。近年，研究領域のみでなく，広く人びとのあいだにおいても，農山村をめぐる問題は注目を集めるようになった。高齢化率が50％を越え，社会的共同生活を維持することが困難な「限界集落」の増加（大野 2005）や，増田レポートの提出による「消滅可能性自治体」の提示（増田編 2014）など，人口減少による地方崩壊の危機はますます強調されている。

このようななか，あらためて，過疎地域において人びとがいかに生活していくのかを考えていく必要がある。日本全体として人口減少社会を迎えている現在，過疎地域とは，人口減少，高齢化などの状況がすでに進んでいるある種「先進的事例」ということができ，過疎地域における人びとの生活課題をめぐる研究とは，今後の人口減少社会を考えていくうえでの研究にも接合可能であろう。しかしながら，人口や高齢化率などの統計的数値に依拠した限界集落論や消滅可能性自治体提示など地方消滅論には，農山村における人びとの生活実態の分析という視点が欠けているとの批判もある（徳野 2015など）。人口減少率が大きく，高齢化率が高い農山村においても，人びとが活発に地域活動に取り組み，生きがいをもって生活する姿などはこれまでも指摘されてきたからである。

そこで，本章では，過疎地域において活発な住民活動に取り組んでいる先駆的事例の分析をとおして，今後の人口減少社会における地域社会のあり方を考えていくこととする。本章で取り上げる山口県下関市豊北町とは，過疎地域指定をうけ，下関市内でもっとも高齢化率が高く，人口減少率ももっとも大きい地域である。しかしながら，長年にわたって自発的な住民主体の地域福祉活動がなされており，その活動は，全国においても先進的な事例として，日本地域福祉学会の第12回地域福祉優秀実践賞を受賞するなど，熱心な取り組みが広く認められている地域である。

■ I．人口減少社会と住民主体の地域活動

過疎地域における地域社会のあり方を考えるにあたっては，近年の変化として，合併の影響に言及する必要があるだろう。人口減少進展への対応として，財政的な合理化や適正化を目指し，平成の大合併など，市町村合併が促進されたことは記憶に新しい。しかし，合理化が進められた結果，周辺地域においては，公的機関の職員数減少やサービス低下など，地域の住みやすさが低下する状況もあらわれてきた。このような事態に対応するため，住民自治や地域活動の促進により，住民自ら生活課題を解決するという政策が同時に進められてきた。

しかし，行政主導で住民の自治組織がつくられても，住民は何をすれば良いのか，活動内容がわからず困惑するという状況や，形ばかりの住民自治組織となっているなどの状況も発生していると聞く。このようななか，どのようにして住民主体の活動を促していくのかは，重要な論点のひとつとなっている。地域研究の分野でも，自発的な住民組織によるまちづくりとして広島県安芸高田市の川根振興協議会の事例なども紹介され，災害を契機に活動がスタートし，総合的なまちづくりに広がっていく様子が描かれるなどしている（小田切 2009）。

他方で，福祉社会学の領域でも，住民主体の地域活動への期待が寄せられている。従来は，個人の生活は戸主を中心とした家や家連合によって保障され，生産および生活の両場面において，相互扶助行為が広くなされてきたものの，

産業化，都市化により，子ども世代が都市に出て働くようになり，人びとの生活を保障する親族共同体や地域共同体の機能は弱まっている（木下 2001）。しかしながら，行政など公的機関によって提供される福祉サービスのみでは，制度の谷間にある住民ニーズなど，個別で多様な福祉ニーズに対応していくことはむずかしい。そのようななか，あらためて，その地域における実情に通じた住民同士によって，地域における福祉的課題に取り組んでいくという「地域福祉」へ期待が寄せられている。高齢化や世帯の小規模化が進展している状況を考えると，住民主体の地域活動のなかでも，地域福祉活動がどのように展開されているのかといった分野に関する事例分析が必要とされているといえる。

■ 2．農山村における地域福祉活動の研究

過疎地域において高齢者が暮らし続けることができる要因としては，これまで，農業という持続性の高い活動を行っていることや，地域外ではあるが比較的近距離に住む別居子のサポート，青年期から高齢期まで途切れなくさまざまな伝統的な地域集団や年齢階梯集団への参加がなされることなどが指摘されてきた（高野 2011 など）。このなかでも，地域福祉的な観点からいえば，地域集団などへの参加がとくに重要であるといえるが，農村社会学では地域福祉的な研究は多くはない。

そのようななか，近年，合併などの影響により，地域組織や地域活動への参加が低下している状況が指摘される。高野（2011）は，2005（平成 17）年に日田市へ編入合併した大分県日田市中津江村地区を取り上げ，合併後地域集団に参加していない層が増加していることを指摘する。合併先の日田市に婦人会が存在しないことによる中津江村地区の婦人会の解散などにより，集落間の現状共有や交流の機会が減少しているという。他方で，集落におけるクラブなどの集まりが廃止されたあとも，自主的に集まりをもったり，デイサービスの送迎車内で情報交換やおしゃべりをしたりと（山本・高野 2013），住民にとって必要な機能が別様に形を変え維持される様子も指摘される。さらに，長崎県五島列島にて調査を行った叶堂（2004）でも，条件不利地域では福祉サービスが不十

分であることから，高齢者を支えるサポート関係が発達していることが指摘される。町内会による特別養護老人ホームの設立や，宗教的な類縁関係による医療・福祉活動の展開，郵便局や商店街といった生活拠点施設による御用聞きなど，多機能化しながら高齢者を支えている様子が描かれる。

このように，厳しい環境におかれながらも，緊密な社会関係によって高齢者の生活は支えられているが，「福祉コミュニティ形成のための社会的条件」（鶴 2003：1）については十分に研究が進んでいないとも指摘される。そのようななか，地域福祉推進にあたっては，行政，社会福祉協議会，住民の三者の信頼関係と連携が必要であるという議論や（鶴 2003），講座や住民座談会などをとおしての地域実態と将来展望の共有が必要という指摘（高野 2008）などがなされる。農山村における地域福祉の推進にあたっては，いくつかの論点なども提示されてきたものの，研究は多くはない。そこで次に，山口県下関市豊北町の地域福祉活動の事例から，農山村における地域福祉活動のあり方を考えていく。

■ 3．対象地域の概要，地域福祉活動の概要

3－1．山口県下関市豊北町の概要

本章では，住民主体の地域福祉活動の事例として，山口県下関市豊北町における活動を取り上げる。その前に，豊北町の概要について簡単に確認しておこう。山口県豊浦郡旧豊北町は，山口県の西部に位置し，日本海に面する地域である。北は長門市，東は旧豊田町，南は旧豊浦町に接している。漁業集落と農業集落の両方を有する地域である。旧豊北町は，2005年に旧下関市と，旧菊川町，旧豊田町，旧豊浦町，旧豊北町の１市４町の合併により，下関市豊北町となった。旧町役場には，現在，下関市役所豊北総合支所が置かれている。2015（平成27）年の国勢調査によると，下関市豊北町は，人口9,692人，2010（平成22）～2015年の人口減少率は12.8％と，下関市内においてもっとも減少率が大きい。世帯数は3,975世帯，平均世帯員数は2.3人であり，１世帯あたりの人員も少ない。高齢化率は42.7％であり，こちらも下関市内においてもっとも高い[1)]。このように，豊北町は，下関市においてもとくに人口減少および

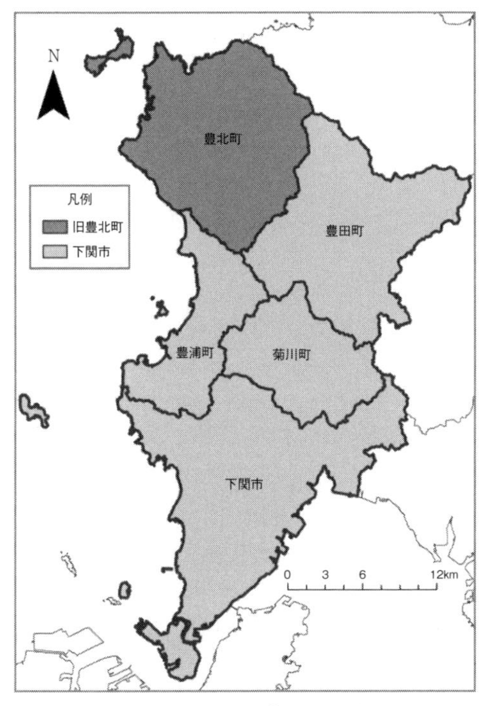

図16-1　下関市豊北町の位置

高齢化が進展した地域であることがうかがえる。

3-2．下関市豊北町における地域福祉活動の概要

下関市豊北町では，旧豊北町社会福祉協議会時代の1980年代から地域福祉活動が進められ，1989（平成元）年には旧豊北町内の7地区（神玉，角島，神田，阿川，粟野，滝部，田耕）すべてにおいて地区社会福祉協議会が設置され，活発な取り組みがなされてきた[2)]。しかし，2005年に，行政の合併を機に，社会福祉協議会についても合併がなされ，旧下関市に立地する下関市社会福祉協議会と，菊川支所，豊田支所，豊浦支所，豊北支所の4つの支所が設置されることとなった。下関市社会福祉協議会の合併により，合併後もこれまでの活動が維持していけるのか危惧した地区社協は，2009（平成21）年に7つの地区社協が

集まって「豊北地区社会福祉協議会連合会」を立ち上げ，地域福祉活動を継続している（豊北地区社会福祉協議会連合会 2016）。この「豊北地区社会福祉協議会連合会」が，2015年度に日本地域福祉学会において第12回地域福祉優秀実践賞を受賞している（平野 2016）。

本団体が地域福祉優秀実践賞を受賞した理由は2点あり，1点目が，「中心市への吸収合併のなかで旧の小規模社協の活動が停滞する事例が多くみられるなかで，地区社協の連合体を生み出し旧町時の社協活動を継承し発展させるためのボトムアップの仕組みを構築した点である」（平野 2016：80）。もう1点は，「『地区社協連合会費』や各種寄付の導入によって自主財源を確保し，それによって人材を確保し，事業費を生み出している点である」（平野 2016：80）。以下では，社協担当者への聞き取り調査において得られたデータおよび資料などをもとに，地域福祉活動の展開について紹介する[3)]。

■4．下関市豊北町における住民主体の地域福祉活動について

4-1．地区社協における地域福祉活動「福祉の輪づくり運動」の展開

豊北町における地域福祉活動は，1984（昭和59）年の阿川地区での地区社協設立に端を発する（豊北地区社会福祉協議会連合会 2016）。阿川地区の自治会長から声があがったことにより，阿川地区にて地区社協設立の機運が高まり，この動きが豊北町内のその他の地区にも伝わったことによって，1989年までには豊北町の7つの地区（神玉，角島，神田，阿川，粟野，滝部，田耕）すべてにおいて地区社協が設立されることとなった。

さて，1990（平成2）年以降，7つの地区すべてにおいて実施されているのが「福祉の輪づくり運動」である。「福祉の輪づくり運動」では，7地区すべてが取り組む活動としての「小地域福祉推進会議（初期には「需給調整会議」であったが改称)」と「見守り援助活動」という「基本事業」，そして，複数の事業のなかから実施する事業を選択して取り組む「選択事業」がある（山村 2006）。このうち，豊北町の地域福祉活動の特色ともいわれているのが，小地域福祉推進会議である。小地域福祉推進会議は，現在では豊北町全域で39班

組織され，班ごとに年2～4回開催されるが，この会議では，一人暮らし高齢者や支援が必要な高齢者のニーズおよびその対応について話し合う場がもたれている（豊北地区社会福祉協議会連合会 2016）。小地域福祉推進会議については，それが地区単位で実施されているのではなく，おおよそ民生委員の設置単位と重なる範域として，より小規模な範域で実施されていることも重要であろう。小地域という顔のみえる範域で行われるからこそ，活動が促進されていると考えられる。

小地域福祉推進会議には，自治会長，民生委員，福祉員，婦人会や老人クラブの代表者（山村 2006），社協職員，地域包括支援センター専門職などが参加している（豊北地区社会福祉協議会連合会 2016）。小地域福祉推進会議では，「65歳以上の一人暮らし高齢者」，「70歳以上の高齢者夫婦」，「障害者」，「その他特に気になる人」などという項目が設けられ，該当する対象者の名前が書き込まれた資料が配られる（山村 2015）。この資料をもとに，一人ひとりについて，「○○さんはどうしていたよ」というように情報を持ち寄り，対象者の様子を確認しているという。

選択事業には，「ボランティア発掘・養成事業」，「介護者の集い」，「三世代交流事業」，「福祉員研修会」，「ふれあいサロン事業」など17の事業があり，それぞれの地区が事業を選択して取り組んでいる（山村 2006）。事業報告書を確認すると，具体的には，配食サービス，介護予防研修会，三世代交流事業，サロン活動，地域福祉に関する啓発宣伝活動，福祉員の活動支援，高齢者の外出（買い物）支援，男性料理教室，友愛訪問，小学生との交流事業など多様な活動が行われている（下関市社会福祉協議会豊北支所・豊北地区社会福祉協議会連合会 2014）。さらに，1994（平成6）年からはそれぞれの地区社協に地域福祉コーディネーター1名を設置し，2006（平成18）年には住民支え合いマップづくりを実施するなど，地域福祉の推進に取り組んでいる（豊北地区社会福祉協議会連合会 2016）。

4-2．その他の地域福祉活動の状況

地区社協ごとに取り組まれる「福祉の輪づくり運動」以外の活動としては，認知症高齢者の宅老事業なども進められてきた。認知症高齢者を抱える家族から，介護の大変さに関する声があがり，それをうけて旧豊北町社協は，1997（平成9）年に行政の保健師，在宅介護支援センターなどが協働するなかで，「豊北町痴呆性老人を支える家族の会（現在は「痴呆性」を「認知症」に改称）」の設立をサポートした（豊北地区社会福祉協議会連合会 2016）。さらに，同じく1997年には，地域のお寺の一角を低料金で借り，社会福祉・医療事業団から200万円の助成金を得るなどしながら，週3日の通所のみの宅老所事業「ほのぼのハウス」がスタートしている（山村 2006）。

町社協は，その後も家族会をサポートし，行政に働きかけるなかで，「認知症専用型デイサービスセンター」や「認知症高齢者グループホーム」の開設に成功していった（豊北地区社会福祉協議会連合会 2016）。さらに2000（平成12）年には，「『預かり』や『泊まり』『通い』『居住』など何でもOKの『介護ホーム』」（豊北地区社会福祉協議会連合会 2016：88）も開設している。加えて，グループホームの職員が，地区社協の小地域福祉推進会議に参加し，住民支え合いマップづくりにも取り組むなど，地区社協などの組織と連携してともに活動に取り組む場が設けられている（豊北地区社会福祉協議会連合会 2016）。

また，豊北町における特徴的な活動としては，郵便局による「愛の一声運動」の存在も指摘できる（豊北地区社会福祉協議会連合会 2016）。この取り組みは，1982（昭和57）年に阿川郵便局において全国初の取り組みとして実施され，1990年からは豊北町全域において実施されるようになった。75歳以上の一人暮らし高齢者の希望者に対して，郵便物がある・なしにかかわらず，一声かける運動がなされている。「愛の一声運動」では，日曜・祝日を除き，郵便局員が毎日高齢者宅を訪れ，声かけおよび安否確認を行う。また，声かけだけでなく，電球を変えたりと「御用聞き」としても動いていたという。

さらに，声かけ活動の記録は毎日記入される。郵便局と地区社協との連携もなされ，声かけ活動の記録は定期的に地区社協にも伝えられる。反対に，小地

域福祉推進会議の場で出てきた要援助者について，郵便局側に伝え，声かけを行ってもらうこともあるという（豊北地区社会福祉協議会連合会 2016）。しかし，郵政民営化後は「愛の一声運動」の活動は縮小され，現在では，郵便物がある場合にのみ高齢者への声かけを行っている（山村 2016）。

■5．合併を契機とした豊北地区社会福祉協議会連合会の設立

5-1．自主財源縮小の危機と連合会設立

次に，合併期における地域福祉活動の展開について確認する。前述のように，豊北地区社会福祉協議会連合会は合併を機に設立されたが，その設立には，自主財源の問題も関わっている。社協の合併を契機に，従来豊北町では一世帯当たり年額1,000円であった社協会費が，年額50円であった旧下関市と調整する形で，新たに下関市全体として年額100円へ統一されることに決まったのである（山村 2016）。活動費が1,000円から100円へと減額され，財源が減ることによって，これまでの活動を継続できなくなることが危惧された。そこで，従来どおり1,000円の活動費を集め，活動を維持することを目的に，7つの地区社協の連合体として，豊北地区社会福祉協議会連合会が設立された。現在，連合会として集めた1,000円のうち100円を下関市社協への財源とし，残った900円については，「地区社協連合会費」を導入し連合会の財源として独自の財源確保を行い，それを7地区に配分することで，事業を継続している。

連合会の設立過程としては，まず2007（平成19）年以降，豊北支所経営会議や地区社協会長，事務局長会議など，関係者が集まる各種会合において協議検討がなされ，その後，2008（平成20）年に「豊北地区社協連合会設立準備委員会」が立ちあがり，住民説明会を開くなど理解を求め，2009年に連合会が設立している（山村 2015）。このようにして，合併後も会費を1,000円とすることが決まったのであるが，すぐに住民全体の同意を得られたわけではなく，連合会設立と会費納入に関する住民説明会は合計18回にのぼっている。なかには，継続して1,000円を集めることへの反対意見や，会費を継続して集めると

しても，７地区合同ではなく，各地区で会費を集めれば良いという声もあったという。

前述の地区社協における「福祉の輪づくり運動」では，基本的にはそれぞれの地区が活動主体であり，複数の地区が合同しての活動はなされていないことからも，地区別に財源を集めれば良いという声があがったのだろう。しかし，これまで豊北町における地域福祉活動をサポートしてきた旧豊北町社協側としても，とくに会計という観点から考えた場合，地区別よりも，７地区合同の方が良いとの思いがあった。

これまで７つの地区社協は，切磋琢磨して同じようにレベルをあげてきたが，会計も含め完全に地区別にすると，「お金が集まらないから活動しなくて良いだろう」など，財源を理由に地域福祉活動が縮小していく地域が出てくる可能性がある。社協側としては，ある程度のバランスをとりながら，豊北町全体における地域福祉を推進していきたいという思いがあったため，連合会設立により会計を一本化することを目指したという。加えて，地区別で会費を集め事業を実施すると，多額の飲食費や日当を出したりなど，本来の意図とは異なった形式で資金を使用する危険性もある。会計を一本化することで，そういった危険性も抑えることができると考えたという。

さらに，地域福祉活動を推進するにあたり，財源の多くが助成金や補助金によるものであれば，いつ助成金が途切れるかもわからず，継続的に活動に取り組むことができない。そこで，住民説明会のなかでも，「活動的にももちろん自立していただくんだけれども，財源的にもこれで自立ができるんですよ」と，説明してまわったという。説明会をしてまわることで，住民の理解を得ることができ，従来どおり財源を確保することができるようになったのである。また，1980 年代から進められてきた地域福祉の取り組みは，現在では「当たり前」のことになっているというが，これまでの地道な積み重ねがあるからこそ，財源確保にあたって住民の協力が得られたと考えられる。

5-2．豊北地区社会福祉協議会連合会

合併を契機として設立した豊北地区社会福祉協議会連合会であるが，その組織概要についても確認する。連合会は，各地区２名ずつ，地区社協の会長や事務局長が連合会の委員になり，そこに学事経験者ということで市社協の地域担当理事が入るなどして15名程度で構成されている。７つの地区には当然人口規模の大小などもあるが，連合会の委員は，各地区同人数ずつで構成されている。また，2010（平成20）年からは豊北地区社会福祉協議会連合会事務局長（常勤職員）を設置し，職員には，役場の臨時職員に準ずるような形で給料を支払い，地元出身の30代男性が雇用されている。

連合会の役割としては，会費や寄付金などを集めること，広報誌発行，コーディネーターおよび職員の設置である。さらに，７地区合同でのコーディネーター会議，会長，副会長会議，リーダー研修会などもなされる。広報誌については，合併以前の旧豊北町社協のときは，毎月１回ニュースレターを発行していたが，合併後，下関市社協では年６回の発行であった。そこで，豊北町では，合併後も毎月ニュースレターが届く形が良いということで，下関市社協のニュースレターが届かない月には，連合会のニュースレターが届くようにと，連合会では年６回ニュースレター（『Hot Line ふくしの輪――ほうほく地区社協連合会だより』）を発行している。広報誌は，各地区で発行するには予算も手間もかかるため，連合会として発行することによって，年６回発行でき，市社協のニュースレターとあわせると，合併前と同頻度での発行を維持することができているのだろう。

また，連合会の財源についても確認する（表16-1）。繰越金を除いて，自主財源（会費収入＋寄付金収入）の割合を計算してみると，会費収入43.0%，寄付金収入40.7%となり，合計すると80%を超える（83.8%）（豊北地区社会福祉協議会連合会 2013）。地域福祉活動やボランティア活動の継続にあたっては，財政面などの問題を聞くことも多く，補助金に頼っている場合などもあるが，この活動では高い割合で自主財源を確保している点があらためて確認できよう。また，表16-1からは，連合会には会費だけでなく，香典返しの寄付など寄付金

表 16-1　豊北地区社会福祉協議会連合会　収支決算（2012 年度）

（単位：円）

会費収入	4, 516, 000	住民会費
寄付金収入（一般寄付）	197, 603	篤志寄付
寄付金収入（慶弔寄付）	4, 074, 400	香典返寄付，見舞返寄付
助成金収入	200, 000	50×4, 000世帯（市社協）
助成金収入	297, 000	福祉員活動費（市社協）
事業収入	508, 400	映画チケット
共同募金分配金収入	638, 550	（市社協）
受取利息配当金収入	478	
雑収入	58, 858	
繰越金収入	2, 154, 259	2011年度繰越金
合計	12, 645, 548	

出所）豊北地区社会福祉協議会連合会（2013：5）

収入も多く，それらの財源も活動を支えていることがわかる。しかし，人口減少や高齢化により会費収入および寄付金収入は減少傾向にあることも指摘されている（豊北地区社会福祉協議会連合会 2016）。

■おわりに

今回，下関市豊北町における住民主体の地域福祉活動の事例を確認してきた。先行研究では合併を機に地域活動が縮小する事例などもみられたが，今回の事例では，合併による活動縮小を防ぐために，豊北地区社会福祉協議会連合会を組織し，会費を継続して 1,000 円集めることで，自主財源を確保し，活動を継続させていた。そしてそこには，繰り返し住民説明会を実施するなど，丁寧なプロセスを経て合意形成をしていく様子や，豊北町全体として地域福祉を推進していくことが重要であるとの社協側の思いが関わっていることがうかがえた。地域福祉活動の継続にあたっては，説明会などをとおした趣旨説明と合意形成のプロセスや，コーディネーターの役割の重要性がうかがえる。

さらには，地域における個別ニーズの発見と対応（「小地域福祉推進会議」）は小地域で，「福祉の輪づくり運動」は地区社協で，会計と広報は地区社協連合会でといったように，活動の内容によって適切な圏域を設定し，重層的な圏域設定により地域福祉活動を推進している様子も見て取れる。地域において人びとの生活を支えていくにあたっては，必ずしもひとつの組織が強力に個人を支えれば良いということではなく，複数の組織が協同して支えることによって，より安定的に支えていくことができるだろう。

他方で，活発な地域福祉の取り組みがなされてきた今回の事例においても，郵政民営化後は「愛の一声運動」の活動が縮小し，人口減少や高齢化により会費収入および寄付金収入も減少傾向にあるなどの状況も存在している。とくに会費収入や寄付金収入など自主財源の確保は，地域福祉活動を自立的に安定的に継続していく観点からも重要になる。加えて，住民が地域福祉活動に関わっていくこととは，なにも担い手となって実際に活動に関わることだけを示すのではなく，会費や寄付金の提供も重要な地域福祉活動への関わりであるといえるだろう。さらには，会費や寄付金を提供することにより，それがきっかけとなって，地域福祉活動への興味や接点をもち，いずれは実際の活動の担い手としても関わっていくということもあるだろう。このように考えるならば，補助金や助成金などによって財源が確保されれば良いということではなく，会費収入や寄付金収入の継続的な確保を目指して，なぜこのような活動が必要であり，なぜ財源が必要であるのかということについて，あらためて住民に説明をし，理解を得ていくことが求められていると考えられる。

農山村における地域福祉的研究は多くはないが，現代社会において高齢化や人口減少がますます進むなか，地域において人びとの生活をどのように支えていくのか，地域福祉活動をめぐるさらなる研究の深化が求められる。

付記

調査に際して，下関市社会福祉協議会の方々には大変お世話になりました。感謝申し上げます。また，本研究はJSPS科研費70758276（研究代表：吉武由彩）による研究成果の一部です。

注

1）高齢化率のデータについては2015年の国勢調査の数値は公開されていないた

め，2010年の国勢調査の数値を提示した。
2）「社会福祉協議会」については，２回目以降は「社協」と表記するなどしている。また，同様に「豊北地区社会福祉協議会連合会」についても，２回目以降は「連合会」と表記するなどしている。
3）調査では，豊北町における地域福祉の推進に関わってこられた下関市社会福祉協議会の方々（当時の豊北町社会福祉協議会の方々）にお話をうかがった。調査は2015年５月および2016年８月に実施した。

引用・参考文献

大野晃『山村環境社会学序説―現代山村の限界集落化と流域共同管理』農山漁村文化協会，2005年
小田切徳美『農山村再生―「限界集落」問題を超えて』岩波書店，2009年
叶堂隆三『五島列島の高齢者と地域社会の戦略』九州大学出版会，2004年
木下謙治「家族と福祉の接点」木下謙治・小川全夫編『シリーズ［社会学の現在］③家族・福祉社会学の現在』ミネルヴァ書房，2001年：15-30
下関市社会福祉協議会豊北支所・豊北地区社会福祉協議会連合会『平成25年度地区社協概況』2014年
高野和良「地域の高齢化と福祉」堤マサエ・徳野貞雄・山本努編『地方からの社会学―農と古里の再生をもとめて』学文社，2008年：118-139
――――「過疎高齢社会における地域集団の現状と課題」『福祉社会学研究』８，2011年：12-24
鸖理恵子「福祉コミュニティ形成の社会的条件―岡山県清音村の事例を中心に」『吉備国際大学保健福祉研究所研究紀要』４，2003年：1-16
徳野貞雄「人口減少時代の地域社会モデルの構築を目指して―『地方創生』への疑念」徳野貞雄監修，牧野厚史・松本貴文編『暮らしの視点からの地方再生―地域と生活の社会学』九州大学出版会，2015年：1-36
豊北地区社会福祉協議会連合会『Hot Line ふくしの輪―ほうほく地区社協連合会だより』No.25，2013年
――――「住民主体による地域福祉活動の推進」『地域福祉実践研究』７，2016年：86-88
平野隆之「第12回日本地域福祉学会・地域福祉優秀実践賞の選考結果について」『地域福祉実践研究』７，2016年：79-80
増田寛也編『地方消滅―東京一極集中が招く人口急減』中央公論新社，2014年
山村敏史「地域福祉型福祉サービスによる地域の福祉力向上」『月刊福祉』89(1)，2006年：16-19
――――「住民主体による地域福祉活動の推進」第29回日本地域福祉学会大会報告原稿，2015年
――――「社会福祉協議会の取り組み 住民主体による福祉のまちづくり―下関市

社会福祉協議会」『厚生福祉』6222，2016年：2-4
山本努『人口還流（Uターン）と過疎農山村の社会学』学文社，2013年
山本努・高野和良「過疎の新しい段階と地域生活構造の変容――市町村合併前後の大分県中津江村調査から」『年報村落社会研究』農山漁村文化協会，49，2013年：81-114

3部

20世紀初頭における「下関英国領事館報告」を通してみた下関の経済社会文化事情

■はじめに

2014（平成26）年7月17日，約5年半をかけて改修中であった下関旧英国領事館はリニューアルオープンし，東京から英国大使館代理大使を招き，記念セレモニーが開催された。下関市立大学国際交流センターでは，同日の午後に，「日本にいながら世界を知ろう」（2014年度第2回）において，同代理大使であるジュリア・ロングボトム氏を招聘し，「女性の参画　日英比較」というタイトルで講演をしていただいた。

その一方，下関に住むわれわれは，旧英国領事館の建物は知っていても，それがいつどのような経緯で設置され，そこでの活動はどのようなものであったのか，まったく知らない状況であることに気づかされた。

そうした折，新潟県の歴史博物館副館長をされている青柳正俊が，明治初年に新潟市にあった英国領事館の領事報告書を紹介した一冊の本を出されていることに行き当たることができた（青柳正俊訳・編・著『開港場新潟からの報告―イギリス外交官が伝えたこと―』考古堂書店，2011年：234)。

それなら，下関に関しても同じようなことができるのではないかと考え，さっそく英語担当の先生方や国際関係論の先生に相談し，同上書に記載されている英国国立文書館所蔵の外交文書（その一部の複写版は横浜開港資料館に所蔵）を取り寄せ，英国外交文書の所蔵状況調査，翻訳作業，そして日本の外務省外交史料館所蔵の在日英国領事館関係史料の調査などに取りかかった。

ちょうど同じころ，下関市文化財保護課の高月鈴世が『山口県地方史研究』（第113号，2015年6月）に，「下関英国領事館の開設契機に関する報告書とエピソード」という小論を掲載されたので，それをさらにふくらませた論考を寄稿していただくことにした。

こうしてできあがったのが本章の各論考である。イギリス外交文書の全容，領事館招致をめぐる門司港とのさやあて，領事報告に記載された20世紀初頭の下関市の有様が，よくうかがえるのではないだろうか。

木村　健二

第17章

イギリス国立文書館について

—利用のガイド並びに関門地域をめぐる史料の紹介

鈴木　陽一

本章の主要な目的は，イギリス国立文書館が所蔵する在下関イギリス領事館文書を紹介しながら，20世紀初頭の下関の状況を振り返ることであるが，そもそも文書館とはいかなるものでいかに利用したらよいのだろうか。ここでは，イギリス国立文書館およびその利用方法について説明・考究したうえで，同国立文書館にある関門地域をめぐる史料の状況を紹介することにしたい。

実のところ，筆者はすでに同国立文書館を用いた研究の在り方について別稿で論じている（鈴木 2015）。それゆえ，本章では初めて利用する者の立場に立ち，調査において実際上問題となってくる諸論点に重点を置いて論じることにした。同国立文書館の実際の利用にあたっては，両稿を併せて読むと，文書館の利用方法への理解は深まると考えている。

■ I．イギリス国立文書館とその成り立ち

イギリス国立文書館の利用方法について述べる前に，その背景となる基礎的な知識について確認しよう。同国立文書館とはどのような組織なのか。アーカイブズはどのように成り立っているのか。

I-I．イギリス国立文書館とは

国立文書館 The National Archives は，連合王国政府とイングランド，ウェールズのためのアーカイブズであり，現在，組織的には司法省の下の事業執行機関 Executive Agency となっている。その主要部分は，かつて，公文書館 PRO: The Public Record Office とよばれた組織であった。公文書を集中管理することによってこれを劣悪な環境から守ろうとする趣旨から，1838年に設立された。21世紀に入り，これがほかの政府組織と合併して国立文書館を形

成することになった。現在，国立文書館は，ほとんどすべての公文書のアーカイブであるとともに，各地の私文書の調査，国の著作権の管理なども行っている[1)]。なお，国立文書館の正式名称の英文表記にはどこの国——たとえば，連合王国であるといった——の国立文書館であるかについて直接的な言及がない。名詞に定冠詞が付されていることで，イギリスの国立文書館であることがはっきりするとの考え方からであると推測される[2)]。

イギリス国立文書館は，世界でもっとも注目されるアーカイブズのひとつとなっている。理由のひとつは運営が極めて先進的であることにある。同国立文書館は，万人に開かれており，利用者が使いやすいようにさまざまな工夫が施されている。こうした運営の在り方については今や当たり前となってしまっていることも多いが，背景には同国立文書館が世界各地のアーカイブズ運営の手本のひとつとなってきたという経緯もある。各国のアーカイブズを回って仕事をする研究者のあいだでの評価は今でも非常に高い。さらに，同国立文書館が注目されるいまひとつの理由は，所蔵資料の範囲がきわめて多岐にわたることにある。イギリスは，史上最大の帝国を形成し，その域外にも影響力を及ぼし，世界各地の情報を収集した。そのため，各国の歴史学者が史料を求めてここを訪れるほか，イギリスの島々に祖先をもつその内外の人びとが自らの家族史 family history を確認しにここを訪れる[3)]。

夏休み期間には日本人研究者も多く訪れる。その主流はイギリス史，イギリス帝国史，国際関係史の研究者であるが，日本史，東洋史の研究者も訪れる。イギリスと東アジアの関わりは深い。19 世紀半ば以降，イギリスは主要なアクターのひとつとしてこの地域の歴史に関わった。そのイギリスの理解のためにはこの文書館の史料が欠かせないはずである。また，イギリスが直接関わらなかった事象を明らかにしようとするにあたっても，同国人が収集した情報は役に立つはずである。

I－2．アーカイブズの成り立ち

イギリス国立文書館は典型的なアーカイブズである。アーカイブズはある原理に従って資料を収集・整理・保存し，活用していく場であるが，それではアーカイブズは具体的にはどのようにしてこれを行うのだろうか。以下ではアーカイブズの成り立ちについてみる。

まず押さえる必要があることは，一般論としてアーカイブズの資料の収集・整理・保存には次の四原則があるとされている，ということである（小川ほか 2007：43-44）。

⑴ 出所の原則　出所が同一の記録・資料をほかの出所のそれらとは混同させてはならない，という基本的原則。
⑵ 原秩序尊重の原則　単一の出所を持つ記録・資料の出所によってつくられた秩序は保存しなければならない，という基本原則。
⑶ 原形保存の原則　保存処置にあたって資料の原型をできる限り変更しないこと。
⑷ 記録の原則　資料の現状に変更を加える場合，または資料に修復措置を施す場合，その原型及び処置の内容を記録に残すこと。

アーカイブズは，以上のような原則に基づきながら，具体的にはおおよそ次のような手順で資料を収集・整理し，それらを保存する。文書の作成・評価・選別・移管・整理・配架の過程は「文書のライフサイクル」ともいわれる[4)]。

⑴ 評価・選別　資料を評価・選別し，不要なものは破棄する。
⑵ 移管　官庁など出所から資料を引き継ぐ。
⑶ 整理・配架　アーカイブズ独自の番号を付与するなど資料を整理したうえで配架する。
⑷ 公開　秘密文書は文書作成から起算して一定年限ののちに公開する[5)]。

四原則（とくにそのうちの⑴と⑵）と「文書のライフサイクル」を通じて，各アーカイブズそれぞれが固有の史料の体系をもつことになる。そのことをよく押さえたうえでイギリス国立文書館は利用されるべきである。

ポイントは，アーカイブズの資料は，図書館のように書かれた内容によって整理・配架されているのではなく，出所の原秩序を反映して整理・配架されているということである。たとえば，在下関領事が在東京大使に宛てた書簡など在下関領事館関連の文書のうち1920年分をまとめたファイル（この場合，実際には冊子）「To and From Shimonoseki 1920」は，上記の手続きを経て，現在，国立文書館に「FO262/1449: Shimonoseki」として配架されている。FO262/1449のファイル番号を端末に入力して請求することで閲覧することができる。ファイル番号は国立文書館によって与えられたものであるが，大まかにいえば，FOは外務省文書であること，また262はその外務省の在日本大使館・領事館が本省などとのやりとりのなかでつくりだした文書であることを示している。在日本大使館・領事館が同様につくりだしたその他の文書もFO262のあとに別の番号が付されて配架されている。

■ 2．国立文書館の利用方法

現在，国立文書館は，以下の通りロンドン郊外の閑静な住宅街キューにある（Kew, Richmond, Surrey, TW9 4DU, Tel: +44 20 8876 3444, Website: www.nationalarchives.gov.uk）。中心街から地下鉄ディストリクト線で向かい，キュー・ガーデン駅が最寄り駅となる。

ここではイギリス国立文書館の利用方法について説明・考究する。

2-1．調査の準備

開館日・開館時間，その他のルール，何を用意をするべきかなどについてはホームページに詳しいので，そちらを参照にして調査の準備をしてほしい。鉛筆，シャープペンシルの持ち込みは可能であるが，ボールペン，消しゴムの持ち込みはできないといったルールがある。警備の方々は至って親切であるが，ルールは厳格に守られる必要がある。

研究者たちを困らせていることに閲覧者証Reader's Ticket発行の問題があ

写真17-1　キュー・ガーデン駅

写真17-2　国立文書館

る。利用にあたっては最初に閲覧者証を発行してもらう必要があるが，その取得が数年前から厳しくなった。発行にあたっては次の二点を証明するものが必要となったのである。

- 閲覧希望者の氏名を証明するもので有効な署名が付されたもの proof of your name with valid signature
- 閲覧希望者の住所を証明するもの proof of your address

前者はパスポートで足りるが，後者の住所の証明も必要となる（日本国のパスポートは所持人の住所までも証明するものではない）。単なる紹介状ではこれを証明できない。また証明は，英文でされる必要があり，日本語で書かれた住民票では足りない。このため公文書館にたどり着いたものの調査に入れない研究者も現実に存在する。手頃な証明としては，英文で書かれた銀行預金残高証明書があることを指摘しておこう。

研究者たちを困らせていることのいまひとつに，イギリスでの滞在先の問題がある。イギリスは物価が高いが，ロンドンの宿泊費はとくに高い。昔は民宿 Bed and Breakfast に泊まる研究者が多かったが，これらも今では安価な宿泊施設ではなくなってしまった。夏休みは大学の学生寮が開放されており，このため，これを利用する研究者も多い。(a) その宿泊費は高いけれど，ほかの宿よりは安く，(b) あたりまえだけれど，書架や机が完備されていて研究しやすいつくりになっていることがそのメリットである。

調査の準備にあたって知っておいたほうがよいこととしは，そのほか以下のようなこともあげられるだろう。

- ファイルのリストはインターネットでも公開されているため，調査に先立って，史料の所在について見当をつけることが可能である。
- 国立文書館に行かないで史料収集することも不可能というわけではない。とても高価になるが，メールなどで文書館に指定したファイルの複写をお願いしたり，こちらは比較的安価となるが，注目度が高いためホームページにアップされている文書をダウンロードすることはできる。また，各地の研究機関などが所蔵している複写物（マイクロフィルム化されたものなど）を，そこに赴いて閲覧することもできる。

2-2．文書の注文と閲覧

入館すると，利用者は，ファイルのリストをみて必要と思われるファイル番号を特定し，これを端末に入力して請求する。なお調査開始の時点，端末にファイル番号を入力しようとすると，画面上で閲覧室に座席を確保するように促される。そのまま画面上の指示に従って座席を確保することになるが，座席の位置は調査を進めていくうえで重要なので，自分の調査スタイルに合致した座席を確保したい。席番号に対応した棚がカウンター近くに用意されており，注文したファイルは40分程度で自分の棚に配送される[6)]。

閲覧室の外には閲覧者を助ける仕組みが用意されている。アーキビストが対応する相談窓口，図書室などである。図書室には各種年鑑，史料集，学術誌，国立文書館史料を用いて書かれた学術書などが用意されている。在下関イギリス領事館について調べようとするならば，各種年鑑ではForeign Office Listなどの人事が記されたもの，史料集ではBritish Documents on the Origins of the War 1898-1914, Documents on British Foreign Policy 1919-1939などの当時のイギリス外交文書を集成したものが有用である。

閲覧した史料をどのように自らの記録に留め研究につなげていくか。この点について，かつて研究者ははっきり2つのタイプに分かれていた。ノートに書き留めようとする研究者（ノート派）とコピーを文書館に請求する研究者（コピー派）である。コピーは正確な記録を迅速に残すことができるのでコピーしたほうがよさそうにみえるが，コピーは職員にお願いしなければならずとてもお金がかかるという難点があったのだ。その後21世紀に入り，閲覧室内でのデジタルカメラの使用が許可されたため，今ではこれを使って大量に写真撮影するのが主流の調査方法となっている。ただ，ここで留意すべきは，読んでいない文書を大量に持ち帰っても，分析の仕様がない，ということだろう。時間が許す限り文書を読み込んだうえで要点をノートにつけ，そのうえで撮影する，そうした方法が長期的にみたときもっとも効率的とも思えるのである。

閲覧室利用にあたって知っておいたほうがよいこととしは，そのほか以下のようなこともあげられるだろう。

- 最初の訪問時，上記の事項も含めた利用方法全般についての説明がある。
- ファイルのリストの正本はオンライン上のものである。閲覧室の外にハード・コピーが用意されていて便利であるが，これらはアップデートされていない可能性がある。
- 閲覧室にはコンピューターの持ち込みも可能。無線LANでインターネットへの接続も可能。
- 複写カウンターではマイクロフィルム撮影の注文ができる。すでに撮影済みの文書については原本の複写物を格安で購入できる。
- 一日の調査終了後，必要なファイルを取り置く手続きを端末でとっておくこと。そうしないと翌朝には棚からファイルが撤去され，翌日からの調査に重大な支障が出る。
- 一階にレストラン・カフェがあり，人びとの交流の場となっている。
- 文書保存のため文書館の気温は低く設定されている。夏でもセーターを持ち込むようにするなど服装には要注意。

2-3．ファイルのリストの重要性について

前項でも述べたように，資料の収集・整理・保存の四原則と「文書のライフサイクル」を通じて，各アーカイブズはそれぞれが固有の史料の体系をもつことになる。イギリス国立文書館の利用にあたっては，そのことを意識しながら，自分のテーマにあった調査方法を確立していく必要がある。

最近，文書館の端末に座ってキーワード検索で史料を探すことに熱中する，それが史料収集の王道であるとばかりに錯覚に陥っている若い研究者に出くわ

すことが多くなったが，こうした調査方法には問題あるといえるだろう。確かに，以下のディスカバリー discovery とよばれるファイル検索のページでキーワードを入れると，キーワードに関係するファイルが表示される。

http://discovery.nationalarchives.gov.uk/

たとえば，Shimonoseki で引くと，百数十の項目が出てくる。調査の手掛かりをえるために非常に有効な方法ではある。しかし，アーカイブズにおける史料の位置づけを意識せず，史料のなかの情報——しかも抽出しやすい情報——だけを集めて歴史を記すのは危うい。つくられた文書の文脈から離れてその真意を解釈することはできないし，検索に引っかからないファイルも多数存在すると考えられるからである。キーワード検索は，調査の始めに手掛かりをつかみ，調査の終わりに漏れがないかを確認する，そのための補助的ツールとして使うべきなのである。

それでは，どのような調査方法をとればよいのか。おそらく，その点，利用にあたって本来もっとも重要となるのはファイルのリストの活用である。原始的な方法のように聞こえるかもしれないが，リストを片手に関連すると思われる文書を虱潰しに閲覧していくことが調査の王道といえる。ファイルのリストをみることで，それぞれの史料がどのような文脈のなかでつくられたか意識できるし，それに関連するファイルの発見も容易である。それゆえ，研究者によっては独自の仕様のリストをつくっている者もいる。

ファイルのリストの具体的な利用方法は「イギリスを第三者として歴史を記す場合」と「イギリスを主要なアクターの一つとして歴史を記す場合」とで異なってくる。これらについては別稿を読まれたい（鈴木 2015）。

■ 3．イギリス国立文書館の関門地域関連史料

イギリス国立文書館には世界各地のことを記したさまざまな史料が眠っている。

ここではそれらのうち関門地域に関連する史料の所在および具体的な史料の紹介を行う。

3-1．FO 371 文書

外務省 Foreign Office に関連する文書は，ファイル名の冒頭に FO の二文字が記されている。[7] これらのうち，1906（明治 39）年から 1966（昭和 41）年にかけてのイギリスの外務省（本省）と世界各地の在外公館とのやりとりの文書で本省に残されたものは FO371 に分類されている。FO371 には全部で 190967 のファイルが収録されている。

FO371 文書は，この時期のイギリス外交史研究においてもっともよく活用される文書である。在外公館とのやりとりのなか，イギリス政府は外交政策を形成し，これを実施してきた。FO371 文書を読むと，そうした過程が手に取るようにわかるのである。20 世紀の日英関係史を研究する際，まずあたる必要がある文書といえる。

3-2．FO 262 文書

1859（安政 6）年から 1972（昭和 47）年にかけてのイギリスの在日大使館，領事館関連の文書は FO262 に分類されている。FO262 には全部で 2166 のファイルが収録されている。これらのファイルのうち，在下関領事館と在東京の大使館とのやりとりを記したファイル（東京の大使館側に残され文書）を表 17-1 に示す。

1901（明治 34）年から 1920（大正 9）年にかけてのやりとりが収録されていることがわかる。これらのうち一部が横浜開港資料館に，また別の一部が国立国会図書館などにマイクロフィルムのかたちで複写物が入っている。

領事の業務は，一般に自国民および自国企業への行政事務・手続，相手国国民などに対するサービスの提供（査証の発給など）である。史料を読んでいくと，在下関領事の主要な業務はこれらのうち自国企業への行政事務・手続であったことがわかる。

表 17-1　在下関領事館と在東京大使館とのやりとりを記したファイル（大使館側に残され文書）一覧

Citable Reference	Description	Start Date	End Date
FO 262/859	Foreign Office and Foreign and Commonwealth Office: Embassy and Consulates, Japan: General Correspondence. To and from Shimonoseki. Held by: The National Archives	01/01/1901	31/12/1902
FO 262/892	Foreign Office and Foreign and Commonwealth Office: Embassy and Consulates, Japan: General Correspondence. To and from Shimonoseki. Held by: The National Archives	01/01/1903	31/12/1903
FO 262/918	Foreign Office and Foreign and Commonwealth Office: Embassy and Consulates, Japan: General Correspondence. To and from Shimonoseki. Held by: The National Archives	01/01/1904	31/12/1904
FO 262/938	Foreign Office and Foreign and Commonwealth Office: Embassy and Consulates, Japan: General Correspondence. To and from Shimonoseki. Held by: The National Archives	01/01/1905	31/12/1905
FO 262/957	Foreign Office and Foreign and Commonwealth Office: Embassy and Consulates, Japan: General Correspondence. To and from Shimonoseki. Held by: The National Archives	01/01/1906	31/12/1906
FO 262/980	Foreign Office and Foreign and Commonwealth Office: Embassy and Consulates, Japan: General Correspondence. To and from Shimonoseki. Held by: The National Archives	01/01/1907	31/12/1907
FO 262/1011	Foreign Office and Foreign and Commonwealth Office: Embassy and Consulates, Japan: General Correspondence. From Shimonoseki. Held by: The National Archives	01/01/1908	31/12/1908
FO 262/1012	Foreign Office and Foreign and Commonwealth Office: Embassy and Consulates, Japan: General Correspondence. To Shimonoseki. Held by: The National Archives	01/01/1908	31/12/1908
FO 262/1040	Foreign Office and Foreign and Commonwealth Office: Embassy and Consulates, Japan: General Correspondence. To and from Shimonoseki. Held by: The National Archives	01/01/1909	31/12/1909
FO 262/1067	Foreign Office and Foreign and Commonwealth Office: Embassy and Consulates, Japan: General Correspondence. Shimonoseki. Held by: The National Archives	01/01/1910	31/12/1910
FO 262/1094	Foreign Office and Foreign and Commonwealth Office: Embassy and Consulates, Japan: General Correspondence. Shimonoseki. Held by: The National Archives	01/01/1911	31/12/1911
FO 262/1127	Foreign Office and Foreign and Commonwealth Office: Embassy and Consulates, Japan: General Correspondence. Shimonoseki. Held by: The National Archives	01/01/1912	31/12/1912
FO 262/1149	Foreign Office and Foreign and Commonwealth Office: Embassy and Consulates, Japan: General Correspondence. Shimonoseki. 1 vol. Held by: The National Archives	01/01/1913	31/12/1913
FO 262/1171	Foreign Office and Foreign and Commonwealth Office: Embassy and Consulates, Japan: General Correspondence. Shimonoseki. 1 vol. Held by: The National Archives	01/01/1914	31/12/1914
FO 262/1201	Foreign Office and Foreign and Commonwealth Office: Embassy and Consulates, Japan: General Correspondence. Shimonoseki. 1 vol. Held by: The National Archives	01/01/1915	31/12/1915
FO 262/1249	Foreign Office and Foreign and Commonwealth Office: Embassy and Consulates, Japan: General Correspondence. Shimonoseki. 1 vol. Held by: The National Archives	01/01/1916	31/12/1916
FO 262/1300	Foreign Office and Foreign and Commonwealth Office: Embassy and Consulates, Japan: General Correspondence. Shimonoseki. 1 vol. Held by: The National Archives	01/01/1917	31/12/1917
FO 262/1353	Foreign Office and Foreign and Commonwealth Office: Embassy and Consulates, Japan: General Correspondence. Shimonoseki. 1 vol. Held by: The National Archives	01/01/1918	31/12/1918
FO 262/1408	Foreign Office and Foreign and Commonwealth Office: Embassy and Consulates, Japan: General Correspondence. Shimonoseki. 1 vol. Held by: The National Archives	01/01/1919	31/12/1919
FO 262/1449	Foreign Office and Foreign and Commonwealth Office: Embassy and Consulates, Japan: General Correspondence. Shimonoseki. 1 vol. Held by: The National Archives	01/01/1920	31/12/1920

3-3．アーネスト・サトウ文書

国立文書館には，公文書のほか個人文書 private paper も収蔵されている。

関門地域の歴史に関わりの深いところでは，領事館設置を主導したアーネスト・サトウ Ernest Satow の個人文書が PRO 30/33 に収録されている。これらのうち一部は，横浜開港資料館にマイクロフィルムのかたちで複写物が入り，また翻訳が出版されてもいる[8)]。

3-4．関門地域関連史料

2015（平成 27）年夏の調査で，陸軍省関連文書から四国連合艦隊による下関攻撃に関係する史料を発見した（写真 17-3）。

また，イギリス領事館文書からは関門トンネルに関係する史料を発見した。イギリス側も自国企業の工事参入などの見地から，かなり早い時期からトンネル建設に関心をもっていたようである（写真 17−4）。

以上，イギリス国立文書館には，在下関イギリス領事館文書を始め関門地域をめぐるさまざまな史料があることをみてきた。その一部は，マイクロフィルムとなって日本でも閲覧できるが，できないものも多いようである。

興味をもたれた方は，本章を参考にし，直接イギリス国立文書館に行って調査いただけたらと思う。

注

1）国立文書館に収蔵されていない例外的な文書も存在する。たとえば，王室関係文書，議会関係文書それぞれ別のアーカイブズに収蔵され，インド省関係文書は大英図書館 British Library に収蔵されている。

2）もちろん，英語を国語とするのはイギリスだけではない。この命名には違和感を抱く人びともいる。

3）利用者には職業的な研究者，学位取得を目指す学生のほか，趣味的な研究者，自らの家族史をたどろうとする人びと，彼らの代わりとなる職業調査員などがいるが，なかでも家族史研究をめぐる利用者はもっとも多い。事業執行機関――日本の独立行政法人に相当――である国立文書館は，こうした利用者の開拓を通して自らの存在意義をアピールしようとしているふしがある。

4）文書の「移管」をうけてから「評価・選別」を行うこともあるが，最近は「移管」の前の早い段階で「評価・選別」を行うことが多くなってきているようである。

5）一定年限経っても公開されない秘密文書はある。国家安全保障に関わる文書，プライバシーに関わる文書などは，公開されないこともある。それら非公開文書は，さらに長い年限を設定して公開されることが多い。

公開の年限としては，30 年とされることが多かったが，イギリス国立文書館はこれを 20 年に短縮する方向で文書公開の準備を進めている。秘密文書の公開時期を早めることは政府の透明性を高め，デモクラシーに資する望ましい措置とも考えられる。が，わずか 20 年で政策決定過程が公開されることは，政治家をしてリスクある措置をとることを躊躇させ，結果として国益を害するとの指摘もある。

6）地図など大きな文書は別の階の部屋に配送される。

7）外務省は，歴史のある官庁であったが，1968年，コモンウェルス省 Commonwealth Office――その主要な起源は植民地省 Colonial Office――と合併し，外務コモンウェルス省 Foreign and Commonwealth Office となり，現在に至っている。外務コモンウェルス省に関連する文書は，ファイル名の冒頭に FCO の三文字が記されている。

8）アーネスト・サトウは，イギリスの外交官。幕末のイギリス公使館の通訳から始めて明治期には駐日公使まで務めた。下関戦争では四国艦隊総司令官の通訳となり，陸戦隊による前田村砲台の破壊に同行し，長州藩との講和交渉では高杉晋作を相手に通訳を務めた（伊藤博文，井上馨も通訳として臨席）。

参考文献

小川千代子・阿部純・大川内隆朗・研谷紀夫・鈴木香織『アーカイブを学ぶ―東京大学大学院講義録「アーカイブの世界」』岩田書院，2007 年

鈴木陽一「移送文書群の「発見」について　イギリス国立文書館の利用方法を考える」『マレーシア研究』４，2015 年：62-75

第18章

英国領事館下関設置の経緯とその後の展開

高月　鈴世

下関が国際都市として花開く端緒となった1899（明治32）年の開港は，1901（明治34）年の英国領事館設置を皮切りに，オーストリア・ハンガリー，ノルウェー，ドイツ，アメリカ，スウェーデン，ポルトガル，オランダ各国の領事事務取扱をこの地にもたらした。その証跡として，1906（明治39）年に建築された英国領事館の建物が現存し，往昔の情景を留めている[1)]。

写真18-1　重要文化財　旧下関英国領事館　本館

なぜ「下関」であったのか。本章では，当地でもっとも長く領事事務を執り行った英国領事館について，日英両国の資料をもとに，領事館の設置を中心に戦前までの経過を跡づけ，対岸の門司の状況を絡めながら設置の背景にみる当地の特徴について考察した。

■ I．開港前夜

下関への英国領事館設置は，条約改正に伴う1899年8月4日の開港に起因する。この時下関ほか21港が開港したが，1901年，英国は日英通商航海条約に基づき，下関に領事の駐在を要請した。多くの開港場より当地が選ばれた理由を，駐日英国公使アーネスト・サトウ[2)]が本国に発した2通の報告書，1899年7月20日付および同年9月29日付報告にみることができる。前者は，対日外交上重要とみなされ，英国外務省や内閣の部内用資料として印刷された，機密外交文書集に収録されている[3)]。

機密文書の内容は，日本で公布された開港に関する勅令について報告するとともに，開港場に指定された22港の輸出入額に関する統計資料，英国船の入港数などに基づき，サトウが意見を述べたものである。このうち，22港の5年間（1894-1898）の輸出入額は，輸入あるいは輸出額だけのもの，輸出入実績のないものがないまぜとなり，一概には比較できないが，下関港の21,529,865円という額は，下関と同様に5年間の輸出入額が把握できる下記の港のなかでは群を抜いている。

博多港　222,987円，厳原港　986,418円，佐須奈港　667,241円，
鹿見港　226,725円，伏木港　287,091円，小樽港　1,174,375円

また，下関港の輸出入額に門司港の輸出額16,292,695円を加えると，関門地域だけで22港の輸出入額全体のおおよそ3分の2を占める。これらの点を踏まえ，サトウは関門両港について次のように特筆した。

下関港と門司港は，ひとつの港湾の呈をなしている。この地域の貿易は近年発展を遂げ，今後更なる増大が見込まれる。この点を考慮し，英国商人の権益を保護するため，門司か下関のどちらかに関門地域の海事監督業務を管轄する領事の駐在が必要と思われる。

この記述から，当初は領事館の設置場所が下関に決定していたわけではないことが読み取れる。そして，サトウは，現地調査後に再度報告するとして筆を置いた。

先の報告から約2カ月後の9月23日，サトウは両市に赴き，9月29日付で本国に報告書を提出した。報告では，下関と門司の概況を精査した上で下関への領事館設置が望ましいとし，管轄範囲を広島，山口，福岡，大分の4県とすること，領事，海事監督官（shipping clerk），3人の職員（Japanese writer, Office servant, messenger）を配置すること，館員の給与，事務所および邸宅の賃借料に関する概算，領事候補の人物に至るまで，具体的な提案を書き留めた。また，日本の外務大臣（青木周蔵）からもたらされたこととして，日本政府は下関に領事館が設置されると喜ぶであろうとの一文を末尾に残している。

下関英国領事館に関する記録は，上記2通の外交記録以外に，英国工務局（Office of the Commissioners of Her Majesty's Works and Public Buildings）の文書の一群にも見出される。英国工務局上海事務所技師長だったボイス[4)]が，1989年8月17日付で提出した，中国，韓国，日本（台湾を含む）およびシャム（現タイ）に所在する在外公館建築に関する視察報告である[5)]。これは，各公館建築の現状や今後の整備指針が書かれたもので，後に機密文書扱いで工務局から関係部局に配布された。このなかに下関と門司の項目が見出され，下関および門司港の概況，下関か門司のいずれかに領事もしくは副領事の駐在が必要と思われること，そして，副領事が駐在した場合における概算整備費用の見積りは3,000ポンドであることが書かれている[6)]。

また，ボイスは，門司が大型船の停泊にもっとも安全な港であるとしているが，これは1889（明治22）年から1898（明治31）年に実施された門司築港会社による港湾整備の実施を把握してのことだろう。このほか，門司が九州鉄道の終着駅であることや周辺から石炭が採れることにも触れ，ボイス個人は門司に領事館を開くのが相応しいと考えていたようである。なお，この報告では，アーネスト・サトウは設置場所の問題に対して慎重であったと記されている。

以下に，ボイスによる下関と門司についての報告をあげるが，時系列で整理すると，ボイスの視察調査は1899年３月頃のこととされるので，前述のサトウの報告に先んじて視察が行われている。この点から推考すると，英国は1899年３月以前に日本への新領事館開設を目論み，その最有力候補として，下関もしくは門司の地を俎上に載せていたことがうかがえる。

SHIMONOSEKI and MOJI

The port, one on either side of the narrow Straits of Shimonoseki, about one mile across, and opposite each other, have recently been opened to trade, and some foreign steamers occasionally call. Should trade increase, it may necessitate the stationing of a Consular representative, or Vice-Consul, at one or other of these towns, but until further experience enables a judgment to be formed as to this question, the Minister has no proposition to make. Moji is the safest anchorage for vessels, and it is the terminus of the Kyushu railway. Coal is also found in the neighbourhood.

Should a Vice-Consul be placed here, I estimate the cost of site and building, in case a suitable house cannot be hired, at £3, 000.

■ 2．下関英国領事館の設置

下関および門司港の開港から１年８カ月後となる1901年４月１日，英国国王は山口県，広島県，福岡県，大分県を管轄する下関駐在英国領事にF. W. W. プレイフェーアー[7)]を任命し，日本政府に委任状の送付および認可を要請した。[8)]

英国国王によるプレイフェーアーの委任状には，“His Majesty's Consul for the Consular district of Shimonoseki, comprising the Prefectures of Yamaguchi, Hiroshima, Fukuoka, and Oita, to reside at Shimonoseki.” とあり，ボイスやサトウの報告を検討した結果，下関への領事駐在を明確に位置づけた上での認可要請だったと思われる[9]。これにより，下関英国領事館設置の扉が開かれるのだが，政府が閣議決定した内容は，次のとおりであった。

今般英国政府ハ山口下ノ関ニ同国領事ヲ駐在セシムルノ必要ヲ感シ既ニ領事ヲ任命シテ御認可状ノ下附ヲ請求シ来レリ尚他ノ外国政府ニ於テモ今後下ノ

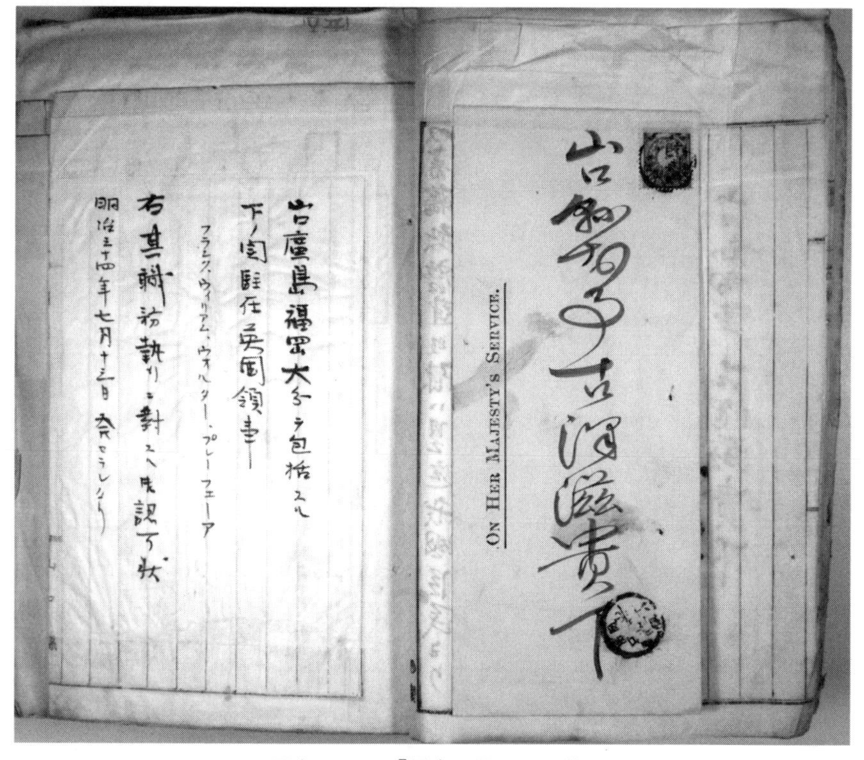

写真 18-2　『領事ニ関スル一件』

出所）山口県文書館蔵

関若ハ門司ニ領事館設置ノ企図有之哉モ難計然ルニ右ハ帝国ト諸外国トノ間ニ通商貿易ヲ増進セシムルノ一助トモ相成ルヘキニ付帝国政府於テ右両所ニ於ケル諸締盟国ノ領事館設置ニ対シ認可ヲ与ヘタシト云ウニ在リテ支障無之ト思考ス依テ請議ノ通閣議決定セラレ可然ト認ム[10)]

上記から，日本政府は英国による下関への領事駐在の求めに応ずると同時に，“下関もしくは門司”における領事館の設置と諸締盟国による領事館設置を認める内容としたことがわかる。この閣議決定後，7月13日付でプレイフェーアーに認可状が下付された。

この流れを察知した門司市は，下関への領事館設置を「不幸是ヨリ大ナルハナシ」として，1901年5月20日付で2,278名の署名を添えて，外務大臣加藤高明に宛てた英国領事館設置に係る陳情書を提出している[11)]。陳情書では，港湾施設，交通通信の便，商業諸機関などについて，門司市が赤間関市より勝っている点をあげ，また，この年の1～4月期の下関港輸出入総額が2,347,264円，門司港が6,554,205円であることをあげている。このことから，門司は下関の約3倍の額であること，1900（明治33）年の門司港における輸入額は対前年比5倍強であることが読み取れ，開港以降の門司港の飛躍的発展が見て取れる。

このような請願があったものの，1901年9月13日に赤間関市（現下関市）赤間町26番地に下関英国領事館が設置された。初代下関英国領事プレイフェーアーは関係機関にその設置を通知した。なお，山口県知事古澤滋宛ての通知には，“I have honor to inform you that I having been appointed His Britannic Majesty's Consul for the Consul for the Consular District of Shimonoseki comprising the prefectures Yamaguchi, Hiroshima, Fukuoka, Oita have established my Consulate temporarily at No.26 Akamacho Shimonoseki.” と書かれ，「下関赤間町廿六番地ニ仮ニ領事館ヲ設置シタル」ことを通知するものだった[12)]。また，駐日英国公使マクドナルド[13)]にプレイフェーアーが報告したところによると，9月10日に下関に到着したが，用紙などの文房具がなく，神戸英国領事館からそれらを取り寄せてようやく領事事務が開始できたことを伝え，環境が調わないなかでの船出であったことが知れる。同館には，プレイフェーアーのほか，海事監督官としてマクドナルド[14)]が着任したが，下関英国領事館に領事と海事監督官を配置することはアーネスト・サトウの提案どおりであり，着任した領事もまたサトウが推挙した人物であった。

■3．領事館移転新築場所の選定

下関英国領事館が設置された際の通知に「仮に」と明記されていたことは前述のとおりだが，この急ごしらえの領事館について，プレイフェーアーは赴任から半年後に駐日英国公使に報告書を送り，執務・居住空間の改善を訴え，業務に関する具体的提案などを述懐した[15)]。英国領事館設置にかかる日本政府の決定に門司への領事館設置の可能性が残されていたことに加え，赤間町の領事館は仮の設置とされたことから，領事業務開始後も両市および外国商人を巻き込んでの論争は止まなかったようである。プレイフェーアーはこのレポートの冒頭で，すでに公使の知るところである領事館の位置に関する論争について，領事館の場所と領事公邸は下関にすべきとの意見を書き記し，後段でその理由を詳述している。その理由には，上水道の布設計画，冬季の港の状況，複数の英国商社の存在があげられている。

下関での上水の供給は1906年に，門司では1912（明治45）年に開始された。赤間関市は，1890（明治23）年に水道条例を制定し，上水道布設にかかる調査を内務省に依頼した。内務省衛生局顧問技師バルトン[16)]が1891（明治24）年12月に水源地の実地調査を行い，その結果を踏まえて，1892（明治25）年6月に報告書が提出された[17)]。これに基づき，赤間関市から委嘱をうけた大阪市水道工師長瀧川鈖二の設計により，内日貯水池（現内日第一貯水池）築造工事が1901年3月に起工された。給水の見通しが立っているか否かは，領事館設置場所の重要な要素となったようである。なお，この時築かれた水道施設は，現在も市内の一部へ給水を行い，下関市上下水道局内日第一貯水池取水塔，同高尾浄水場4号円形ろ過池など6件が，国登録有形文化財（建造物）に登録されている。

上記の理由のひとつである冬季の門司港の状況は，人命を脅かすほどの強い風波であった。北西からの季節風の影響は，想像に難くない。なお，1898（明治31）年に完了した門司築港に関し，門司築港株式会社が1895（明治28）年に福岡県知事に提出した工事変更願にその状況がよくあらわれているので，参考までに記す。

實地ニ工事ヲ施シ親シク潮流風濤ノ状況変遷ヲ観察スルトキハ多少前日ノ考按ト其ヲ異ニスルモノ有之（中略）年々冬期風濤ニ際シテ人命船舶ヲ損スルモ亦少カラス故ニ人命船舶ノ安寧ヲ保タント欲スルニ（後略）[18]

下関における英国系商社については，この報告書が書かれた1902（明治35）年当時，比較的規模の大きいジャーデン・マセソン商会やサミュエル・サミュエル商会が進出していたほか，ホーム・リンガー商会の下関支店に位置づけられた瓜生商会があった。1890年頃に瓜生寅[19]によって設立された瓜生商会は，不開港場であった下関において最初の外国系商社とされ，石炭の輸出，砂糖を中心とする輸入業をはじめ，幅広く事業を展開した。この瓜生商会は，領事館の所在地を下関とすることに多大な影響を与えたとみられ，後に，同商会支配人は，在下関英国領事事務官（Acting British Consular Agent at Shimonoseki）を務めることになる。

また，プレイフェーアーは領事館の設置場所について言及するほかにも，門司に海事監督官の事務所兼住居を置く場合には，海事監督業務を門司に集約する代わりに下関に職員（servant）を雇い入れることを提案し，領事館建設地として海港検疫所の土地が入手可能かも知れないことを知らせている。

上記の報告後，プレイフェーアーは早速内務省が所有する外浜町の海港検疫所跡地の獲得に乗り出し，1902年6月26日付で内務大臣にその提供を願い出た。しかし，内務省は必要な土地であるゆえ貸与できない旨，同年9月27日に回答している。[20]

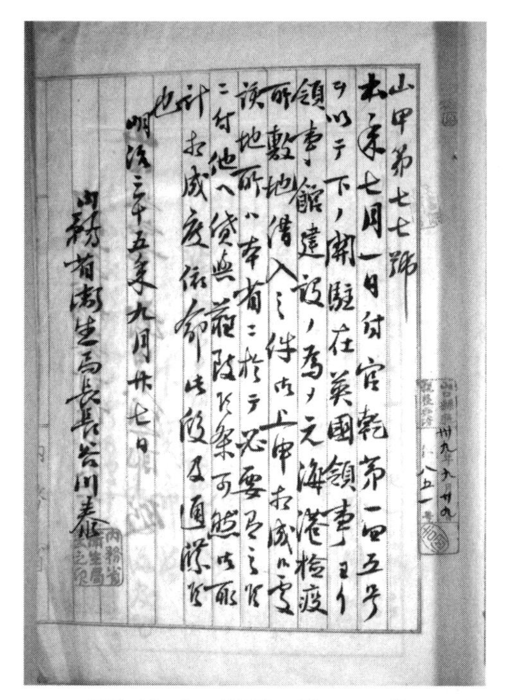
山甲第七七號
本年七月一日付官乾第一四五号
ヲ以テ下ノ関駐在英國領事ヨリ
領事館建設ノ為メ之海港検疫
所敷地借入ノ件御上申相成候處
該地所ハ本省ニ於テ必要有之候
ニ付他ヘ貸與難致候条可然御取
計相成度依命此段及通牒候
也
明治三十五年九月廿七日
内務省衛生局長長谷川泰

写真 18－3　『領事ニ関スル一件』

出所）山口県文書館蔵

この後，さらに検討が進められ，1903（明治36）年6月30日付の馬関毎日新聞では，山口県は下関市が所有する唐戸町の土地を英国領事館に譲与する件について認可したことを伝えている。細かな条件は別として，同地を英国領事館建設地とすることについて，日英双方で内々に合意に達していたのであろう。山口県知事は，8月3日の英国工務局上海事務所技師長ウィリアム・コーワンの実地検分後，下関市と下関英国領事が直接交渉することに決定したことを内務大臣に報告している[21)]。

1905（明治38）年4月1日，英国政府（The commissioners of His Majesty's Works and Public Buildings）と下関市長との間で唐戸町5番地141坪7合5勺の地上権の設定に関する契約が結ばれ，1年間の賃料を100円とすること（第2条），地上権設定の存続期間は契約締結日より満50年とし，契約期間満了の1

カ月前までに英国政府の申込がある時は，同一条件で更新が出来ること（第３条），契約満了以前に英国政府が地上にある建物を使用しなくなった場合は当事者の一方が契約終了を通知する権利を有し，通知後６カ月が経過した時は契約が自然消滅すること（第４条），賃貸借の契約をした地所の西側に沿って幅２間半の空地を設け，地所南側にある木造小屋を契約締結後２週間以内に取り除くこと（第６条）などが取り決められた。

また，領事館建設用地の選定と並行して，領事公邸の建設のための用地選定も行われた。1901 年の領事館開設時に阿弥陀寺町 60 番地がひとまず領事の居住地となったが，領事やコーワンの書簡から，英国側が公邸の立地条件として求めたのは海峡を見渡すことのできる場所だったことがうかがえる。しかし，敷地面積の問題などから土地の選定が困難で，関後地村大字前田にある邸宅を貸借することになった。

■ 4．門司船舶事務所の開設

1902 年４月の報告にあった門司での海事監督業務については，プレイフェーアーの提案が受け入れられ，同年７月 12 日付の書簡で４件の貸借候補物件を駐日英国公使に報告している。1903 年２月 27 日に，井上静雄が所有する門司市大字門司字フナハラ 958 番および 959 番地所在の木造２階建家屋について月 50 円で借り入れる賃貸借契約を締結し，１カ月の準備期間を経て，４月１日からこの建物で門司船舶事務所の業務が開始された[22]。

プレイフェーアーは，門司での業務は非常に限定的であり，重要な事柄は常に領事に照会するよう位置づけていた[23]。しかし，本来の業務範囲から拡大する傾向にあったようで，1904（明治 37）年，外務次官は福岡地方裁判所検事正からの照会に対し，改めて門司船舶事務取扱所の職務権限について論及している。それによると，下関英国領事館の事務の一部として船舶事務の補助をすることは差し支えないが，書記生が一切の交渉事務を処理することは認めがたいとし，交渉はすべて下関英国領事が行うものとされた。なお，門司での通常業務として，門司港に出入りする英国船の船籍登録の有無，航行中の事跡の取り調べ，船舶書類の検閲や船籍証明の交付などが行われた。[24)]

■5．新領事館の建設

前述のとおり，1905年4月に建設地に関する契約が締結され，いよいよ新しい領事館の建設に弾みがついた。当時の新聞記事は，1906年1月下旬頃に工事に着手すること，また，同年12月に開庁式を迎える予定で工費は2万5千円あったことを伝えている。[25)]この時竣工した建物は，「旧下関英国領事館」として現存し，領事館として使用することを目的に建設された建物としては現存最古であり，歴史的価値が高いことから，国の重要文化財に指定されている。

先に紹介した英国工務局の文書群には，下関英国領事館の図面が遺されており，1903年，1905年5月，1906年8月作成のものが存在する。いずれも英国工務局上海事務所技師長ウィリアム・コーワンの署名があることから，コーワンが設計者とされる。

これらの図面のうち，平面図には部屋名などが書き込まれ，各室の利用状況がわかる。平面図を見比べると，若干の違いはあるものの当初から領事などの執務室と海事監督官の住居として使用することを前提に計画され，同じ建物内であっても領事館と住居の行き来はできず，それぞれが完全に独立した形であったことがわかる。この領事館兼住居のほかに平屋の附属屋が建てられ，使用人の室などを設ける点，また敷地を塀で取り囲むことも当初からの計画である。このような平面構成は領事館という建物の性格をよく表しており，明治期の外交関連施設の一典型を示すものとして貴重であるとされ，重要文化財の指定理由のひとつとなっている。

建物の請負者については諸説あり，神戸市三宮町で建築請負業を営んでいた高津商会（高津柳太郎）との伝聞のほか，神戸在住の横山栄吉が請け負い，山本清吉が監督を務めたとの話もある。[26)]なお，近年行われた保存修理工事において，「神戸　髙津出」と記された墨書が発見されているので，高津商会の関与があったことは間違いないだろう。

このように，赤間町への領事館設置から約５年を経て，領事館の建物が完成した。

■６．領事館の規模縮小，閉鎖

新しい領事館の開庁から８年が経過した1914（大正３）年，経費削減を目的として，門司船舶取扱事務所を廃止する計画が浮上した。これに対し，門司市は経費の問題について市として便宜を図る旨下関英国領事レイ[27]に申し入れを行い，市会議長は，外務省通商局長と英国大使館書記官に面会の上，事務所の存続を懇請した。この結果，英国大使は門司船舶取扱事務所を存置することとし，1914年11月20日から門司市役所楼上に事務所を移して引き続き船舶事務が執り行われた[28]。

この門司船舶取扱事務所の一件から暫くの後，1922（大正11）年に下関英国領事館は領事事務館に降下され，長崎英国領事の監督の下に入った。同時に，５月12日付で瓜生商会支配人のロバート・マッケンジー[29]が在下関および在門司英国領事事務官に任命された[30]。この動きは，事実上領事館の閉鎖とみなされ，下関英国領事館の管轄区域のうち，広島は神戸英国領事館に，山口，大分，福岡は長崎英国領事館にそれぞれ編入された。そのようななか，門司商業会議所は，1924（大正13）年に英国領事館を誘致し専任領事の駐在を要望する設置運動を試みたが，実現をみなかった[31]。なお，1928（昭和３）年にも，門司市への英国領事館移転が画策されている[32]。

領事事務館となった後の土地および建物については，1926（大正15）年以降，長崎英国領事と下関市長の間で協議が行われた。瓜生商会が建物を使用するにあたり，1905年に締結した契約内容を1929（昭和４）年11月１日付で変更し，これまでの地代に加えて年間2,400円の借地料を支払うこととなった[33]。瓜生商会は，翌年西南部町の社屋から領事館の建物にすべての業務を移し，下関における商業および外交の中枢を担ったが，時局の悪化に伴う逐日排斥運動が激しくなるなか，瓜生商会支配人シドニー・アーサー・リンガー[34]は公職からの辞任に追い込まれた。1940（昭和15）年10月4日のことだった。[35)]

以上のとおり，日英両国の資料をもとに，下関英国領事館の設置を中心に閉鎖に至る過程をみてきた。これらから，社会情勢を踏まえて，下関に英国領事館が設置された意味と当地の特性について考察する。

駐日英国公使アーネスト・サトウによる具申が下関への英国領事館設置を左右したことは広く知られているところだが，英国工務局の資料にあるように，具申以前に下関もしくは門司に領事館を設置することは，英国の既定路線だった。1864（元治元）年には，英国海軍による図面が作成されており，早くから当地の状況を把握した上で，ロシアの極東政策を牽制する英国の世界政策の一環として，地理的条件，通商交易の将来性などから当地を要用の地と目したことによるものと考えられる。第一次日英同盟の締結（1902年）直前に領事館を設置し，同盟解消の前年に事実上の閉鎖を迎えたことは，そのことを物語っている。下関英国領事館の設置を日英同盟の所産としても，あながち間違いではないだろう。

英国領事の駐在を下関と決定したのには，アーネスト・サトウの報告によるところが大きい。しかし，認可の段階では，日本政府は“下関もしくは門司”への領事館設置を認めることとし，サトウの報告から短時日の間にみる門司港の発展，門司市の請願の状勢なども踏まえたためとみられる。ただし，日本政府がプレイフェーアーに下付した認可状には，「ウイリアム，ウオルター，プレーフェーア氏ヲ山口，広島，福岡，大分ノ各県ヲ包括スル下ノ関駐在領事ニ任セラレタル旨ヲ領ス因テ同氏ヲ下ノ関駐在領事ト認証シ」と記され，英国に対してはあくまでも「下関」に駐在を認める内容とした。[36)]駐日下関英国領事プレイフェーアーが，1902年4月にしたためた報告に，“既に公使の知るところである”下関と門司の論争とあるのは，英国政府は，認可の時点ではそのような事態を把握していなかったと推測される。

そのようななか，最終的に下関への駐在を決定づけたのは，複数の英国商社の進出，とくに瓜生商会，ひいてはホーム・リンガー商会の存在があげられる。長崎でのホーム・リンガー商会は，英国領事館の隣に位置し，外国人コミュニティーの中心的役割を果たしていたという。当地域への英国領事館設置に関し，下関と門司に違いがあったとすれば，プレイフェーアーの報告にある上水布設などの社会資本整備以外に，ホーム・リンガー商会の進出が多大な影響を及ぼしたと考えられる。長崎のコミュニティーにみるように，下関でも瓜生商会にその役割を期待したのではないだろうか。そのような観点に立つと，英国の世界政策の一方で，友好な日英関係の構築に対する配慮があったとみることができるだろう。

注

1）この明治39年建築の建物（本館，附属屋，煉瓦塀）は，重要文化財に指定されている。
2）Sir Ernest Mason Satow
3）「Opening of twenty-two new ports. Transmits Imperial Ordinance announcing」（FO 410/39）また，開港などに関する勅令は，「開港及開港ニ於テ輸出スヘキ貨物ノ指定ニ関スル件」（御署名原本 明治三十二年 勅令第三百四十二号（国立公文書館））参照。
4）R. Henry Boyce
5）「CHINA, COREA, JAPAN AND SIAM LEGATION AND CONSULAR BUILDINGS」（WORK 10/56/6）
6）泉田英雄『旧下関英国領事館に関する資料調査並びに現存する英国公館の比較検討』
7）Frank William Walter Playfair
8）FO 46
9）前掲注8）
10）「下ノ関若ハ門司ニ諸締盟国領事館設置方認可ノ義請議ノ件」明治三十四年 公文類聚第二十五編 第八巻（国立公文書館）
11）「英国領事館設置ニ付陳情書」（『本邦人民建議請願雑纂 第二巻』外務省外交史料館）
12）『領事ニ関スル一件』（山口県文書館）
13）Sir Claude M. MacDonald
14）Angus MacDonald
15）1902年4月1日付「Report on the site for H.B.M.'s Consulate Shimonoseki

District」(FO 262/859)

16) William Kinnimond Burton

17)『戦前市議会議事録』

18)「28年11月　門司築港工事設計変更願い」(明治29年『公文雑輯 巻18 土木下』防衛省防衛研究所)

19) うりゅう はじめ (1842-1913)。福井県出身。官僚，実業家。父は福井藩士。安政3年 (1856) に一家断絶となる。その後，遠祖の瓜生姓を名乗る。漢学，蘭学，英学を学び，幕府の英語学校教授を務める。明治3 (1870) 年に新政府に登用され文部省，大蔵省，工部省などに勤務するが12年退官。15年日本鉄道会社に勤務。その後，兵庫日本米穀輸出会社顧問を経て，外国船積立業瓜生商会を設立。著作は，貨幣，地質学，測量，地理，家政学など多方面にわたる (国立国会図書館「近代日本人の肖像」より)。なお，弟の震は，高島炭鉱の支配人を経て，三菱合資会社副支配人となった。瓜生商会設立には，瓜生震の関与があったと思われる。

20) 前掲注11)

21)「46. 在下之関英国領事館移転地借入方ニ関スル件　同年九月」(『地所家屋関係雑件　第一巻』外務省外交史料館)

22) なお，『Japan Directory』1904年版では，下関英国領事館，門司船舶事務取扱所 (shipping office) 双方の住所氏名録に，マクドナルドの名前を確認できる。

23) 1902年11月26日付書簡 (FO 262/859)

24)「下ノ関英国領事官管轄区域及同領事館門司船舶取扱所ニ関スル件」(『在本邦各国領事館管轄区域関係雑件 第一巻』外務省外交史料館)

25) 明治39年1月24日付長周日日新聞および明治39年12月7日付馬関毎日新聞。

26) 前者はニチモウ株式会社の社史による。後者は，下関英国領事館の建設工事に携わった大谷鬼一氏の話による (毎日新聞地方版「旧英国領事館物語2」昭和44年11月)。

27) A. E. Lay

28)「下関市ニ英国領事館附属門司市船舶部存置方ニ関スル件」(『外国領事館設置方本邦人建議一件』外務省外交史料館)

29) Robert Mackenzie

30)「在下関及在門司英国領事事務官任命ニ関スル通知ノ件」(『在本邦各国領事任免雑件／英国ノ部 第五巻』外務省外交史料館)

31)「領事館設置運動ニ関スル件」(『在本邦外国公館関係雑件／英国ノ部 第一巻』外務省外交史料館)

32)「7. 在下関英国領事館」(『在本邦外国公館関係雑件／英国ノ部 第一巻』外務省外交史料館)

33) 敷地に係る追加契約の書類については，下関文書館に所蔵されている。

34) Sydney A. Ringer

35)「6．在下関英国領事館員」(『在本邦各国外交官，領事館及館員異動関係雑件（名誉領事ヲ含ム）／英国ノ部 第五巻』外務省外交史料館）およびブライアン・バークガフニ「長崎の旧リンガー住宅と下関の紅葉館―歴史的関連性と今後の展望」(長崎総合科学大学地域科学研究所紀要『地域論叢』第26号，2011年3月)

36)「下ノ関駐在英国領事フランク，ウイリアム，ウオルター，プレーフェーア外四名へ御認可状御下付ノ件」(明治三十四年『公文類纂 第十二巻』国立公文書館)

参考文献

アーネスト・サトウ著，長岡祥三・福永郁夫訳『アーネスト・サトウ公使日記2（明治31年1月1日-明治33年5月4日)』新人物往来社，2008年

Williams, Harold S., *The Story of Holme Ringer & Co., LTD. in Western Japan 1868-1968,* Published by Charles E. Tuttle Company, 1968.

下関市市史編修委員会編『下関市史　市制施行―終戦』下関市，1983年

ブライアン・バークガフニ（Brian F. Burke-Gaffney）著，大海バークガフニ訳『リンガー家秘録 1868-1940　長崎居留地資料で明かすホーム・リンガー商会の盛衰記』長崎文献社，2014年

文化財建造物保存技術協会編著『重要文化財 旧下関英国領事館本館ほか2棟 保存修理工事報告書』下関市，2014年

第19章

日本側史料からみた下関英国領事館設置と下関

木村　健二

以下では，外務省外交史料館や国立公文書館に所蔵されている文書をもとに，下関の英国領事館がどのように設置され，変遷をとげていったかについて，当時の下関の社会経済状況とからめながらみていく。

■ I．下関市における英国領事館設置と建設

I－I．英国領事館設置の証認

下関市に英国領事館が設置されたのは，1901（明治34）年9月13日，市内

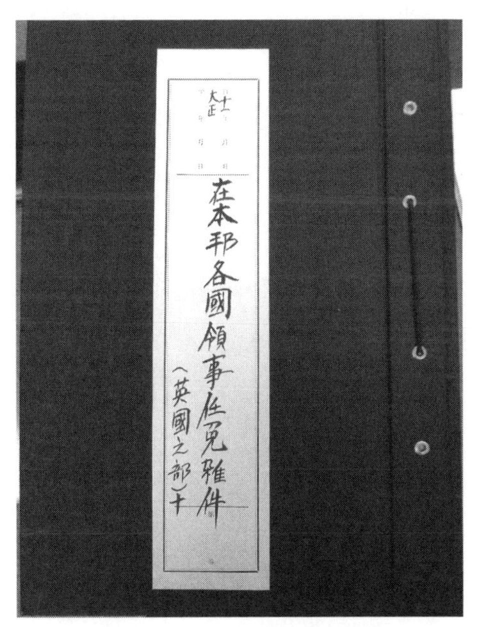

写真19－1　英国領事館関係綴

出所）外務省外交史料館蔵

赤間町26番であった。史料1はそのことを示した文書であり，外務総務長官内田康哉より山口県知事古沢滋宛に「在下ノ関英国領事館開館ノ件」と題して，「下ノ関駐在英国領事プレイフェーア本月十三日同地赤間町廿六番ニ領事館ヲ開キ事務取扱致旨英国公使ヨリ通知有之候間為念及御通牒候也」とある。

史料1　下関英国領事館の開設

明治三十四年九月十七日起草

外務総務長官　内田康哉

山口県知事　古澤　滋　殿

在下ノ関英国領事館開館ノ件

下ノ関駐在英国領事プレイフェーア本月十三日同地赤間町廿六番ニ領事館ヲ開キ事務取扱候旨英国公使ヨリ通知有之候間此段為念及御通牒候也[1)]

そもそも英国が下関に領事館を設置し得る根拠は，1894（明治27）年7月調印の「日英通商航海条約」第16条であり，そこでは，史料2のように規定されている。

史料2　日英通商航海条約（1894年）第16条

両締盟国ノ一方ハ他ノ一方ノ海港，都府及其ノ他ノ場所ニ総領事，領事，副領事，領事代及代弁領事ヲ置クコトヲ得ヘシ但シ領事官ノ駐在ヲ認許スルニ便宜ナラサル場所ハ此ノ限ニ在ラス
然レトモ右ノ制限ハ他ノ諸外国ニ対シ之ヲ適用スルニ非サレハ一方ノ締盟国ニ対シテ之ヲ適用スルヲ得サルモノトス
総領事，領事，副領事，領事代及代弁領事ハ一切ノ職務ヲ執行スルコトヲ

得且其ノ在留国ニ於テ最恵国ノ領事官ニ現ニ許與シ或ハ将来許與セラルヘキ一切ノ特典，特権及免除ハ総テ之ヲ享有スヘキモノトス[2)]

すなわちこれは，いわゆる「条約改正交渉」の結果結ばれたものであり，こののち1899（明治32）年８月に「内地雑居」が実施される際，下関港は他の21港とともに開港場として指定され，それまでの制限的貿易港（朝鮮貿易と米穀など５品目限定で貿易ができる港）から一般の開港場に昇格している[3)]。したがって英国側から領事館設置の要請があれば，日本側はこの地が貿易などに「便宜ある地」と判断した場合，これを認めるという約束になっていたのである。また領事の権限は甚大であったこともうかがえよう。さらに，1902（明治35）年１月には日英同盟が調印されており，日英関係は絶頂期にあったといってもよい時期であった。

かくして1901年６月19日，英国側の要請をうけ，外務大臣は史料３に示す請議を内閣総理大臣宛に求める。

史料３　外務大臣より内閣総理大臣宛英国領事館設置の請議申請

今般英国政府ハ山口県下ノ関ニ同国領事ヲ駐在セシムルノ必要ヲ感シ既ニ領事ヲ任命シテ御認可状ノ下付ヲ請求致来候，尚他ノ外国政府於テモ今後下ノ関若クハ門司ニ領事館設置ノ企図有之哉モ難計候処右ハ帝国ト諸外国トノ間ニ通商貿易ヲ増進セシムルノ一助トモ可相成候間帝国政府於テ右両所ニ於ケル諸締盟国ノ領事館設置ニ対シ認可ヲ与ヘ可然ト存候右至急閣議ノ決定ヲ得度此段閣議請求候也

明治三十四年六月十九日

外務大臣　曾禰荒助

内閣総理大臣子爵桂太郎　殿[4)]

これをうけ，法制局長官は，内務総務長官，大蔵総務長官，陸軍総務長官，海軍総務長官，農商務総務長官，逓信総務長官より6月24日から27日のあいだに，いずれも「異議なし」という回答をうけ，7月4日付で内閣総理大臣宛に，「山口県下ノ関若ハ福岡県門司ニ外国領事館設置ニ関スル件ハ請議ノ通」という指令案を提出する[5]。

こうして，英国領事館は最初にみたように赤間関市赤間町26番に設置される。史料4に示した6月10日付の英国代理公使の曾禰外務大臣宛書翰によれば，この時点で下関に設置することが決まっていたとみえる。なぜ門司市ではなく赤間関市となったのかに関しては，近年の研究によれば，駐日公使アーネスト・サトウによる1899年の具申によって，その貿易額や英国商船の入港数の多さから関門両港が着目され，さらに同年9月の同人の実地調査後の英国外務省宛追加報告では，下関が望ましいし，そうなれば日本政府も喜ぶだろうと記したということである。また初代下関領事として赴任したプレイフェーアーによって，下関の上水道付設計画が報告され，領事館建設も下関に確定したのではないかとされている[6]。

この最初の領事であるプレイフェーアーについては，同年7月12日付で内閣総理大臣による認可がなされており，またその管轄範囲については，史料4に示すように，山口・広島・福岡・大分とされた。

史料4　英国代理公使より曾禰外務大臣宛書翰（翻訳）

以書翰御啓上候，陳者今般本国政府ニ於テ下ノ関領事官ヲ新設シ，山口，広島，福岡，大分ノ諸県ヲ其ノ管轄区域トスルコトニ決定セシニ因リ現任函館駐在英国領事「エフ・ダブルユー，ダブルユー，プレーフェーヤ」氏下ノ関駐在領事ニ被任従テ右諸県ハ神戸，長崎両領事館ノ管轄区ヨリ除カレ右両地駐在英国領事ヘハ改メテ御委任状御下付相成候（以下略[7]）

Ⅰ-2．下関英国領事館の管轄範囲

福岡地方裁判所検事正よりの問い合わせをうけて，外務省外務次官が1905（明治38）年３月に回答した下記史料５によれば，当時の下関英国領事館の管轄区域は，山口県，福岡県，大分県の３県であり，また門司市にある下関英国領事館船舶事務取扱所の職務権限は，下関領事館の事務の一部として船舶事務に関する補助を行うことは差し支えないとしている。その際，事務取扱所が置かれたのは，1903（明治36）年４月ころで，場所は多くの銀行支店も置かれていた門司市西本町１丁目958番地の民家であったという。

史料５　下関領事館の管轄区域及び門司船舶事務取扱所

門司市ニ在ル下ノ関英国領事館門司船舶事務取扱所ハ領事分館ト見做スヘキヤ否及下ノ関英国領事館ノ管轄区域如何ニ付前議甲号ノ通小倉区裁判所検事ヨリ請訓致来候処下ノ関英国領事館ハ福岡大分山口三県下ヲ管轄スル旨承リ居リ候得共公文ノ拠ルヘキモノモ無之又英国領事館門司船舶取扱所ノ事務取扱方ハ前議甲号記載事項ノ外前月卅日門司碇泊中ノ英国船エールサクレール号乗組員ウヰリアムデイ死亡ニ付遺産処分ノ取扱ヲ為シタル事実前議乙号ノ通リニ有之旨其権限ニ付テモ疑義決シ置候間両条トモ何分ノ御訓示相成度前議相添及請訓候也

明治三十八年一月十八日

福岡地方裁判所検事正　松田協輔

司法大臣波多野敬直　殿[8)]

同所の通常業務は，門司港に出入りする英国所属の船籍登録の有無，航行中の事跡を取調べ，船舶書類を検閲もしくは船籍証明を交付するなどのことであった。そうしたなかで，小倉の裁判所より福岡地方裁判所・司法大臣を経由して外務省宛に，領事分館を名のっているが，その性質はいかなるもので，職務権限の範囲も定かではないという質問が寄せられたのである。

I－3．英国領事館の建設

1906（明治39）年11月，英国領事館は下関市唐戸町1番地に，現存する新館を建築して移転した。史料6－①，②は当時の防長新聞と馬関毎日新聞に掲載された新築移転に関する記事である。工費が2万5千円であったことがわかる。

史料6－①

◎英国領事館の移転

同館は予て下関唐戸町海岸へ新築中の処此程落成せしにより廿九日仲（ママ）之町領事館を引き払移転せるが何れ近日落成式を挙行する筈[9)]

史料6－②

◎英国領事館開庁式

当市唐戸町税関出張所の西側に建築中なりし英国領事館は此程竣成を告げ目下内部の設備中なれば開庁式を本年中に挙行すべきよし因に同館の階下は事務室にして後面に向ひたる一室は領事室にして其の隣室は副領事其の横手の室は書記室にして階上は応接室，副領事室，寝室，料理室，浴室等なりと而して工費は二万五千円を要せりと云へり[10)]

なお，それに先立ち，1905年4月1日，下関市と英国を代表するコミッションとのあいだで地上権の契約を結ぶ。総面積141坪7合5勺で，その地代は1カ年100円というものであった。当時の山口県内の最高地価は下関市西細江町で坪43円であったが（1913年1月1日現在『山口県統計書』），当時の日本最高価格の日本橋・有楽町の賃貸価格はほぼ1坪月1円50銭であったので[11)]，1カ年141坪で2,538円となって，唐戸の場合は，「賃貸価格は地価の10分の1」という基準からしてもかなり安い値段での貸与であったように思われる。

2．明治末期下関市の状況

2-1．下関市の人口と対英貿易

当時の下関市の現住人口は，1898（明治31）年42,786人，1903年46,285人，1908（明治41）年58,254人と急増している時期であった[12)]。それはもっぱら，1901年に山陽鉄道が下関まで開通し（馬関駅の開業），1905年には同社の子会社である山陽汽船会社によって関釜間に連絡船が就航するなど，商業・貿易活動の活発化によるところが大きかった。

その町別戸口数を示すと表19-1のようになる。1896（明治29）年11月の唐戸湾埋立竣成後，新たに町を構成した唐戸町には121戸，301人が現住して

表19-1　下関市の町別戸口数

町　名	戸　数		(戸)	人　口		(人)
	士族	平民	計	男	女	計
壇之浦町	22	159	181	322	303	625
阿弥陀寺	42	369	411	554	497	1,051
外濱町	20	166	186	255	172	427
中之町	62	514	576	768	635	1,403
赤間町	30	316	346	448	417	865
稲荷町	3	244	247	43	364	407
裏町	0	295	295	117	328	445
奥小路町	26	579	605	911	975	1,886
田中町	91	1,442	1,533	2,523	2,296	4,819
西之端町	71	216	278	420	322	742
唐戸町	8	113	121	167	134	301
東南部町	75	631	706	1,047	848	1,895
西南部町	33	438	471	789	562	1,351
観音崎町	22	419	441	725	670	1,395
岬之町	22	577	599	931	833	1,764
入江町	36	719	755	1,231	1,076	2,307
西細江町	41	415	456	851	738	1,589
豊前田町	42	1,403	1,445	809	1,854	2,663
竹崎町	75	1,408	1,483	1,964	1,921	3,885
長門町	14	621	635		(記載なし)	
今浦町	19	380	399	341	496	837
新地町	32	679	711	740	1,016	1,756
伊崎町	7	384	391	674	662	1,336
関後地村	482	3,313	3,795	8,976	6,926	15,902
計	1,224	15,785	17,009	26,546	24,908	51,454

出所）『馬関毎日新聞』1907（明治40）年1月25日，26日付より作成

いた。同資料には入寄留戸数・人口，出寄留戸数・人口も記載されており，唐戸町の出寄留戸数８戸に対して入寄留戸数80戸，出寄留人口22人に対して入寄留人口は301人で，急速に人口が増加してきていることがわかる。[13)]

また在住外国人数は，表19－2に示すように，英国・ドイツ・清国・韓国人がおり，英国人が最多の18人であった。男性14人の内訳は，公務や後述する商社員であったと考えられる。また女性も英国人のみ４人であり，領事館関係者であったとみられる。

商工社編『日本全国商工人名録』（第三版下巻，1908年）によれば，「下ノ関市商工人名」には，石炭商として西南部町に「サミユル・サミユル商会」（営業税115円），砂糖粉類仲買として唐戸町に「ジャーデン・マセソン商会」（営業税385.5円），海陸物産其他各種仲買業として王司町に「エム・ラスペウント

表19－2　下関在住外国人統計

（1902年）

国別	男	女	計
英国	14	4	18
独逸	1	0	1
清国	5	0	5
韓国	1	0	1
計	21	4	25

出所）下関市役所『下関市勢一班』1903年5月，25頁より作成

表19－3　英国よりの輸入品目別価額

（1901ないし02年）

品　目	金額（円）
鉄板	19,658.66
鉄道汽罐車及同部分品	16,630.42
製紙機械及同部分品	14,347.65
諸銅製品	651.97
鎖鑰蝶鋏類	3,517.57
諸金属	23,797.00
諸紙	163.12
諸文具	370.26
ランプ及同部分品	2,260.26
板鉛	543.56
諸器械	4,171.32
鉄管及筒	2,386.97
銅線索	23,208.73
板護謨	229.23
農具工匠具及同部分品	892.46
汽罐機械及同部分品	4,798.43
□玻璃片	3.00
ウヰスキー	331.58
掛時計及置時計	30.00
諸有税雑品	16.00
計	117,356.22

出所）表19－2に同じ，77-78頁より作成
輸出は記載なし

ー・コンパニー」(営業税187.3円), 各種営業 (貿易商) として西南部町に「瓜生商会」(長崎ホーム・リンガー商会の下関店, 営業税618円) の４社があり, サミュエル・サミュエル商会, ジャーディン・マセソン商会, 瓜生商会はイギリス系, エム・ラスペ商会はドイツ系の会社であった。

さらに当時の対英貿易の内容を示すと表19-3のようであった。総額11万７千円余りで, その内訳は, すべて輸入であり, 諸金属, 銅線索, 鉄板など金属・機械類が上位を占めた。当時の日本の対先進国向貿易構造をよく示していよう。ちなみにこの時期の下関の最大の輸入貿易相手は香港であり, 精糖と砂糖で20,003,531円にのぼっていた。これに韓国, ドイツ・オーストリア, 米国が続き, 英国は６位であった。英国商社は香港でも活動しており, 両者を含めた数値で考える必要あるといえよう。

2-2. 明治末期下関の外国領事館および英国領事

外務省からの照会に答えて, 山口県知事が外務省外務次官宛に送った史料７の文書にみられるように, 下関市には, 1909 (明治42) 年２月現在で, イギリス, ドイツ, ノルウェーの領事館があったことがわかる[14)]。またこのときはすでに, 2014 (平成26) 年にリニューアルオープンした唐戸町の領事館に新築移転していた。

史料７　下関市内の各国領事館所在地 (1909年)

明治四十二年二月廿六日

山口県知事　渡辺　融

外務次官石井菊次郎殿

領事館所在地調ノ件

領事館名　　所在地

英国領事館　下関市大字唐戸町第一番地

独逸領事館　同市大字東南部町第百四番地

諾威領事館　同市大字外濱町第五十五番地

右本月廿二日付送第五六五号御照会ニ依リ及通報候也[15)]

表 19－4　日本における各国領事館と英国領事館（明治 41 年 9 月現在）

領事館／地域	東京	大阪	横浜	神戸	長崎	下関	函館	台湾
各国領事館数	6	2	22	14	8	3	3	8
英国領事館数	1＊	1	1	1	1	1	1	5

＊東京の英国領事館は大使館（1905 年以降）である

出所）「各国領事館所在地取調ノ件」外務省記録『在本邦外国公館所在地及館員ノ異動関係雑纂』（自明治 40 年 10 月）所収より作成

なおこのころ，表 19－4 に示すように，イギリスは日本国内には東京に大使館，大阪・横浜・神戸・長崎・下関・函館の 6 カ所に領事館を置き，下関の領事は表 19－5 に示す人物が就任した。ほぼ副領事から領事に就任し，さらに格上の領事館に転任していることがうかがえる。

表 19－5　下関における英国領事の変遷

年次		氏名	前任地	後任地
1	1901. 6	F. W. W. Playfair プレイフェーヤ	函館	長崎
2	1903. 12	E. M. Chalmers チャーマース	神戸（副領事）	淡水
3	1905. 3	E. A. Griffiths グリッフィス	神戸（副領事）	帰国
4	1916. 4	E. H. Holmes ホームス	大阪（副領事）	横浜
5	1920. 10	G. P. Sansom サンソム	大使館 （日本語参事官代理）	
6	1923. 5	R. McKenzie ＊マッケンジー	ウリュー商会支配人	領事館事務官

＊マッケンジーは瓜生商会支配人と領事館事務官兼任

出所）外務省記録 6－1－8－3－8『在本邦各国領事任免雑件』英国之部より作成

■3．下関英国領事館の業務委託

大正後半期に入ると，下関市は水産都市化・工業都市化が進む一方で，植民地朝鮮以外の外国貿易は後退し，けっきょく下記史料８にみられるように，イギリスでは専任領事は置かれないことになり，領事事務は長崎英国領事館が管轄し，下関領事館は領事事務館となって，下関英国ウリュー（瓜生）商会支配人のロバート・マッケンジーが行うことになった（表19-5参照）。これ以後，1940（昭和15）年の戦局が悪化するまで存続することになる。[16]

史料８　下関領事館の専任領事廃止につき長崎県知事の報告

大正十一年五月十二日

長崎県知事　赤星典祐

内務大臣　床次竹二郎殿

外務大臣　内田康哉　殿

指定庁府県長官　　殿

英国領事館ノ事務取扱区域各庁ニ関スル件

下関英国領事館閉鎖ニ付事務引継ノ為メ本月七日内地ニ列ネ同十日午後七時二十分長崎駅着列車ニテ帰県シタル長崎駐在英国領事「オスワルド・ホワイト」ノ言ヒテ曰ク下関英国領事館ハ事務閑散ノ為メ本月九日限リ閉鎖スルコトトナリ従来同館ニ於テ取扱ヒ居タル山口県及福岡県ニ於ケル領事事務ハ尓今当館ニ於テ管掌シ下関瓜生商会員「ロバートソン」ヲ代理セシムルコトニナリタルカ当館ノ管掌区域拡張ノ為メ不日官員一ノ増員ヲ見ルニ至ルベシ云々（了）[17]

■ 4．英国領事館移転・米国領事館招致問題

4－1．英国領事館をめぐる関門両港の確執

英国領事館が下関に設置されるについては，最初に述べた経緯の通りであり，また1903年ころより門司側にも船舶事務取扱所が設置されたことも既述の通りである。

当時の門司港には日本郵船会社や大阪商船会社の台湾，韓国，ウラジオ，清国，ボンベイ，米国，オーストラリア，ヨーロッパ航路便が停泊し，外国人もイギリス人４名，アメリカ人２名，ドイツ人４名，オーストリア人１名，清国人３名が在住していた。[18)]

大正期に入ると，もっぱら英国側の経費節減政策によって，門司船舶部の存置問題が浮上し，門司市役所や福岡県知事名で存続の陳情がなされる。実際の対英貿易額は1904（明治37）年が372万９千円，1908年が821万３千円，1913（大正２）年が1,496万１千円ということで，約４倍に増加しており，それはひとえに船舶部の設置の結果にほかならないと訴える。その結果，イギリス大使館からは好意的な返答を得，廃止には至らなかった。[19)] しかもこの間，1905年第二次，1911（明治44）年第三次と継続された日英同盟は，ついにワシントン軍縮会議などでの対立もあって，1923（大正12）年８月の失効以降は解消ということになる。[20)]

1924（大正13）年になると，門司市に外国領事館の設置がないので，まず英国領事館の設置運動を試みることにするとし，門司商業会議所と市内の大会社支店（日本郵船・大阪商船・三井物産・三菱商事）が協議会をもって運動をおこしていく。これに対し下関側は瓜生商会やマッキンノ・マッケン商会に意向を聞き，もし移転すれば事務取扱上不便を感ずる旨の意見を引き出している。また門司在住25年の経歴を有するナッター商会主のホーレス・ナッターも下関に対し門司は「外国人の家族が門司に居住するに適当なる家がありますか？」「門司には近代的外国風のホテルがありますか？」「如何なる快楽事（慰安となる事）風景場所又はホテル等が門司の付近にありますか？」と問うて否定的見解を示している。[21)]

こうして英国領事館の門司移転は実現しなかったのである。

4-2．米国領事館誘致運動

米国領事館の設置運動は門司港側で始められた。それは1913年の門司商工会頭・日本郵船門司支店長・大阪商船門司支店長名による門司市長宛の「米国領事館設置願出」（3月13日）というものであり，これは門司市長から外務大臣宛に回送された（6月2日）。外務省通商局長はこれをうけて，在京米国大使宛に門司市に領事館開設の件でご尽力を得たい旨を伝えている。これに対し米国側は，長崎より門司の方が貿易額が多いことを発見したので問題を考慮中であると回答している。しかし実現はしなかった。

この間，小橋内務省地方局長は坂田外務省通商局長宛に，福岡県知事と山口県知事が米国領事館設置をめぐってはりあっているという報告がなされ（1913年12月27日），以後は門司・下関が共同で誘致運動を展開することになる。

すなわち1918（大正7）年2月の門司商工会より下関側（鈴木商店など）へ米国領事館設置請願のよびかけがなされ，その際福岡県知事は，「位置ハ両地何レニ決スルモ差支ナキ意味ノ請願書ヲ認メ」とし，史料9に示すような請願書を作成し，共同戦線による誘致運動を行っていく[22)]。

史料9　関門両地区による米国領事館設置請願理由書

一，関門地方ノ工業ハ時局以来夙頓ニ勃興シ製鉄製錬，造船，製糖，セメント，曹達，麦酒，紡績其他各種ノ工場七拾余ニ達シ尚ホ新設拡張ノ計画中ニ属スルモノ多ク之レニ要すスル物資就中建築材料，諸機械鉄類棉花ノ如キハ現在貴国ヨリ供給ヲ仰キ居レリ而シテ是等ノ需用ハ逐年増加シ其趨勢著シキコト

二，関門両港ノ対貴国輸出貨物ハ表面上米其他二三品ノ少額ニ過キサルモ其実本邦対貴国輸出重要品タル生糸，製茶，石炭，陶磁器，花莚，木蝋等ノ主産地ハ多ク九州ニ属シ両港ヨリ輸出スルノ最モ便利トスルコト

三，関門両港ハ貴国ト朝鮮満州台湾志那等ノ間ニ介在シテ貿易貨物ヲ仲継

スルニ至便ノ位置ニアルコト

四，関門両港ニハ三菱合資会社門司支店，三井物産株式会社門司支店，合資会社鈴木商店下関支店，合名会社湯浅商店下関支店，安部幸兵衛下関出張店，増田貿易株式会社下関出張店等ノ本邦商店及瓜生商会，サミエル・サミエル商会下関支店，ジャーデン・マセソン商会下関支店，スタンダードオイル商会門司倉庫事務所，ヴァーキュームオイル商会門司支店，セール・フレザー会社門司出張所，バクナル・エンドレス株式会社門司出張其他ノ外国商館アリテ孰レモ盛大ニ海外貿易ニ従事シ居レルコト

五，関門両市ニハ株式会社住友銀行支店，株式会社第一銀行支店アリテ外国為替ヲ取扱ヒ又横浜正金銀行下関支店ノ開業準備中ナル等対外為替機関備ハリテ其取組至便ナルコト

六，目下作業中ナル関門海峡ノ整理工事ハ大半進捗シテ航路安全ト為リ又門司湊ニハ最近大浚渫行ハレテ汽船ノ錨地拡大セラレ一万噸級以上ノ巨船ノ出入自在ト為リタルコト

ここでは，1919（大正８）年には下関設置ということで実現をみることになる。というのは，同年１月22日，不破下関市長より幣原外務次官宛に，「米国領事館ノ件謹ミテ満腔ノ謝意ヲ表ス」とあり，同じく内田外務大臣宛には，「下関ニ領事館設置セラレ喜ニ堪ヘズ謹ミテ敬意ヲ表ス」とあるからである。しかし翌年1920年，翌々年21年になっても領事が就任せず実現に至らないということで，再度運動が展開されるが，けっきょく実現することはなかった。

以上にみてきたように，下関における英国領事館は，20世紀初頭の山陽鉄道が下関まで開通した1901年に開設され，英国商社を中心とする下関の対外貿易業務に大きな役割を果たしたといえる。しかし第一次世界大戦後は，日英同盟の解消（1923年８月）やイギリスの世界貿易に占める比重の低下とともに，その役割を後退させていったのである。しかしその間，1902年６月26日の英

国国王（エドワード7世，1901～1910年）の戴冠式に際しての祝宴には，昼間の部に新井下関要塞司令官，足立同参謀，石原同聯隊長，阿部判事，大井検事，下関・門司郵便局長，門司税関支署長，港務部長，下関市長，下関・門司警察署長が，夜の部には関門の諸会社，銀行員，名誉議員，紳士・紳商，新聞記者など百余名が招待される予定だという[23)]。また，ガーデナー英語研究会[24)]や英語学会が設置されたり（史料10），関東大震災の際における新聞記事（史料11）などにみられるように，日英交流の深化に果たした役割は多大なものがあったということができよう。

史料10

◎英語学会の拡張

例の好評嘖々たる田中町常磐通五七番地なる英語学会は今回其業務を拡張し本年内に其準備を了へ来春一月六日より更に新学級の教授を開始す可しと云ふ尚来る廿二日午後六時より開会場に於て忘年茶話会を開く由にて本社へも案内状到着せり[25)]

史料11　関東大震災時の元下関領事の消息

◎遭難の領事ハホーム氏に非ず

横浜の震災で同地駐在の領事の凶報を伝へられているが往々にして元下関駐在領事から横浜総領事に栄転したニッデ・ホームス氏の如く誤り伝えられているが右は代理領事エッチ・ホーン氏のこと，ホームス氏は家族同伴本年六月十八日関門通過無事帰国し目下母国で休養中であると彼の無惨なる最後を遂げたホーン氏は六年前下関領事館に領事官補として約一年間就任し温厚な勤勉家で将来ある氏が災厄に遭ひたるは寔に痛嘆に堪えずと同国下関領事館員は語った[26)]

注

1）外務省外交史料館所蔵・外務省記録6－1－8－3－8『在本邦外国領事任免雑

件』英国之部，第５巻（明治 31 ～ 36 年）
2）外務省編『日本外交年表並主要文書』上，原書房，1965 年：147
3）このとき開港場となったのは，下関のほか，釧路・小樽・室蘭・伏木・七尾・清水・武豊・四日市・敦賀・宮津・境・浜田・厳原・佐須奈・博多・門司・唐津・口ノ津・三角・鹿児島・那覇の 22 港であった。
4）国立公文書館・公文類聚第二十五編『山口県下ノ関若ハ福岡県門司ニ外国領事館ノ設置ヲ認可ス』明治 34 年より
5）同上史料より
6）高月鈴世「下関英国領事館の開設契機に関する報告書とエピソード」『山口県地方史研究』第 113 号，2015 年６月
7）前掲『在本邦各国領事任免雑件（英国之部）』第５巻（自明治 31 年至同 36 年）
8）外務省記録６－１－３－14『在本邦各国領事館管轄区域関係雑件』自明治 38 年１月至大正 15 年５月
9）『防長新聞』明治 39 年 12 月１日付
10）『馬関毎日新聞』明治 39 年 12 月７日付
11）橘川武郎・粕谷誠編『日本不動産業史』名古屋大学出版会，2007 年：46
12）内閣統計局編『日本帝国人口静態統計』各年
13）なお同表からは，稲荷町・裏町・豊前田町・新地町などで入寄留女性の割合が多いことがわかり，遊郭・飲食店などが展開していたことをうかがわせる。
14）なお，外務省より 1908（明治 41）年２月 19 日の福岡県宛文書では，ドイツ国領事フェリックス・ラインス，ノルウェー国副領事ネイルブロヂー・レイドはいずれも不在で，事務代理・業務代理をアール・マッケンチーが勤めていたという。ドイツはその後，1914 年８月 18 日に神戸駐在米国領事が代表することになり，そのまま第一次世界大戦に入っていく（外務省記録６－１－３－18『在本邦外国公館所在地及館員ノ異動関係雑件』自明治 40 年 10 月）。
15）同上記録
16）1940 年９月に刊行された陣内市太郎編刊『下関商工人名録』（下関商工会議所）には，官公署として英国領事館があり，名誉副領事としてシドニー・アーサー・リンガーという名前が出ている。彼は同時にノルウェー，スウェーデン，オランダ領事館の名誉領事・名誉副領事を兼ねていた（同書附録：７）。
17）外務省記録６－１－３－14『在本邦各国領事館管轄区域関係雑件』自明治 38 年１月至大正 15 年５月
18）門司市『市是調査資料』第一回，1904 年８月
19）外務省記録６－１－３－21『外国領事館設置方本邦人建議一件』自明治 43 年
20）『日本外交年表並主要文書』上・下，1965 年
21）外務省記録６－１－３－26『在本邦外国公館関係雑件』自大正８年
22）前掲『外国領事館設置方本邦人建議一件』
23）「英皇戴冠式と下関市」『防長新聞』明治 35 年６月 19 日付

24）広告「ガーデナー英語研究会　下関市西南部町十七番地，英人ヨリ直接ニ英語ヲ学ビ度キハ来レ」（『馬関毎日新聞』1905年7月9日付）

25）『馬関毎日新聞』明治39年12月12日付

26）『馬関毎日新聞』大正12年9月7日付

第20章

下関英国領事館報告にみる下関

■ 1．下関領事館管轄区1902年度の貿易に関する報告書

高路　善章

以下では，「下関領事館管轄区1902年度の貿易に関する報告書」（Report for the Year 1902 on the Trade of the Consular District of Shimonoseki）から伺い知ることのできる当時の下関市の経済・社会事情について考察していきたい。[1)]

本報告書は，1903（明治36）年８月に下関領事F. プレイフェーアー（F. W. W. Playfair）氏より英国議会に提出された同管轄区（範囲は山口県・福岡県・大分県・広島県の４県，本章第３節参照）の1902（明治35）年度の貿易に関する報告書である。本報告書は，同年度の管轄区内の貿易動向のみならず，社会経済的に注目すべきことがら，またそれらに関する領事本人の感想を率直に本国議会に報告したものであり，以下のような興味深い事実が散見される。

1-1．貿易の動向に関して

1902年度の同管轄区内の貿易総額は2,187,242ポンド（輸入が757,744ポンド，輸出が1,429,498ポンド）となっている。なお，同報告書には，当時の為替レートとして，"The yen has been taken as equivalent to 2 s." という注があり，当時の１円が英国の２シリングというレートで取引が行われていたことがわかる。この貿易総額が現在の貨幣価値にしてどの程度の額になるかを推定することは非常にむずかしい。個々の品目の相対的価値が当時と現代では相当異なるからである。しかしながら1902年の時点で両国間の間には相当な額の輸出入があったことが十分うかがい知れる。

1902年度は，輸入額の減少，輸出額の増加を差し引きし，前年度より総額で215,319ポンド減少しているが，綿花，蒸気エンジン，鉄鉱石，肥料などの

輸入では大幅な増加が報告されている。また，砂糖の輸入が大幅に減少したことが記されているが，これは前年度10月に実施された課税制度の厳格化を避けるためにその前に大量の砂糖が輸入されたことによるとの記述がある。綿花はおもにインド，アメリカ，中国から輸入しているが，圧倒的にインドへの依存度が高い。

貿易相手国としては，英国および英国の植民地であったインド，香港が，総合計で輸出入とも30万ポンドを超え，強力な相手国（地域）となっている。中国への輸出は66万ポンドを超え最大となっている。当該地域で産出する石炭の輸出先としては，中国，香港がそれぞれ約44万ポンド，35万ポンドとなっている。また米の輸出先がアジアの国々ではなく，フランス，オーストリア・ハンガリー帝国，オランダ，英国などのヨーロッパ諸国となっているのは興味深い。これは食用だけでなく工業用の糊[2)]の原料として米が輸出されていたことと関係するようである。輸入額に関しては，アメリカからの輸入が約11万ポンドで，英国とその植民地からの額に次ぐ。英国からの輸入は，機械，金属，鉄道車両が主なものを占める。

これらの荷物を運ぶ海運業では，日本を主として，ノルウェー，アメリカがこれに次ぎ，ノルウェーの船舶の増加が報告されている。

I－2．領事管轄区内の社会経済的事情

1902年当時の下関市，門司市の人口はそれぞれ44,733人，36,798人と報告されている。また当時の管区内の外国人居留者の数は267人であり，英国55，アメリカ80，ドイツ32，中国32，韓国47などとなっている。下関領事館の管轄区は，下関，門司以外の地域も含む比較的広い地域であったが，1902年当時，相当数の外国人居住者がいたことがうかがえる。

当該報告書には，1902年の11月に山陽鉄道が建設した欧米スタイルのホテル（旧山陽ホテル）に関する以下のような記述がある。

It is well built, fitted and furnished, and has the advantage of a foreign advisor, so that it should prove a boon to tourists and others who have hitherto had to depend entirely upon Japanese hotels.

（そのホテルは）しっかりとした造りで家具調度が整っており，外国人アドバイザーの意見を取り入れているので，これまで純日本風の旅館に依存せざるをえなかった外国人旅行者にとっての恩恵となるはずである。

この後，大陸渡航の皇族や政府高官，さらにはベーブ・ルース，アインシュタイン，ヘレン・ケラーなども利用することになる当ホテル[3)]の価値を予見しているかのような記述である。

また本報告書は，この地域では鯨肉が広く食用に供されるほど捕鯨が盛んであり，1902年度は5隻の捕鯨船を有するThe Whaling Company of Yamaguchi Prefecture（山口県捕鯨会社[4)]）が35頭の鯨を捕獲したことを伝えている。1902年に出版された『日本全国諸会社役員録』によると，大津郡仙崎村に本社を置く「日本遠洋漁業株式會社」が存在した事実があり，上記の捕鯨会社はこれを指すものではないかと思われる。

1901年に操業を開始した日本で2番目の製鉄所である官営八幡製鉄所に関しては，前号の報告書で詳細な報告を行ったとのことわりがあるものの，英国政府にとって重大な関心事であると判断したらしく，1902年度も行数を割いて追加報告を行っている。たとえば，次の記述からはこの官営製鉄所が政府にとって重荷になっているさまが読み取れる。

In the Diet lately the Minister for Agriculture and Commerce stated that, although an examining committee had recommended the transfer of the foundry to the private hands, there was not, at present, any private company prepared to take it over; that it might ultimately be transferred to a private company, but the present intention was to continue its official control.

調査委員会が当該製鉄所を最終的に民間に移譲すべきものであると提案したが，現状では引き取り手の企業がなく，官営であり続けるしかない状況を，日本の農商務大臣が最近国会において陳述した。

また，当該年度でも20万ポンドの設備投資の他に10万ポンド以上の損失を計上し，新たに20万ポンドの補助金が認可され，さらに40万ポンドの追加支援が検討されている様子を伝えている。その上，生産高も当初見込まれた5万トンを大きく割り込み，2万トンしか生産できなかったと述べている。このような状況に鑑み，本報告書は英国政府に対して“the outlook is anything but promising.”という表現を用いて，1903年の段階では，本製鉄所の前途がきわめて多難であると指摘している。

この後，1904（明治37）年の日露戦争勃発により，鉄鋼生産の需要が大幅に増加し，さまざまな技術革新が加えられ，後の同製鉄所の繁栄が出現することなど，その時点では想像さえできなかったであろう。本報告書では，当該製鉄所に言及する際に“The Government Steel Foundry at Wakamatsu”という固有名詞を使用しているが，1901（明治34）年の操業開始時から八幡村（現八幡東区東田）に高炉が設置されており，Wakamatsuの地名がなぜ使用されているのかは謎である。

日露戦争開戦前という時代背景もあるのか，下関，門司周辺では軍関係者によって写真撮影が厳禁されていることが記されている。しかしながら，“In public places notice boards are exhibited, but, besides being not always conspicuous, their wording is somewhat vague.”という記述にあるように，公の場に掲げてある掲示は必ずしもはっきりと目立つものではなく，掲示の表現自体幾分あいまいであったことがうかがえる。たんにこのような掲示に関する国際的な慣例に不慣れであったのか，あいまいな表現を好んで用いた当時の日本語の使用状況を反映するのかは不明であるが，興味深い記述である。

以上が本報告書からうかがい知ることのできる1900年代初頭の下関領事管

写真 20－1　山陽ホテル：英文案内（大正初期頃，長岡完治氏所蔵）
出所）『日韓旅館案内』東京人事興信所，1909 年 3 月より

轄区の経済・社会事情である。本報告書の内容は，ただたんに当時の貿易動向を示すのみならず，国際社会との連携を強めて行く 1900 年代初頭の関門地域の様子を鮮明に映し出す興味深い報告書である。

注

1）ちょうどこの年，赤間関市から下関市へ改名した。
2）角山榮「日本米の輸出市場としての豪州―日豪通商史の源流を尋ねて」『経済理論』和歌山大学経済学会，第 185 号，1982 年：7
3）山口新聞デジタル版 2010 年 12 月 28 日
http://www.minato-yamaguchi.co.jp/yama/news/digest/2010/1228/1p.html（最終閲覧日 2016 年 8 月 9 日）
4）由井常彦・浅野俊光編『日本全国諸会社役員録 6　明治三十五年』柏書房，1988 年：338

■2．20世紀初頭の英国領事からみた下関の人びとの暮らしと下関の対外的な役割の変遷

西田　光一

2-1．はじめに

私は1912（大正元）年の資料を読み，当時の下関について興味深い事実を領事館の日本人職員の賃金の面と，港湾整備の面から抽出した。当時の資料は半分が手書き，半分がタイプ打ちの文字で残されている。1912年8月27日の資料には，タイプライターがあれば，輸送関係の記録がもっと効率よく作成できるため，2台目の設備を要請している。原文では，次のように書かれている。

> I have the honour to request that this Consulate may be supplied with a new Type-writing machine in addition to the old one now in use. There is a considerable amount of writing, incidental to the shipping work of this Consulate and the branch shipping office at Moji, which has now to be hand-written by the Shipping Clerk at Moji. Much of this writing — particularly Extended Protests, which are often lengthy instruments — must be in duplicate and triplicate, and a great saving of time and gain in neatness would result from a type-writing machine.

ここから明らかなように，当時の英国領事館の英国人たちにも手書きは面倒であるという意識が高かったことがうかがわれる。実際，本資料は，手書き部分は流麗な筆記体で書かれているが，走り書きの箇所はかなり判読しがたい。当時は，タイプライターは本国にわざわざ出費を要請するほどの高級品だった。この要請は採択され，1912年10月28日の東京宛の資料では，当時のアメリカのタイプライター製造のレミントン社製の最新製品が下関に納品されることになったと記されている。

2-2．当時の物価について

以下で物価を手掛かりに当時の生活を考察していくが，当時と現在では物価も，日本円と英国ポンドのレートも違うので，単純な計算はできない。そこ

で，『新・値段の明治大正昭和風俗史』から，当時と現在で変わらずに流通しているものの値段を以下に示し，当時の貨幣価値を推しはかる基準としたい。それが，当時の価格を現在の価格に無理に換算するよりも，自然で説得力があるからである。

いなりずしは，現在，コンビニエンスストアでは，ひとつ130円前後である。それが1918（大正7）年に7厘（0.007円）だったのが，同年7月より1銭（0.01円）に値上げされた。現在400グラム1,000円ほどの甘栗が，1914（大正3）年は15銭であり，1921（大正10）年は30銭だった。現在150円前後が一般的なシュークリームは，1910（明治43）年に3銭，1923（大正12）年には8銭に上がった。食品は，当時から現在までに5,000倍から10,000倍以上の値上がりがあった。一方，現在，5,000円前後の聖書は1914年に5円50銭であり，六法全書は現在，小六法で3,000円弱だが，1909年に布装のものが50銭，総皮装で70銭した。知識関係の価格は1,000倍から3,000倍に値上がりしている。これは相対的に食費が昔は安く抑えられていたということでもある。

ポンドのレートは，1912年から1923年の帝国統計年鑑によると，1円が約2シリングで，ほぼ変動していない。20シリングが1ポンドになるため，以下に出てくるポンドの額は，それを10倍した数値が，当時の日本円に相当するとみて良い。これは本章の他の論考にも該当する。

2-3．日本人職員の賃上げ要求について

1912年7月23日の資料は，日本人職員の賃上げの要求に関するものである。要旨は，次のとおり。タナカ・キヨシという領事館上級職員の月給を毎月5円上げるのを認めてほしい。タナカさんは，1905年10月から勤務しており，既婚で，当時の米をはじめとする物価高のため，生活が苦しくなっている。ただし，他の職員は独身なので，賃上げのお願いは出てきていない。原文では，次のように書かれている。

I have the honour to request sanction for an increase of five yen a month in the wages of Tanaka Kiyoshi, the senior Japanese servant employed at this Consulate, who has served continuously since the 1st October, 1905, to the complete satisfaction of His Majesty's Consul. Tanaka is a married man and finds it difficult to live on his present wages owing to the prevailing high prices of rice and cost of living in general. No increase is requested at present in the case of remaining servants, who have no families to maintain.

次は領事館の書記，ムサシさんの賃上げ申請である。1899年から勤務し，有能な職員と評価されている。ムサシさんは現在50円の月給だが，生活費に月72円かかっており，不足分は副職で得ている。ムサシさんは5人家族で，少なくとも80円，できれば100円の月給にしてほしい，ムサシさんと同じ職階なら，外国の企業では120円もらっているのを参考にされたいと言っている。以下に該当の原文を引用する。

Your Excellency is not, I understand, disposed to support applications on behalf of writers, but I venture to urge that favourable consideration may be given to the case of Mr. Musashi, the writer of this Consulate. ... He has been employed as Writer at His Majesty's Consulates at Tainan and Shimonoseki continuously since May, 1899, and he holds eloquent testimonials to his character and abilities from all of His Majesty's Consuls, under whom he has served.

上記英文の最初の一文から推察するに，イギリス本国の政府関係者は海外領事館の現地採用職員の給料には関心が薄かったが，現地領事館のなかでは現地職員の給料が懸案だったので，今回は直訴に近い形で賃上げ申請に至ったと思われる。原文中のTainanは台湾の台南市のことで，戦前の日本の領土では，領事館間の人事異動の範囲に台湾も入っていた。1901年に下関に領事館ができたので，ムサシさんは，最初は台南で採用され，下関に移ってきたと思われる。

以下の原文からムサシさんの生活苦がうかがわれる。

Mr. Musashi is at present drawing 50 yen a month, the amount given to him on entering the Service in 1899. A moderate estimate of his living expenses gives a total of 72 yen a month, 22 yen in excess of his salary; this excess has been obtained by teaching English — at which he has made himself proficient — and Japanese during his spare time.

ここに記されているように，領事館書記として就職して以来，ムサシさんに13年間昇給がなかったというのは不遇ではあるが，本給の44パーセントに達する額を空き時間にアルバイトで英語と国語を教えて得ているという点からは，本業は拘束時間の短いものだったことが推察される。自分の専門知識を教育に充てて生活の糧とするムサシさんの方針は，後に触れる教育都市としての下関の先駆的なイメージでもある。

続く資料には，当時の下関の物価がリストになっており，４人家族では１カ月の生活費として米の９円60銭をはじめ，食費，光熱費，文具・教育費など総計19円74銭かかるとされている。原文で，children's school expensesで月30銭とあるのは，尋常小学校の授業料と思われる。上級職員は月給が1902年４月に14円から15円に上げられて以来，ずっとそのままだった。それを21円にあげてほしい。同じ職階で他の地域では20円から25円の月給になることを参考にしてほしいと書かれている。

本給の15円の家庭では，食費が95パーセント強の14円以上を占めるという，きわめてエンゲル係数の高い生活になっていたが，当時の庶民感覚では，収入はほぼ食費に充てるという生活が受け入れられていたのだろう。上記の『風俗史』の物価も参考にすると，１日に50銭あれば，食費がまかなえた。また，全体的に給料が低くても，下関は漁港があるため，魚が安価で入手できたと考えられる[5)]。

原文では，次のように書かれている。

2. Present wages of senior servant ... 15 yen a month.

Suggested increase ... 6 yen a month.

The wages of the senior servant were increased from 14 yen to 15 yen in April, 1902. The man under reference has never received an increase.

3. The wages paid to servants in corresponding positions in other local offices range from 20 to 25 yen.

ムサシさんが上記の上級職員（senior servant）の３倍以上の月給を得ていた理由は書記（writer）の職に伴う語学の専門性と考えられる。当時の５円が大金だった指標として，1912（明治45年）年には新５円の金貨が発行されている。物価を表すものとしては，文系大学の授業料が，慶應義塾大学では48円，早稲田大学は50円だった。納豆は，60グラムで３銭。1910年の下級公務員（判任官）の平均月俸が約36円だった。高等の公務員である奏任官の平均月俸が約119円なので，上述のムサシさんも申請が通れば，高給取りになったといえる[6)]。当時の給料は，食費だけはまかなえるという給料の職種と，高い教育や，次にみるように，海外への渡航も実現できるだけの給料の職種で明確に区別されていた。

当時の生活の変化を反映する記述として，1912年10月26日には，門司の近くの大里というところにビール工場を建設する話が報告されている。以下に原文を引用する。

A large brewery, called TEIKOKU BIRU KABUSHIKI KWAISHA (Imperial Beer Company) is under construction at Dairi, a few miles West of Moji. Building was commenced at the 15th of June last and is nearing completion at the time of writing — late October. About one-third of the plant (German) is already installed and the remainder is due at the beginning of December. Boilers will be in place by the middle of December and experimental work is to be undertaken in February of next year. It is expected that the brewery will be in full working order by the first of March and that sales will commence by the first of June.

この工場は，最初は年間60万ガロン（約273万リットル），後に2倍の生産力があるとされている。当時，ビールは大瓶が30銭ほどの価格だった。上述のように1日の食費が50銭で足りたことを思うと，いかに高級品だったかがわかる。引用内にある帝国麦酒株式会社はビール業界に新規参入した会社であり，サクラビールの商標で売り出していたが，戦時中の一元的配給を理由に，1943年に大日本麦酒（現在のアサヒビールとサッポロビールの前身）に合併されている[7)]。明治期は文明開化の飲み物だったビールも，大正期に大衆化していった。『ビールと日本人』によると，当時のビールは，今よりアルコール度数が高く，苦く，高級だったこともあり，今より少ない量で酔いがまわったようだ。後の話と関係するが，大里は関門トンネルの出口でもある。

2-4．国際貿易の拠点だった関門地域

当時の価格で今より高く感じられるのは旅費であり，門司から蒸気船が週2回，大連に出ていたが，1912年8月15日の資料には下記のとおり147円52銭かかったという記録がある。これは庶民の1カ月の食費の10倍以上の金額である。

> I have the honour to transmit to Your Excellency herewith a statement of travelling expenses incurred during transfer from Dairen, and to request sanction for the inclusion of the amount appearing thereon, Yen 147. 52, in my Accounts with the Foreign Office.

当時は下関から門司・若松の関門地域は，中国大陸やオーストラリアとの国際船が定期的に往来し，アメリカ，ヨーロッパにもつながっており，国際貿易に重要な役割を果たしていた。1912年8月23日の資料から，1911（明治44）年の記録として記載されている数値を引くと，貿易総額は，門司が345万ポンド強，下関が約8万4千ポンド，若松が60万3千ポンドであり，5万7千ポンドあまりの博多を大きく突き放していた。当時の輸出入は，ほぼすべて海運であり，輸入元はヨーロッパやアメリカもあったが，輸出先は中国が主だっ

た。後述するように，下関には，さらなる飛躍のチャンスもあった。それが今では，コンテナ取扱量で博多は全国6位の港湾に成長し，2014（平成26）年では97万5千強を数えるのに対し，北九州は同年で48万4千強で全国9位，下関は6万2千あまりで，全国27位にとどまっている[8)]。このような逆転の遠因が本資料から見つかった。

1912年9月25日の資料にあるように，下関も門司も本格的な港湾というよりは，停泊地としての位置づけだった。以下に該当の原文を引用する。

> Properly speaking the word “harbor” should not be used in dealing with Shimonoseki or Moji — “roadstead” would better suit the conditions. There is, and has been for some time, much talk of making a real harbour at Moji and/or Shimonoseki, but no plans have as yet shown any signs of coming to maturity. ... At the present time there are no breakwaters, jetties or piers.

このように関門地域には防波堤や埠頭がなく港湾としての設備が整っていなかったため，大型船は海峡の強い潮の流れから逃れるようにして錨をおろし，小型船は下関の浅瀬に停泊していた。海峡周辺の海の深さの関係で船の航路も複雑になっていた。

当時は九州で盛んに石炭を産出していたため，石炭の輸送基地としての場所の利便性が関門地域に繁栄をもたらした。しかし，周知のとおり，その繁栄は長く続かず，日本と海外を結ぶ港湾としての関門地域は，その役割を終えていく。衰退の原因は決して単純ではないが，この資料から読み取れるひとつの教訓がある。それはインフラ設備に先行投資することの重要性である。関門地域，とくに下関は土地の利便性からすると，当時，日本と海外を結ぶ拠点として機能して当然だった。しかし，その利便性に依存しすぎて，港湾関係の設備投資が不十分だった。結果，次の時代に飛躍するきっかけを失い，時代の変化とともに流されてしまっている。これが今の私たちに与える教訓は少なくない。

資料中に，関門地域の地場産業について以下の記述がある。

This is essentially a coaling station. Local industries are few, being practically confined to the following:

Sugar and salt refining;
Manufacture of flour;
Preparation of camphor;
and there are large cement works on either side of the Straits.

砂糖と塩の精製，小麦粉，樟脳，セメントの製造が言及されているが，関門地域は石炭関係以外にはみるべき産業を育てなかった。彦島にリン酸関係の工場があったが，それは1912年の段階ですでに廃れているとされている。対照的に，博多は土地の利便性に加え，貿易と商業の複合化に成功し，多様な産業を育てて，都市を発展させてきた。

2-5．下関の交通網の発達と変遷

当時の資料には，下関をはじめ関門地域の地理的条件に言及が多い。それは，当時の生活が自然地理に大きく制約されていたことの反映である。1912年9月25日の資料には，当時の下関の交通網も記述されている。以下，原文を引用する。

Shimonoseki is the Western terminus of the main line to Kobe and Tokyo; and Moji is the Northern terminus of the main line to Nagasaki, with branches to Karatsu and to Yatsushiro through Kumamoto. There are also lines to Oita through Nakatsu, and to the Kyushu coalfields. Good connection is maintained between Shimonoseki and Fusan, the Southern terminus of the Korean system. There are six vessels on this service.

ここでterminus，つまり終着駅が重要なことばである。当時は1942年開通の関門トンネル（鉄道，最初は下りのみ，上り開通は1944年），1958年開通の関門

トンネル（車道），1973年開通の関門橋のいずれもなく，下関と門司は文字通り，終着駅だった。上記英文で，下関が本州西端の終着駅とは山陽本線のことを指し，門司が九州最北の終着駅とは長崎方面には鹿児島本線，大分方面には日豊本線のことを指している。当時から釜山とは，韓国の南端の終着駅という理由もあり，下関とは行き来が多くあった。ちなみに，下関―ロンドンは当時，船と鉄道で13日かかったとも記述がある。

先に引用した原文に続き，下関駅の周囲についても当時の状況が記述されているが，まだ下関駅と長府を結ぶ交通は馬車しかなかった。以下に原文を引用する。

There is a very poor horse omnibus service between Shimonoseki and neighbouring villages, of which the chief is Chofu or Toyoura, a particularly well kept and pretty spot some 5 miles along the coat of the Inland Sea. Many of the officials and well-to-do merchants reside at Chofu. As a consequence there is a movement for improving communications. Two schemes are under contemplation: one for a light railway, the line of which would lie partly along the coast, branching inland by the village of Maeda, about half way to Chofu. Such a line would entail a considerable outlay. The other scheme is for a service of automobiles; one is already operating tentatively. The existing railway station at Chofu is a long way from the village and the train service is inadequate.

江戸時代からの流れをくみ，長府は当時，役人や裕福な家庭が多く住んでいた。下関駅（開業時は馬関駅，翌1902年には下関駅に改称）は1901年に開業，厚狭からの延伸だった。その途中の長府駅もあったが，集落から離れた位置にあり，鉄道は不便だった。そのため，下関から周辺の集落を結ぶ交通を整備することが計画された。ひとつは路面電車であり，下関から海岸線を通って前田まで行き，そこから長府までつなげるというものだった。もうひとつがバスを走らせる計画で，当時，すでに部分的に開業していた。

『サンデン交通80年史』に詳しいように，1914年に長州鉄道ができ，東下関駅が開業した。小串まで結ぶ鉄道が後に山陰本線に吸収される。上記の引用にある下関から前田を経て長府に至る鉄道は，その後，1924年に設立された山陽電気軌道が延伸して実現した。大正から昭和初期にかけ，下関周辺の鉄道開発が進んだが，戦後は，自動車が鉄道に取って代わり，1971年に山陽電気軌道は廃止された。東下関駅は東駅として今は地名にのみ残り，会社もサンデン交通に改称し，バス会社になって今に至る。

新下関駅は，歴史を知らない人には，下関駅より新しい駅であるかのように聞こえる。しかし，開業は1901年で下関駅と同年である。1901年5月31日の官報に，厚狭，埴生，小月，長府，一宮，幡生，馬関の開業が載っている[9)]。この一宮駅が，長門一宮駅の名前を経て1975年に新幹線の乗換駅になったのと同時に新下関駅になった。決して新しくはない。駅自体ではないが，駅のすぐ南側にある新関門トンネルは1975年にはまったく新しかったわけで，新幹線により小倉との時間的距離が一気に短くなった。

新下関駅と同様に，新山口駅も決して新しくない。新山口は2003年まで小郡という名前で，1900年に開業の駅だった。そのため，歴史的には，1913年開業の山口駅より新山口駅の方が古い。これがのぞみの停車駅になるのに併せ駅名を改称した。新山口の「新」の1文字に込めた地元の期待は大きいと思われる。とくにのぞみが停まることには，抜かされることなく，大都市圏と直結するという効果があり，東京，名古屋，大阪のいずれにも行きやすくなる。在来線では小倉から新山口まで1時間半かかるが，のぞみでは20分弱である。「どこでもドア」かと思い違うほどの短時間の移動である。

1975年に，新幹線が市内から利用可能になったことは，下関の鉄道網の発達で，打ち止めともいえる転換点だった。もちろん市民の利便性が上がったことは間違いがない。しかし，同時に遠方から下関に人が来にくくなった，もっと言うと，あえて来ようと思いにくくなった原因のひとつと思われる。こだまが1時間に1本停まるということが，現時点において，はたして便利かという根本的な問題が解けないからである。

新幹線がひかりとこだまだった時代には，新下関は新幹線に乗れる駅として利便性が高かったと思われる。しかし，のぞみとさくらが走るようになった今，ひかりはほぼ姿を消し，こだまは近距離を結ぶ運行に限られ，のぞみは，こだまを抜かすから速いという現実がある。たとえば，午後３時台の上りのこだまは新下関駅に 12 分停車する。

新下関に直接，遠くから来にくいことは，たとえば大阪以東から下関にわざわざ来ようとする人を減らす結果になっているようだ。新幹線だと，初めから下関を目指すより，一度，小倉に出てから，その足で下関に寄る方が旅程を立てやすい。東京からは，北九州空港に飛んでから下関に出るのが，やはり一番早く，チケットの買い方にもよるが，一番，安い。当然ながら，空港の存在は大きく，北九州空港の移動距離圏に入っていることが，下関の交通の利便性の上限をある程度，決めているとも言える。もっとも，北九州空港自体，行き先が限られているため，福岡空港より，はるかに利便性に劣る。

戦前は大陸とは船での行き来が主だったため，下関は文字通り海峡から世界への方向を具体化していた。今も，下関と釜山の船便は，世界とつながる国際都市としての命脈を保つうえで重要である。とはいえ，海外への人の移動は飛行機が主力になっている現在では，海の港はあっても空港がないと，行き先が限られてしまう。その点，敗戦濃厚な時期の強制収用が背景にあるとしても，市街地の中心に空港を与えられた福岡は戦後の国際化の礎を得たことになった。飛行機の運航には支障があるのは確かだが，１カ所に国内線と国際線が集中しているため，利用者の利便性は高い空港である[10]。

2-6．身近にある「どこでもドア」から世界へ

下関駅に立つとホームの長さが目立つ。下関の駅員の方に教えていただいたところ，３番４番ホームは約 475 メートルで最長，６番７番ホーム，８番９番ホームはともに約 340 メートルの長さがある。たとえば２両編成で 40 メートルほどの長さの列車が発着することの多い今の下関駅は，まさに「不釣り合い」ということばが似合うだけ長いホームを備えている。かつて鉄道の一大拠点だった時は，長いホームを活かし 10 両編成の寝台を発着させていた。現在

の長くがらんとしたホームに，下関の往時の繁栄と，これから直面する課題を読み取ることができるように思う。

日本で一番長いホームは京都駅の0番ホームとよく知られており，550メートル以上あるが，使用上は，乗り場が途中で分かれているうえに，ホームの途中で別のホームに移る階段があるので，意図的に歩く場合を除き，直線で550メートル歩くことはまずない。しかし，下関は改札が北側1カ所で，ホームの途中に乗り換えの連絡橋や地下階段がないので，まともに長く歩くことになる。そのため，現在は停車位置が改札に近い北寄りに偏り，南方に延びる不使用距離が実に長いホームになっている。

不便だから必要性を発揮する産業がある。ドラえもんの世界に出てくる「どこでもドア」は，もし開発されたとしても，運輸，流通，宿泊，といった業界からの反発で，認可されないだろう。しかし，それに近いものは次々と開発され，生活に導入されてきた。その代表が新幹線や空港であり，疑似どこでもドアの恩恵をうけるところとうけないところの格差が広がっている。新幹線が新型車両を投入するたびに，新下関駅は通過駅としての性格を濃くし，それまで下関が享受してきた地位を失うという結果になってきた。

もともと領事館が置かれた経緯にしても，下関は発展の理由が，その地理的条件に依存するところが大きかった。三方を海に囲まれ，本州の最西端に位置し，海峡を隔ててすぐ九州に行けるという内陸の地にはない好条件を備えているので，下関は交通，物流，軍事の各面で要所とされてきた。言い換えると，自然地理が人間に与えた不都合を転用することで，下関は発展してきた。しかし，そのような発展は，技術革新により当該の不都合が転用の対象ではなく，そもそも解消されたときに，発展の契機を失う。

『下関駅ものがたり』に詳しくあるように，戦時中，物資輸送の増強のため弾丸列車が計画されていた。これが戦後の新幹線につながることはよく知られているが，幻に終わった弾丸列車における地位が，下関の歴史上，全国の都市との競合で上りついた最高位であったとも言える。東京—下関を結ぶ広軌の列車は駅を18に絞り，下関は国内の終着駅であると同時に，朝鮮半島を経由して大陸との輸送の出入り口になるはずだった。実現していれば，現在の博多をしのぐ重要都市になっていたことは疑いがない。

このように書いてくると，交通網の大型開発が都市発展のすべてであるかのような印象を与えるようだが，本論の意図は，そうではない。むしろ，下関の鉄道や港湾が国際的な拠点としての使命をある程度，終えたという段階にある以上，これからは，下関は地理的条件や交通インフラに依存せずに発展する方向を模索して当然である。そのひとつに学生を全国から集め，育てる街という方向が入ることに疑いはない。

山陽本線と鹿児島本線の接続駅であるということは，下関に近郊から人が集まるのに，大きな意味がある。しかし，北九州市も人口減が着実に進む現在，近くから集まる人の量には限りがある。2016年現在，下関市は約27万人，北九州市は約95万人の人口で，いずれも減りつつある。国立社会保障・人口問題研究所によれば，2040年には，それぞれ20万人，80万人を割ると推計されている。人口が減るだけでなく，その時点では，両市とも14歳以下のこどもが現在の6割程度まで減ると推計されており，子どもが極端に少ないということは，将来的に明るい展望が見込めないということでもある[11)]。

その意味で，下関市立大学が下関に果たす役割は大きく，地元以外から学生を集めていることは特筆に値する。公立大学は，入学金の免除額などの理由で，設置の自治体在住の学生を多く集めるところが多く，それが一般的でもある。しかし，本学は，現在2,000名を超える在籍生のうち下関市から来ている学生は13%弱であり，残りの大多数は全国各地から集まっている。その理由には，公立大学中期日程という実施大学数の少ない入試日程が背景にあるが，今はそれについては詳述しない。ただ，高等教育は，人の移動手段として，どこでもドアに匹敵し，これからも下関を全国規模の人の交流と国際化の拠点にする牽引力になる。大学は，全国から学生が下関に入るドアであり，反対に東京，大阪などの大都市圏に出たり，各自の地元に帰るドアでもある。さらに，留学生が下関に来るのも，反対に海外に留学に出るのも大学というドアを通る。

疑似どこでもドアは，新山口ののぞみのようなハード面では現在の下関に期待できないが，ソフト面では十分に手が届く。情報面のどこでもドアはインターネットを代表とする通信技術が実現した。しかし，それはあくまで仮想世界であり，実際に人は動かさない。確かに，ポケモン GO は，仮想世界から現実に人を動かす威力として画期的である。だが，それを超える規模で，情報から人を現実に動かす威力は，教育をおいて他にない。とくに高等教育は進学を機会に遠方から転居し，下宿生活を送り，そこから就職で，人によっては進学，留学，または結婚で，さらに転居の機会を与えるので，きわめて有力な疑似どこでもドアである。ハード面の疑似どこでもドアは時空上の移動に留まるが，ソフト面の疑似どこでもドアは時空上の移動に加え，そこを抜けると学生から社会人というように身分も変化するという付加価値がつく。自分がなりたい自分への入り口になる点で，高等教育は企業の社内異動による転勤とは違う。人口が 30 万人に満たない地方都市に高等教育機関が５校ある下関は教育都市に成長する基盤を備えている。

下関市立大学は，「海峡の英知。未来へ そして世界へ。」を大学の標語にしている。今，たとえ交通の要所としての繁栄はとりもどせないとしても，下関から世界へを標語に終わらせてはいけない。下関には，高等教育という身近などこでもドアによって世界への飛躍を実現してきた実績がある。高等教育を通じ，若い人びとが知的成長と全国規模の移動を経験し，海外と継続的に交流していくことで，地理的条件に基づいた拠点から知的生産と可能性の探求の拠点へと下関を発展させていくことが期待される。

以下，1912 年の４頁４枚の資料を写真で紹介する。最初の１枚は 1912 年７月８日付の文書で，手書きで判読しがたい部分がある。内容は，この文書の筆者が台湾で罹ったマラリアのため，健康状態が優れず，年金をもらって退職したいという申請である。次は，同年７月 17 日付の文書で，筆者が前日から下関領事館の職務を引き継いだとの報告である。日本の英語教育で以前に教えられていた筆記体のお手本のような書体である。３枚目は，同年８月 27 日付の

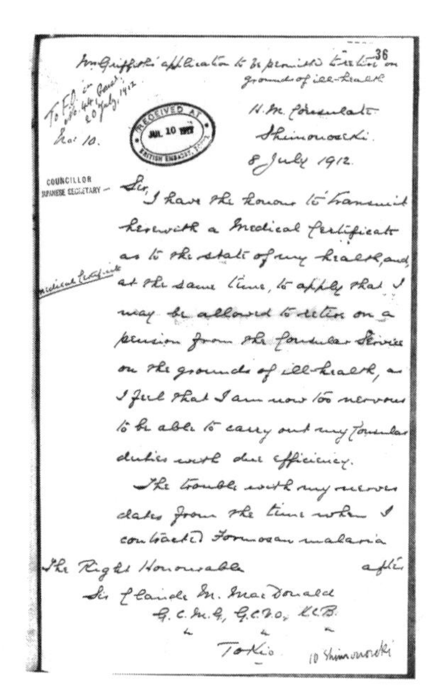

Mr Gifford's application to be permitted to retire on grounds of ill-health

36

RECEIVED AT JUL 10 1912 BRITISH EMBASSY

H.M. Consulate,
Shimonoseki.
8 July 1912.

No. 10.

COUNCILLOR
JAPANESE SECRETARY

Sir,

I have the honour to transmit herewith a Medical Certificate as to the state of my health, and at the same time, to apply that I may be allowed to retire on a pension from the Consular Service on the grounds of ill-health, as I feel that I am now too nervous to be able to carry out my Consular duties with due efficiency.

The trouble with my nerves dates from the time when I contracted Formosan malaria after

The Right Honourable
Sir Claude M. MacDonald
G.C.M.G., G.C.V.O., K.C.B.
&c &c &c
Tokio

10 Shimonoseki

写真 20－1

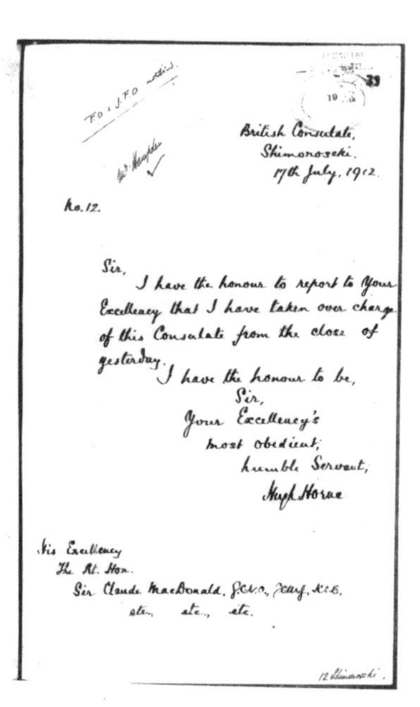

33

British Consulate,
Shimonoseki.
17th July, 1912.

No. 12.

Sir,

I have the honour to report to Your Excellency that I have taken over charge of this Consulate from the close of yesterday.

I have the honour to be,
Sir,
Your Excellency's
most obedient,
humble Servant,
Hugh Horne

His Excellency
The Rt. Hon.
Sir Claude MacDonald, G.C.V.O., G.C.M.G., K.C.B.
etc., etc., etc.

12 Shimonoseki.

写真 20－2

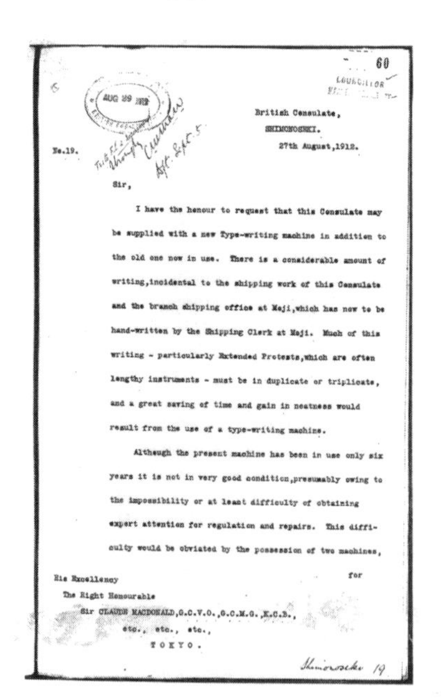

60

AUG 29 1912

COUNCILLOR

British Consulate,
SHIMONOSEKI.
27th August, 1912.

No.19.

Sir,

I have the honour to request that this Consulate may be supplied with a new Type-writing machine in addition to the old one now in use. There is a considerable amount of writing, incidental to the shipping work of this Consulate and the branch shipping office at Moji, which has now to be hand-written by the Shipping Clerk at Moji. Much of this writing - particularly Extended Protests, which are often lengthy instruments - must be in duplicate or triplicate, and a great saving of time and gain in neatness would result from the use of a type-writing machine.

Although the present machine has been in use only six years it is not in very good condition, presumably owing to the impossibility or at least difficulty of obtaining expert attention for regulation and repairs. This difficulty would be obviated by the possession of two machines,

for

His Excellency
The Right Honourable
Sir CLAUDE MACDONALD, G.C.V.O., G.C.M.G., K.C.B.,
etc., etc., etc.,
TOKYO.

Shimonoseki 19

写真 20－3

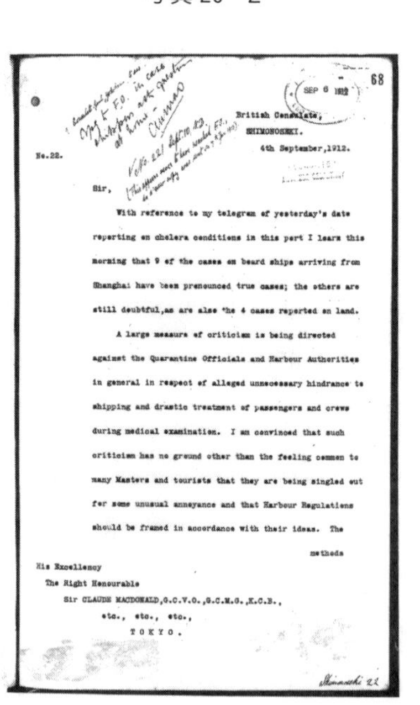

68

SEP 6 1912

British Consulate,
SHIMONOSEKI.
4th September, 1912.

No.22.

Sir,

With reference to my telegram of yesterday's date reporting on cholera conditions in this port I learn this morning that 9 of the cases on board ships arriving from Shanghai have been pronounced true cases; the others are still doubtful, as are also the 4 cases reported on land.

A large measure of criticism is being directed against the Quarantine Officials and Harbour Authorities in general in respect of alleged unnecessary hindrance to shipping and drastic treatment of passengers and crews during medical examination. I am convinced that such criticism has no ground other than the feeling common to many Masters and tourists that they are being singled out for some unusual annoyance and that Harbour Regulations should be framed in accordance with their ideas. The

methods

His Excellency
The Right Honourable
Sir CLAUDE MACDONALD, G.C.V.O., G.C.M.G., K.C.B.,
etc., etc., etc.,
TOKYO.

Shimonoseki 22

写真 20－4

文書で，本文で言及したタイプライター設置の要望書である。タイプ打ちのため，最初の2枚と比べると，読みやすさが格段に違う。最後が同年9月4日付の文書で，当時，上海から下関に向かう船の中で発生したコレラに関する報告である。手書きのメモは，書きなれた人のペン使いであることをうかがわせる。

注

5）20世紀初頭の物価については，以下のサイトを参照した。
http://www17.tok2.com/home/yasa77/year/015.htm（最終閲覧日2017年3月3日）

6）20世紀初頭の給与については，以下のサイトを参照した。
http://sirakawa.b.la9.jp/Coin/J022.htm（最終閲覧日2017年3月3日）

7）『アサヒビールの120年』にビール業界の詳しい設立，合併，分割の年表がある。

8）現在の港湾の経済規模については，以下の国土交通省の統計サイトを参照した。
http://www.mlit.go.jp/statistics/details/port_list.html（最終閲覧日2017年3月3日）

9）1901年5月31日の官報は，以下のサイトで入手可能。
http://dl.ndl.go.jp/info:ndljp/pid/2948669/7（最終閲覧日2017年3月3日）

10）福岡空港の歴史的経緯については，福岡空港調査連絡調整会議のサイトを参照した。
http://www.pa.qsr.mlit.go.jp/fap/rencho/index.html（最終閲覧日2017年3月3日）

11）将来人口については，国立社会保障・人口問題研究所のサイトを参照した。
http://www.ipss.go.jp/（最終閲覧日2017年3月3日）

引用・参考文献

アサヒビール株式会社120年史編纂委員会『アサヒビールの120年―その感動を，わかちあう。』アサヒビール株式会社，2010年

麒麟麦酒株式会社社史編集委員会『ビールと日本人―明治・大正・昭和ビール普及史』麒麟麦酒株式会社，1983年

斉藤哲雄『下関駅ものがたり』近代文藝社，1995年

サンデン交通社史編纂委員会『サンデン交通80年史』サンデン交通株式会社，2007年

週刊朝日編『新・値段の明治大正昭和風俗史』朝日新聞社，1990年

内閣統計局編『日本帝国統計年鑑』1911年-1923年，国立国会図書館デジタルコレクション（http://dl.ndl.go.jp/）で閲覧可能

＊本稿は，『20世紀初頭下関英国領事館報告にみる下関の動向』（下関市立大学旧英国領事館研究会編，2016年3月）に所収の「20世紀初頭の英国領事から見た下関の人々の暮らしと下関の対外的な役割」と題した拙論を大幅に加筆，修正したものである。本稿の最後に言及した教育都市としての下関は，2015年8月のオープンキャンパスで当時の吉津直樹学長の全体挨拶に着想を得て，私が敷衍したものである。間接的ではあるが，本稿のヒントを与えていただいた吉津先生にこの場を借りて謝意を表したい。

■おわりに

第3部においては，まず第17章でイギリス本国の国立文書館に所蔵されている文書類の構造や，領事館史料の利用方法について解説し，かつ当時のイギリスにとって関門地域がどのような存在として位置づけられていたのかに関して，下関戦争や関門トンネルの地図を紹介して考察している。

第18章は，下関英国領事館がいかなる経緯で下関に設置され，かつ今日残存するような建物を建設するに至ったか，そしてその後の動きについて，イギリス外交文書等を駆使して詳述している。すなわち，領事館設置に当たって門司港との競合があったが，アーネスト・サトウは下関にすると日本政府が喜ぶであろうとし，その後も初代領事のプレイフェーアーは，上水道の布設計画，冬季の港の状況，複数の英国系商社の存在から，引き続き下関に置き，かつ領事館もここに建設すべきと報告したという。そして，下関英国領事館は日英同盟（1902～1923年）の所産であったと結論づけている。

第19章は，日本側の外交文書（外務省外交史料館所蔵）に依りながら，下関英国領事館の領事の動向を追跡し，また領事館建設当時の下関市の町別戸口数や外国人数，そして外国商社の状況について示し，また当時の英国よりの金属機械類の輸入や，香港からの砂糖の輸入が多かったことを指摘し，その後の関門両地における英国領事館・米国領事館招致運動についてふれつつ，英国領事館の存在が下関市民に与えた影響について考察している。

第20章は，具体的な下関駐在英国領事の報告書を分析したもので，第1節では，20世紀初頭の関門地域との貿易動向や，当該地域が国際社会との連携を強めていく様子が報告されたと指摘している。第2節では，報告書が手書きからタイプライターに代わる過程を紹介し，あわせて内容面では，当時の下関の物価や日本人職員の賃上げ要求に関する文書を紹介している。いずれも当時のイギリス側の関心がどの辺にあったのかを垣間見させてくれるものとなっている。

これらの領事館設置にまつわる考察や領事報告の解明を通して，建物としての英国領事館ばかりでなく，それが存在した結果として残された事象から，当時の海港都市下関のさまざまな様相をうかがうことができたのではないかと考える。

木村　健二

あとがき

地方公立大学である下関市立大学は，本年4月で創立60周年にあたり，記念出版をすることとなった。本大学の教員数は約60名である。地域に関心をもちながら研究する教員は，教員数が少ないながらも多くいる。

今回の出版にあたっては，「下関」にこだわって構成している。地域経済，財政・金融，教育，歴史・文化，地理の各分野の教員18名と学外の専門家2名を加えた20名が，各専門分野から執筆している。専門分野の異なる多彩な専門家が下関について調査し分析した本書は，これからの下関を考える上で貴重な機会を提供したといえる。

下関は，歴史的にも多くの人が出会い，多くの出来事があった地域である。現代においても下関は，地方の中都市であることから官民学の各分野の専門家が相互に知り合える環境にある。また，本学は小規模な大学であることから学内での教員同士や学生との交流は日常茶飯事であり，広く意見交換を行う機会が多い大学である。このような環境下にある本学は，今後も一層地域研究を深めることが可能であり，行政や民間企業，地域住民の方との共同研究や地域活動を活発に行うことができる。下関市立大学は，60周年という歴史とともに数多くの学生を全国に輩出しており，下関の知の拠点として今後より一層地域と関わり合いながら生きていく大学でありたいと考えている。

最後に，学内外からご協力いただいた方々に深くお礼申し上げるとともに，記念出版を支えてくださった方々に深く感謝したい。

2017年3月

下関市立大学前学長　吉津　直樹

編著者紹介

難波利光（なんば　としみつ）

最終学歴　北九州市立大学社会システム研究科博士後期課程終了［博士（学術）］
現　　職　下関市立大学経済学部教授・附属地域共創センター長

主要業績

山本隆・難波利光・森裕亮編著『ローカルガバナンスと現代行財政』ミネルヴァ書房，2008 年

難波利光・原田康美・浅井義彦編著『福祉社会と情報化—介護サービスの経済・福祉・情報学的アプローチ—』大学教育出版，2010 年

高橋和幸・難波利光編著『大学教育とキャリア教育　—社会人基礎力をキャリア形成に繋げるために—』五絃社，2015 年

「住民と公務員参加による地域福祉社会の可能性」『都市とガバナンス』第 23 号，2015 年

木村健二・難波利光「第 2 章戦後復興と中枢都市の建設　第 4 節大山口市建設委員会の設置と周辺町村の合併　第 1 項大山口市建設委員会の設置」『山口市史資料編現代』2015 年

木村健二・難波利光「第 3 章高度成長期の諸事業　第 1 節財政再建の歩み」『山口市史資料編現代』2015 年

難波利光・宗近孝憲「自治体境界による民間企業への阻害要因に対する観光施策への影響」『関門地域共同研究』第 25 号，2016 年

難波利光「プロポジション 13 成立以降のカウンティの課税実態—カリフォルニアの事例を中心に—」日本地方財政学会編『地方財政改革の国際動向』（第 1 部Ⅱ節）勁草書房，1999 年

地域の持続可能性—下関からの発信

2017年 3 月31日　第 1 版第 1 刷発行

編著者　難波　利光

発行者　田 中 千 津 子　〒153-0064　東京都目黒区下目黒3-6-1
電話　03（3715）1501 ㈹
FAX　03（3715）2012
発行所　株式会社 学 文 社　http://www.gakubunsha.com

印刷／株式会社亨有堂印刷所
乱丁・落丁の場合は本社でお取替えします。
定価は売上カード，カバーに表示。

ISBN 978-4-7620-2716-1